江苏第二师范学院学科资源建设“初中数学课程思政案例研究”项目(编号:JSSNU03202221)

江苏省中小学教学研究第十四期课题“初中数学学科德育内容开发与实施路径研究”(编号:2021JY14-L47)

初中生数学写作的理论与实践

胡永强 等 著

苏州大学出版社

图书在版编目(CIP)数据

初中生数学写作的理论与实践 / 胡永强等著. —苏州：苏州大学出版社，2024.3
ISBN 978-7-5672-4756-7

Ⅰ.①初… Ⅱ.①胡… Ⅲ.①中学数学课-教学研究-初中 Ⅳ.①G633.602

中国国家版本馆 CIP 数据核字(2024)第 060740 号

书　　名：初中生数学写作的理论与实践

著　　者：胡永强 等
责任编辑：肖　荣
装帧设计：吴　钰

出版发行：苏州大学出版社(Soochow University Press)
出 版 人：蒋敬东
社　　址：苏州市十梓街 1 号　**邮编**：215006
印　　刷：江苏凤凰数码印务有限公司
网　　址：www.sudapress.com
邮　　箱：sdcbs@suda.edu.cn
邮购热线：0512-67480030

开　　本：700 mm×1 000 mm　1/16　**印张**：14.75　**字数**：255 千
版　　次：2024 年 3 月第 1 版
印　　次：2024 年 3 月第 1 次印刷
书　　号：ISBN 978-7-5672-4756-7
定　　价：59.00 元

序一
XU YI

数学教育研究表明,数学写作对于改善数学情感、促进数学理解、成就问题解决、发展创新能力、培养反思行为、加强师生交流、营造学习氛围等都有积极的作用,因此,"通过写作来学习"(Writing to Learn,简称WTL)作为数学学习的一种方式在今天已经得到学术界的普遍认可,但在中学数学教学实践中,这种学习方式还远未得到广泛的应用.

胡永强老师在整整三年时间里,坚持在所任教班级开展数学写作活动,写作的主题广泛,内容丰富,教育成效十分显著.摆在读者面前的《初中生数学写作的理论与实践》一书,就是他在实践基础之上完成的一部全新力作.

胡永强老师酷爱数学史,参加过数学史与数学教育(HPM)研修班,能够主动将HPM的教学理念落实到自己的教学实践中,迄今为止已经开发了一系列HPM教学案例,包括正切的概念、函数的概念、二元一次方程组的解法、多边形的外角和等.数学史的融入改变了他的课堂,改变了他的学生.数学史为学生的数学写作提供了丰富的素材和思想源泉,学生的作品不仅涉及国外学者所总结的解释性数学写作、反思性数学写作和创造性数学写作,而且还涉及许多新的类型,如应用性数学写作、体验性数学写作等.因此,本书大大丰富了数学写作的内涵.

初中阶段是学生心智发展的关键期,若教师能够在这一阶段组织学生开展有价值的学习活动,则必将对学生产生有意义的影响.从本书所呈现的众多生动、真实、有趣的数学作品可见,数学写作对学生的数学学习和人格发展产生了深远的影响:他们对数学的兴趣变得浓厚,对数学的理解变得深刻;他们养成了反思、求真、探索、整理的良好习惯,产生了许多富有创造性的想法;他们能用数学的眼光观察现实世界,能将数学知识应用于实际问题的解决;他们体会到了数学思维给他们带来的心灵的愉悦.因此,本书验证了数学写作是一种有效的学习方式.

我是在初中 HPM 网络研修班认识胡永强老师的，这个网络研修班由孙丹丹博士主持，定期开展 HPM 的研讨，涉及史料研读、问题讨论、教学设计、实践分享等.胡老师是这个研修班中最认真、最活跃的学员之一，给我留下十分深刻的印象.他热爱数学和数学教育，尽管每天的教学工作十分繁忙，但从不忘给自己充电，“夜眠人静后，晨起鸟鸣先”是他生活的真实写照.坚定的理想信念、骄人的教学成绩、丰富的科研成果，使他成为青年教师的楷模.

我们有理由相信，本书的出版，必将加深一线教师对数学写作教育价值的理解，并促进这一学习方式的运用与传播.在本书即将付梓之际，聊志数语，权以为序.

华东师范大学教授

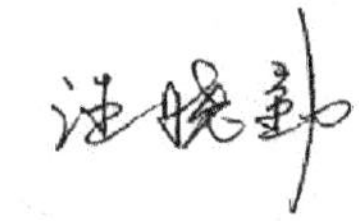

2024 年 3 月于华东师范大学博学楼

序二

XU ER

许多人认为,学数学就是做题目,刷题成了学数学的代名词,这是我国当前数学教学中的一大问题.不过,胡永强老师认为数学写作很重要.写作不只是语文的专利,数学学习也可以写作,或者说学生的数学写作也是形成学科核心素养的重要路径.

在初中数学教学中,我们常把重心放在解题教学上,而忽略了数学写作的重要性.实践表明,数学写作不仅有助于提高学生的数学能力,还能培养学生的语言表达能力.

胡永强老师指导学生持续进行了为期三年的数学写作实践,探索让学生通过数学写作进行数学学习,有效地改变了数学学习的方式,这也是数学学科育人方式转变的有益尝试.他从2020年开始进行数学写作教学实践,让每位学生每周结合自己的数学阅读、数学学习、反思感想等写一篇数学随笔,并进行批阅指导,取得了非常好的教学效果.

本书是在实践基础上的总结与理性概括.永强老师在对数学写作进行文献研究的基础上,详细介绍了自己开展数学写作的组织流程、实施原则、成果评价等具体策略.此外,他将三年来学生的作品按解释性数学写作、反思性数学写作、创造性数学写作、体验性数学写作、应用性数学写作等进行分类,给出精心点评,并指出这五类数学写作的特征、方法和原理等,最后胡老师结合具体写作案例分析了数学写作对数学学习、学科德育、师生交流和教师教学风格等诸方面的影响.这是胡老师在教学方式变革上迈出的坚实步伐,是对数学学习方式变革的卓有成效的探索,非常难能可贵.

我热情地向大家推荐这本书,期待有更多这方面的教改实践成果涌现.

中国教育学会中学数学专业委员会理事长

章建跃

2024年3月于北京

前言
QIAN YAN

写作是人类特有的一种智力活动，是运用语言文字和符号反映事物特征、表达思想感情、传递知识信息、实现交流沟通的创造性脑力劳动过程.写作对培养和提高人的综合素养意义重大.数学写作是指通过写作的形式记述个人对数学及数学学习的理解、反思、创造、应用、体验等.20世纪80年代前后美国数学教师协会提出将写作引入数学教学以帮助学生学习数学，随后便开展了相关研究并取得了许多成果.在国内较早关注数学写作的是华东师范大学的张奠宙先生.张先生在21世纪初便提出了“数学作文”的概念，并与国内一线教师开展合作研究，取得了一定的研究成果.最近几年，国内出现了数学写作联盟，定期开展相关数学写作评比活动，也取得了不少成果.作为一名初中数学教师，我也在思考与之相关的问题，比如：如何在自己的教学中开展数学写作活动？初中生的数学写作有哪些类型？在初中阶段开展数学写作活动会对学生产生哪些影响？

目前，关注数学写作的研究者逐渐增多，但是尚无成熟的实施方案.在相关研究文献中，对数学写作的理论探讨偏多，而实践研究偏少，尤其是长周期的实践研究更是凤毛麟角.为此，我从2020年9月至2023年6月，带领一个班级的初中生开展了为期三年的数学写作实践研究，收集了大量数学写作素材.为了探索初中阶段开展数学写作的路径、分析数学写作的类型及数学写作对学生的影响，也为了给有意愿开展类似研究的同行提供一些参考，我对这些写作素材进行分类、整理与点评，在实践的基础上进行分析、总结、提炼、概括，最终形成这本著作.

本书共九章.第一章介绍开展这项研究的背景、动机、问题与目的.第二章梳理关于数学写作的相关文献，了解前人已经做了哪些研究，为开展本研究奠定理论基础.第三章从组织、实施、评价和保障四个方面介绍在初中阶段实施数学写作的策略.第四至八章介绍数学写作的五种类型，分别是解释性数学写作、反思性数学写作、创造性数学写作、应用性数学写作和体验性数学写作，通过案例呈现这五种写作的具体形式．第九章介绍数学写作对学生的数学学习、学科德育、师生交流及教师教学风格等方面的影响．

数学写作是一种行之有效的数学学习方式，正受到越来越多的关注．但是，要想做好这项研究并非易事，我们不仅需要掌握科学的数学教育理论和研究方法，而且需要有十年磨一剑的功夫，还需要仔细整理、分析、提炼．虽然这是一项长期而艰辛的工程，但是在这项研究中，我们欣喜地发现，学生获得了长足的进步和发展，他们对数学及数学学习的兴趣越发浓厚，对数学的理解不断深入，并逐渐学会用数学的语言表达世界；师生交流变得更加通畅而又富有成效；教师的业务水平也在研究中得到提升，正所谓“教学相长也”．

由于本人学识有限，加之时间仓促，书中难免存在疏漏之处，敬请广大读者朋友批评指正．

胡永强

2024 年 1 月于苏州

目录
MU LU

第一章 绪 论

人的社会属性决定了人需要相互沟通交流，而写作便是沟通交流的一种重要方式，因此写作是人的一项必备技能. 写作是人类特有的一种智力活动，是运用文字和符号反映事物、表达思想感情、传递知识信息、实现交流沟通的创造性脑力劳动过程. 写作活动大致包括采集、构思、行文、修改、发表等几个阶段. 写作的这几个阶段对提高人的综合素养有着较大的促进作用. 写作首先需要围绕主题进行阅读和学习，获取写作的素材，这可以培养人的信息获取能力；然后进行构思，考虑作品的整体架构及先后顺序等，这可以培养人的逻辑思维；接着需要围绕所要表达的观点进行遣词造句，让自己的思想以文字的形式呈现，这可以提高运用语言文字的能力；再次需要围绕写作的主旨或核心思想锤炼文字，使之更为准确、凝练、优美，这对提升人的批判性思维、总结概括能力有着重要的作用；最后是发表作品，将自己的思想观点与别人交流，使自己获得成就感，提高自信心. 由此可见，写作是一种重要的学习方式.

基于以上对写作的认识，我们不禁想到可以将写作引入学生的数学学习中，这样就产生一种新的数学学习方式——数学写作.《义务教育数学课程标准(2022 年版)》在课程目标部分指出，学生的数学学科核心素养可概括为“三会”，其中“会用数学的语言表达现实世界”可以看作是从理念层面对数学写作提出了要求. 既然如此，就有几个与之相关的问题需要思考和回答：什么是数学写作？数学写作有哪些形式？数学写作对学生的数学学习将会产生哪些影响？如何开展数学写作？如何保障数学写作的持续开展？为此，我在初中学段选取自己所教的一个班级的 48 名学生作为研究对象，从 2020 年 9 月到 2023 年 6 月，也就是对这个班级的学生从初一入学到初三毕业的三年时间里开展了数学写作的实践探索.

本书是基于对上述问题的思考，结合本人为此开展的三年数学写作实践，对初中生数学写作进行的相关研究与探索的总结. 本章将介绍数学写作研究的背景与动机，提出研究问题与目的.

第一节　研究背景与动机

2020年8月，汪晓勤教授来苏州讲学. 当天，我与汪教授在太湖之滨进行了一番深入交流，其中谈到数学写作的话题，我对此很感兴趣，于是便决定结合自己的教学实际系统地开展初中生数学写作研究.

国内外数学教育同行们对此已经开展了近半个世纪的研究. 在国外，写作与学习的密切关系很早就受到美国教育界的关注，这反映在20世纪60年代诞生的"贯穿于课程的写作"运动. 20世纪80年代前后，美国数学教师、数学教育研究者在数学写作方面做了许多尝试、应用和研究，积累了许多经验和方法，得出了数学写作在发展数学知识、成就问题解决、培养反思行为、促进情感流露、加强对话交流等方面有着重要的推动作用. 数学写作在美国已经被较为广泛地用作数学学习的工具. ①在国内，2022年4月，教育部颁布了义务教育阶段新的课程方案和各学科新的课程标准. 新颁布的课程方案在培养目标中指出，义务教育要在增强学生综合素质上下功夫，使学生有理想、有本领、有担当，培养德智体美劳全面发展的社会主义建设者和接班人. 对"有本领"的阐释是，乐学善学，勤于思考，保持好奇心与求知欲，形成良好的学习习惯，初步掌握适应现代化社会所需要的知识与技能，具有学会学习的能力，乐于提问，敢于质疑，学会发现问题、提出问题、分析问题、解决问题，具有探究能力和创新精神，学会交往，善于沟通，具有基本的合作能力、团队精神. ②这里的培养探究能力、创新精神，学会交往、善于沟通等综合素质与数学写作关系密切. 换言之，开展数学写作对培养上述综合素质具有促进作用. 近年来，随着学生核心素养理论在基础教育领域的普及，各学科陆续凝练出自己的学科核心素养. 数学学科核心素养"三会"中的"会用数学的语言表达现实世界"与数学写作高度相关. 换言之，数学写作是落实"会用数学的语言表达现实世界"的一条重要途径.

数学写作对学生的数学学习和数学素养的发展与提升作用在美国已经得到了验证. 我国新的课程方案和课程标准对数学写作也发出了呼唤，高中数学

① 汪晓勤，柳笛. 数学写作在美国[J]. 数学教育学报，2007(3)：75－78.

② 中华人民共和国教育部. 义务教育课程方案(2022年版)[S]. 北京：北京师范大学出版社，2022：1－3.

教材中已经出现了数学写作的相关内容，对高中生数学写作的实践探索业已发轫.[①]但是在初中数学教材中却未见有与数学写作相关的内容，在初中学段系统开展数学写作的实践研究也未有耳闻.那么，如何落实国家义务教育课程方案中提出的“学会交往”“善于沟通”等综合素质的要求？如何落实义务教育数学课程标准中提出的“会用数学的语言表达现实世界”的目标？如何落实“立德树人”这一教育根本任务？在初中阶段开展数学写作活动是否可行？如果可行，那么应当怎样开展这项活动？开展这项活动将会对学生产生哪些积极影响？这项研究能够给同行们带来哪些参考或借鉴？对这些问题的答案的探寻是我开展本研究的直接动机.

第二节 研究问题与目的

开展此项实践研究旨在探索在初中阶段如何开展数学写作活动，初中生的数学写作会有哪些类型，开展数学写作活动对初中生的数学学习、学科德育、师生交流及教师的教学风格等诸多方面将会产生哪些影响.诚然，对这些问题的研究不是朝夕之功，我们需要选定一个班级，在一段时间内持续进行并不断总结反思，只有这样，相关问题的答案才会逐渐显现出来.2020 年 9 月，我任教初一年级，将研究对象定为自己所任教班级的 48 名学生，这样可以非常方便地开展相关实践研究.具体研究问题如下：在初中阶段如何开展数学写作活动？初中生数学写作有哪些类型？数学写作对学生的发展及教师的专业发展有哪些影响？

研究目的如下：探索在初中阶段开展数学写作活动的路径；通过对学生作品的分类研究，探索初中生数学写作的特征；分析数学写作对初中生综合素养及教师教学风格的影响；为开展数学写作研究的同行提供参考.

---

① 仓万林.中学生数学写作实践探索与理论建构[M].南京：江苏凤凰教育出版社，2013：1－3.

第二章 数学写作研究概述

近年来，数学写作在国内外受到越来越多的教师及研究者的关注，一些研究者对数学写作进行了相关的理论探讨和实践研究. 在美国，数学写作起源于“贯穿于课程的写作”运动，20 世纪 80 年代一些教师开始将写作融入数学教学，开展数学写作研究. 在我国，2001 年张奠宙提出“数学作文”的概念. 此后马岷兴等学者开始研究数学作文，并在数学作文概念、分类、命题、价值、评价、教学建议等方面取得了一系列研究成果，这是国内开始系统性地研究数学写作的开端. 那么，什么是数学写作？开展数学写作有哪些重要的意义与价值？如何开展数学写作？本章将对数学写作的相关文献进行综述，追溯数学写作的历史，分析相关研究成果，回答上述问题.

第一节 数学写作的内涵

数学写作是帮助学生加深对所学数学知识的理解、巩固与拓展，加强对数学的精神、思想和方法的了解与领悟，激发数学学习兴趣，端正数学学习态度，形成良好的数学学习观念，提升学生的总结反思能力、写作水平、探究精神和创新意识，培养和发展学生数学核心素养的一种学习活动.

一、相关概念

1. 数学日记

数学日记是用日记的形式记录个人对数学内容的理解和学习体会. 数学日记的内容广泛，可以是数学学习的实质内容、感悟及对问题的看法等，是对

教学过程和方式的评价及建议，或是自己在数学学习中遇到的各种问题等. ①

2. 数学作文

数学作文是语言活动的过程，对数学学习有非常重要的价值. 关于数学作文的界定有三种表述，分别是学习活动、新的作文形式及教学模式. 这三种界定各有侧重. 笔者认同马岷兴的观点，将数学作文界定为一种富有创造精神的学习活动. 数学作文是以写作的方式，将数学知识内化并展现出来. 学生通过对数学知识带有感情色彩的回味、反刍、体味，对过往的知识经验进行理解、领悟、内化，进而再发现、再加工、再创造. ②

3. 数学小论文

数学小论文一般被认为是研究性学习的组成部分. 罗强认为数学小论文是研究性课题教学的一个有机组成部分，并对数学小论文做了详细调查与分析. ③从罗强的调查结果分析来看，关于写数学小论文所花费的时间，27%的学生用了 2 至 4 小时，32%的学生用了 4 至 6 小时，19%的学生用了 6 至 8 小时，15%的学生用了 8 小时以上，认为数学小论文加重学业负担的学生高达 74%. 由此来看，数学小论文的写作耗时长，实施难度大.

二、数学写作的概念界定

对数学写作的一些研究进行梳理，发现不同学者对数学写作的定义也有所不同. 孙旭花从数学日记的角度将数学写作定义为：数学写作中的数学日记，是学生采用文字记录的方法来记录自己的数学学习，其中不仅包括记录学生如何理解学习内容、如何评价学习内容、对学习内容有何意见，还包括记录自己在数学学习中的实际感想等. ④史嘉将数学写作定义为：进行数学写作的学习活动，其重点在于"过程"，在这个过程中学生将一些心理上的或思维上的不可视的学习活动输出为文字，学生在这个过程中进行学习，这些不可视的学习活动包括理解专有的数学概念、检查解题过程、提炼解题方法、反思学习的

---

① 刘敏岚，朱林秀. 关于数学日记的研究述评[J]. 内蒙古师范大学学报(教育科学版)，2009，22(8)：54 - 57.

② 马岷兴. 关于"数学作文"的实践与思考[J]. 中学数学教学参考(教师版)，2002(1)：14 - 15.

③ 罗强. 关于开展撰写"数学小论文"活动的调查[J]. 中学数学教学参考，2002(3)：15 - 18.

④ 孙旭花. 美国数学教育中的"数学日记"[J]. 广州师院学报(社会科学版)，1997(2)：48 - 50.

方法与策略、总结学习情况等.[①]吴宏等将数学写作定义为:数学写作的学习活动,是在学生已经具有一定的知识结构的前提下进行的,是学生对自身知识结构中的数学认知、学习经验进行比较与分类、概括与综合后加以内化,进而生成个人的感与想,并将之输出、转化、表达为文字的学习过程. 简单来说,数学写作就是通过写作来披露学生学习进程的数学活动.[②]王爽将数学写作定义为:学生运用数学语言表达数学学习情况、分析反思、数学知识整理及开放性的主题探究等书写活动.[③]

基于以上分析,结合本书的研究问题和研究目的,本书将数学写作定义为:数学写作是指用文字或图形的形式将个人对数学及数学学习的认识、理解、反思、感悟、创造、应用、体验进行记录、整理和完善的写作活动.

第二节　数学写作的意义

近年来,我国数学教育在对学生的培养理念上有所转变,提倡要通过数学教育培养和发展学生的数学核心素养.《义务教育数学课程标准(2022 年版)》中对学生的数学表达能力的培养提出了要求:数学教育应教会学生用数学的语言表达现实世界,数学教育应帮助学生学会合作与交流. 数学写作是用数学语言表达现实世界及与他人沟通交流的重要方式,因此开展数学写作可以看作是落实课程标准相关要求的表现之一.

在信息化时代,有效的交流与表达能力十分重要. 数学教育中要注重培养学生的交流和表达能力. 数学写作是有效提升学生交流与表达能力的一条重要途径. 由于数学学习需要回顾与反思、内化与提升,所以数学写作对于所学数学内容的回顾与反思、内化与提升具有重要的推动作用. 当前,培养创新型人才已经成为全社会的共识,数学写作是一种基于数学学习与思考的创造性劳动,学生在数学写作的过程中会产生许多创新甚至创造,会对学到的相关数学内容进行解释、探讨,会对所学内容进行反思、总结,也可能会进行相应的创

---

① 史嘉. 初谈开展"数学写作"活动的实践研究与思考[J]. 中学数学杂志,2019(7):29－32.

② 吴宏,张珂,刘广军. 数学写作融入初中数学教学的实验研究[J]. 数学教育学报,2019,28(5):51－58.

③ 王爽. 融入数学写作的初中数学教学研究[D]. 上海:上海师范大学,2021.

造. 此外,数学写作也是师生之间进行交流的重要渠道,是实现教学相长的助推器.

在数学写作的兴起阶段,有大量研究探索数学写作的意义和价值. 阿帕那 · 冈古利(Aparna Ganguli)和查理德 · 亨利(Richard Henry)在《通过写作学习数学:一本注解文献》一书中,统计了 1977 年至 1990 年通过写作来学习数学的主要文献,发现绝大多数文献都认为数学写作对学生的数学学习有帮助. 哈维斯(Havens)研究发现,数学写作能够拓宽学生数学学习的视野,加深对数学概念的理解,提升与他人交流合作的能力,最终发展和提升数学能力. ① 研究者普遍认为数学作文能反映出学生的数学观,体现学生的个性,提高学生的元认知能力和创新能力,促进学生学习方式多样化,提升综合素质,培养责任心等. ②

有一些学者关注教师在数学写作中的作用,以及数学写作对师生关系的影响. 米勒(Miller)在课内实施"即兴写作"活动,让学生在课内进行 5 分钟写作活动,每位学生都有机会与教师交流,教师也可通过学生的作品更好地了解学生的学习情况,因此写作既是一种学习策略,也是一种教学策略,能使课堂时间增值. ③约翰逊(Johnson)进行数学写作实验,研究教师的反馈对数学写作的影响,发现教师的反馈对数学写作有重要作用. 此外,张锦认为数学作文能给教师多提供一条途径去客观且全面地了解和评价学生,能使教师不断更新教育教学观念并提升自身教学能力,是课程资源开发和利用的一个良好资源. ④

综上所述,我们发现数学写作的意义包括促进学生对数学知识的理解,增进师生间的交流,提升学生的综合素养,有利于教师了解学情,促进教师的教育观念和教学能力的提升,实现教学相长.

---

① Havens L. Writing to Enhance Learning in General Mathematics[J]. The Mathematics Teacher, 1989,82(7):551 - 554.

② 马岷兴. 关于"数学作文"的实践与思考[J]. 中学数学教学参考(教师版),2002(1):14 - 15.

③ Miller L D. Writing to Learn Mathematics[J]. The Mathematics Teacher, 1991, 84(7):516 - 521.

④ 张锦. 数学作文的价值初探[J]. 成都教育学院学报,2005(5):115 - 116.

第三节　数学写作的理论基础

基于现有的与数学写作相关的研究成果，我们发现与数学写作相关的理论基础有许多，其中较为重要的是认知心理学理论、建构主义理论、元认知理论和写作心理学理论.

一、认知心理学理论

1. 信息加工学习理论

根据加涅(Gagné)的信息加工学习理论，学习分为动机、了解、获得、保持、回忆、概括、操作和反馈八个阶段. 由于数学写作有帮助学生梳理知识和清楚表达学习现状的功能，所以数学写作的融入能够使操作阶段与反馈阶段具备更佳的效果.

2. 学习迁移理论

积极的学习迁移是指进行学习的两个活动之间存在促进作用，可能是先前的学习经验促进后来的学习，也可能是后来的学习经验反向帮助先前的学习. 在教学中，教师应该采取策略去促进积极学习迁移的产生. 在学习迁移理论中，贾德(Judd)认为，有效迁移的产生，需要个体对自身的学习经验加以概括，只要个体能够在不同的学习活动中概括得到可泛化的共同原理，就可以做到学习迁移. 数学写作可以帮助学生深化对数学知识的认识，了解其本质关系，提高学生的概括水平，有助于促进学生产生积极的学习迁移.

3. 有意义学习理论

奥苏泊尔(Ausubel)认为，有意义学习就是将符号所代表的新观念与学习者认知结构中的旧观念建立起非人为的和实质性的联系的过程. 深度学习是现代教学更高的追求目标，有研究表明学习者的深度学习是由有意义学习发展而来的. 只有个体主动建立这种新旧知识间内在的、实质性的关联，有意义学习才会发生.

综上所述，从认知心理学的角度得到了将数学写作融入初中数学教学的理论依据.

二、建构主义理论

建构主义学习观认为数学学习是理性的，它是学生通过独立思考深化自身数学认知结构的过程.建构主义学习观强调主动建构、合作互动及情境探究的学习方式.学生可以通过数学写作活动，对所学的数学知识进行梳理与内化，在这个过程中自主构建全面的数学知识网络，以便于更好地掌握和利用所学的数学知识.同时，数学写作也为学生提供了一种合作交流的表达方式.此外，主题式数学写作还可以为学生的自主探究提供方向.

建构主义理论代表皮亚杰(Piaget)指出，知识是个体在与环境交互作用的过程中逐渐建构的结果，只有学习者主动建构才能得到有意义的学习.皮亚杰还强调学习是学到越来越多有关他们认识事物的程序，即建构新的认知图式，而非个体获得越来越多外部信息的过程.①即学习是需要学习者的有意义建构.学生需要主动探索和发现知识，建构知识的意义.建构知识的意义需要在一定的社会文化环境中、在知识的情境中，主动加工处理，转化为个体内在的知识.知识的真正理解是在实际应用中.数学写作严格来说属于知识输出环节，是学习者将数学及数学学习的感悟、反思、体验等用文本形式呈现出来.正如建构主义理论所强调的那样，知识只有通过实际应用才能真正被理解.由此可见，数学写作恰好为学习者提供了理解知识的一个途径.借助数学写作的形式，学习者能够在数学知识的运用中主动建构，建立新的认知图式或者巩固已有的认知图式.此外，建构主义强调学习的情境性，这对数学写作的启示是，指导学生数学写作不应局限于教师的讲评，师生之间的互动和学生之间的互动也能促进学生主动学习写作，并建构写作的意义.只有在互动中，学生所遇到的问题、困惑才能被重视，才能有效得到解决.同时在互动中，学生的思维才能得到拓展，写作视角才能开阔，写作水平才能越来越高.

三、元认知理论

元认知概念由美国心理学家法威尔(Flavell)首次提出.法威尔指出，元认知是对认知的认知，以人的认知活动为对象，对人的认知过程进行监视、控制和调节.元认知主要包括三个方面，即元认知知识、元认知体验、元认知监控.数学研究者将数学元认知定义为对数学活动的认知，即对数学认知活动的自

① 施良方.学习论[M].2版.北京：人民教育出版社，2001：168－184.

我调控和自我意识.知识、体验、调控是数学元认知的三个基本要素.无论是数学问题解决、数学思维还是数学学业成绩,数学元认知都起着重要作用.数学元认知知识能够统摄与问题相关的知识,数学元认知体验能调节问题解决的心理活动,数学元认知调控能控制、监察、调节、评价问题解决过程,从而使问题解决能顺利进行.①元认知和思维品质是同一事物的两个方面.其中思维品质是思维整体结构功能的外在表现形式,而元认知是内在组织形式.②这就说明可以通过提高元认知水平来提高学生的数学思维能力和学习水平.数学元认知则通过对问题解决和数学思维等活动的影响,间接影响数学学习活动.反思属于元认知的概念范畴,是对数学认知活动及其过程中相关事物的反向思考.反思主要涉及元认知的核心内容,即监控.通过反思,学生能够将注意力集中到对数学活动执行的监控上,有利于数学活动的顺利进行,以及预测、计划、监控、评价能力的提高.数学写作的内容可以多种多样,既可以是一个问题解决的过程,也可以是一个反思活动的过程.因此,数学写作在学生元认知发展的基础上起着重要作用.

四、写作心理学理论

心理学家贝赖特(Bereiter)和斯卡达玛亚(Scardamalia)主要研究新手的写作过程,提出了一个写作认知模型(图 2-1).他们把写作过程描述为知识表述的过程.这个模型假设有两个独立的知识来源(内容知识和语篇知识)对作者产生影响.那么写作就可以看作是这样一个过程:作者根据题目要求,主动从记忆中提取与文章相关的知识,并对这些知识进行合理组织,然后以书面形式表述出来.贝赖特和斯卡达玛亚指出,对于新手来说,最为重要的是转译过程.转译就是用文本的形式将头脑中的观念或想法表达出来.影响转译的知识有两个,即内容知识和语篇知识.内容知识指的是写作所涉及的内容,语篇知识则是关于语言及其运用的知识.③如果在写作过程中,长时记忆中所拥有的知识少于要被提取的知识,对拼写、标点、语法规则的使用不熟练,那么转译的过程就会困难重重,写作便难以进行下去,文章质量也难以保障.因此,提高文

---

① 欧慧谋,唐剑岚.国内数学元认知的研究与思考[J].课程·教材·教法,2012(5):58-61.

② 董奇.元认知与思维品质关系性质的相关、实验研究[J].北京师范大学学报(社会科学版),1990(5):51-58.

③ 戴健林,朱晓斌.写作心理学[M].广州:广东高等教育出版社,2003:24-28.

章质量的途径是积累相关知识和训练写作技能.

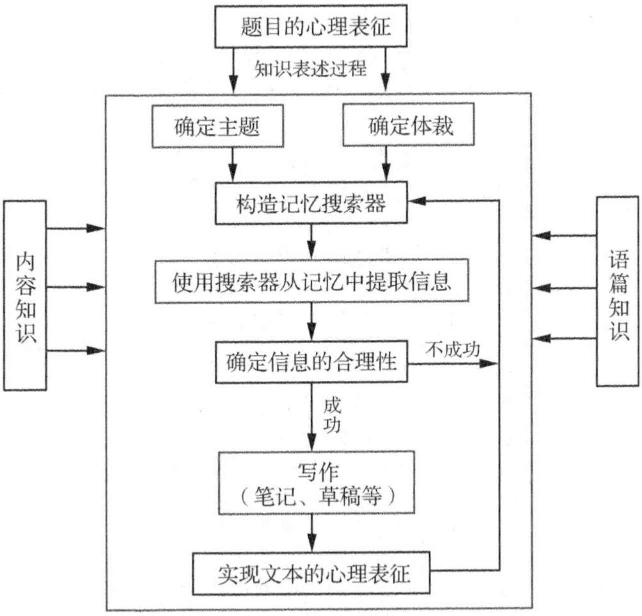

图 2-1　写作认知模型

数学写作无疑是一个训练写作的学习活动. 首先，运用作者长时记忆中的知识或者刚习得的知识进行写作，都是对知识进行深层次加工的过程. 这一阶段对知识的理解与巩固有着重要意义. 其次，不断进行数学写作，无疑是不断进行写作规则和写作技能的训练. 这一过程促使转译过程自动化，使得写作能够顺畅进行.

总之，无论是从认知心理学理论、建构主义理论，还是从元认知理论和写作心理学理论去理解，数学写作作为一个新的学习方式，都能促进学生的数学学习和个人发展.

第四节　数学写作的类型

埃利奥特(Elliot)提出写作内容可以是对所学内容的讨论，对所学的某个知识点的理解，归纳总结当天所学内容，谈一谈对新的数学概念的理解，或者是为方程编写一个问题.①帕格利(Paugalee)总结了数学写作应用类型,并为每种类型设置了相应的写作内容,见表2-1.②

表2-1 数学写作应用类型及写作内容

序号	应用类型	写作内容
1	发展数学知识	(1) 定义某个重要术语; (2) 解释某个概念; (3) 总结某一节课; (4) 解释作业或考试中的错误; (5) 提供例子,并说明选择这些例子的理由; (6) 讨论某个法则及其重要性.
2	成就问题解决	(1) 写出问题及其解; (2) 写出怎样求解一道题目; (3) 比较不同的解题方法; (4) 描述如何运用技巧来解某一问题.
3	培养反思行为	(1) 描述一个问题的难易原因; (2) 解释一个答案为何合理; (3) 找出学习中遇到的问题并给以解答; (4) 分析作业的质量; (5) 思考不同的思路及其对答案的影响; (6) 讨论两个问题之间的异同.
4	促进情感流露	(1) 写出自己的数学学习经历; (2) 写出数学对一个人的未来可能起到的作用; (3) 谈谈数学以何种方式改变一个人的生活; (4) 解释帮助或阻碍概念理解的因素; (5) 分享对自己的数学成绩的感受.
5	加强对话交流	(1) 给教师写纸条,要求教师做更多的解释; (2) 列出课上理解或不理解的思想; (3) 就当天的数学课写一则日记; (4) 总结一下与同学就某一话题的交谈内容; (5) 写出对于某个话题或某节课的想法; (6) 对于某个问题或任务进行小组讨论.

马岷兴、姜燕平认为数学作文是以写作的方式内化与发展数学知识,是一种新的教学模式和作业形式.姜燕平根据数学作文的功能把数学作文划分为

① Elliott W L. Writing: a Necessary Tool for Learning[J]. Mathematics Teacher, 1996,89(2):92-94.

② Paugalee D. Promoting Mathematical Learning Through Writing[J]. Mathematics in School, 1998,27(1):20-22.

总结归纳型、求异创新型、反思型、解决实际问题型、质疑型和探索发现型六种类型.①谢发超和陈玉英在数学实践中根据数学作文自身的特点对数学作文的命题做了系统的研究.他们认为研究数学作文命题的切入点可以是五种类型的数学作文,即阐释知识与技能的数学作文、表达过程与方法的数学作文、抒发情感与体验的数学作文、评析阅读与欣赏的数学作文及展示探索与创新的数学作文.②

数学写作的类型丰富多样.近年来,结合美国教科书中对写作类型的研究,秦语真等将数学写作分为解释性数学写作、反思性数学写作和创造性数学写作.同时,秦语真等还指出数学史可以为数学写作提供丰富的思维养料,也可以为编制不同类型的写作题提供素材,同时还能为留白创造式课堂创造空间.③当然就内容来划分,数学写作还有其他的写作类型,比如应用数学知识解决问题的数学写作和观看相关数学作品、阅读有关数学著作的体验性数学写作.

基于以上分类,本书依据写作内容给出更通俗更完整的分类方式,将数学写作分为解释性数学写作、反思性数学写作、创造性数学写作、应用性数学写作和体验性数学写作.这种分类方式关注到了一般情景类的体验性数学写作,更贴近学生的生活,易于创作.学生不再认为数学写作这件事遥不可及,无从下手,从而提高对数学写作的兴趣,加深对数学史及数学文化的了解,这是落实立德树人教育根本任务的有效抓手.

第五节　数学写作的实施

在整个写作活动的实施过程中,教师的角色是学生写作的引导者、写作内容的设计者、教学效果的反馈者.如何让学生在数学写作的活动中能够深层次地思考以达到最好的学习效果呢?

科隆尼斯(Colonnese M)研究并开发了数学写作的实施指导原则,目的是帮助和指导数学教师更有效地实施数学写作活动.他从科学写作和文艺写作

① 姜燕平.数学作文作为初中数学作业新形式的实践研究[D].成都:四川师范大学,2014.

② 谢发超,陈玉英.数学作文的命题研究[J].成都大学学报(教育科学版),2007,21(12):73-75.

③ 秦语真,汪晓勤,余庆纯.HPM视角下的初中函数概念课例研究[J].中小学课堂教学研究,2020(2):7-13.

的方法原则中提取了 32 个写作指导原则作为开发起点，经过多轮的专家反馈和数据分析，最终确定了 5 个指导原则以及实施数学写作的技巧和注意事项，用以帮助数学教师实施数学写作.①几十年间，美国数学教育家及数学教师对数学写作进行了持续的理论及实践研究，涉及数学写作的价值、数学写作对师生关系的影响和数学写作的内容等方面. 这些研究为后续开展数学写作研究积累了宝贵的经验，提供了可供参考的研究方法，具有重要的价值.

我国一些研究者对数学写作的具体教学实施也进行了相关研究. 刘艳云认为数学作文可以安排在每章结束后或每次考试后，并且每月至少 2～3 篇. 不能天天写，太频繁会加重学生的负担，同时也不能隔太长时间再写，那样容易被学生忽略或淡化. 设计题目时应该尽可能地从学生学习过程中的感受、困惑或教材中的知识点、阅读材料及课题学习方面的内容进行相关挖掘.②胡耀华研究了数学写作的具体教学实施及教学建议，提出了实施数学写作教学首先要做到写作目的与任务明确，充分调动学生的热情，其次写作任务难度要循序渐进、由简到繁.③仓万林借助数学写作联盟近几年的数学写作活动，以高中生数学写作的相关实践为基础，对中学生数学写作进行了实践探索与理论建构，他提出通过校本课程、社团活动、日常作业等形式实施与开展数学写作活动.④

以上我们看到，数学写作的理论与实践研究对数学写作的实施原则、频率、途径等诸多方面提出了许多可供参考的成果.

第六节　数学写作的评价

目前，一些研究者对数学写作评价理念、原则和具体评价方式等进行了相关研究. 王珊和潘亦宁认为数学写作评价应体现一种素质教育的评价观，应是一种开放型评价体系，评价的内容与评价的方式是多元化的，应该具有鲜明的

① Bacak J, Colonnese M. The Development of Instructional Guidelines for Elementary Mathematical Writing[J]. School Science and Mathematics, 2020,120(3):129 - 143.

② 刘艳云. 数学作文在初中数学教学中的实践研究[D]. 长春：东北师范大学，2009.

③ 胡耀华. 数学写作的价值及若干教学建议[J]. 数学教育学报 2007,16(3):60 - 62.

④ 仓万林. 中学生数学写作实践探索与理论建构[M]. 南京：江苏凤凰教育出版社，2013:14 - 16.

时代特征.①仓万林提出数学写作的评价方式可以有评级式、评分式及评语式.何霞等对评语式评价做了详细的分类与例析.他们根据学生作业的不同,将数学写作的评语分为六类,分别是肯定型、征求意见型、指导型、欣赏型、交流型及点评型.同时也说明评语应该具有导向性、整体性、发展性、针对性、准确得体和生动丰富等要求.②陆祖魁则认为应该依据人性化的理念多维化评价数学写作,尊重学生的"原创",重视学生的创造性,注重表达的真实性,承认学生间的差异,关注学生的情感变化.③

綦春霞在2006年对数学写作进行了研究,以数学日记为数学写作的落脚点,揭示了数学日记的教育价值,数学日记能够在学生对数学的理解、对数学思考过程的理解这两个方面为学生助力.除此之外,它还可以增加师生交流的频率.在确定了数学写作活动的教育价值之后,綦教授在研究中还解决了两个问题:一是数学日记可以写什么,二是数学日记可以怎么评价.其明确了数学日记可以写三个方面的内容,分别为数学知识和数学技能、数学问题的思考与解决、数学情感和学习态度,并把数学日记划分为七个水平来进行评价,最后提出了数学日记是数学评价多元化的具体体现.④

仓万林对数学写作评价提出三条原则,分别是个性化原则、多元化原则、时效灵活原则.在发现问题、探究水平等十个维度上制定了三级评价指标体系,并给出评分式、评级式和评语式三种评价方式.⑤

---

① 王珊,潘亦宁.关于数学作文评价的探讨[J].中学数学教学参考,2002(6):12-13.

② 何霞,刘卫锋,马岷兴.例谈数学作文评语式评价[J].数学教学,2007(3):12-15.

③ 陆祖魁.如何评价学生的数学作文[J].中学数学参考,2012(19):56-57.

④ 綦春霞.体现数学评价多元化的重要方式:数学日记述评[J].教育学报,2006(4):50-57.

⑤ 仓万林.中学生数学写作实践探索与理论建构[M].南京:江苏凤凰教育出版社,2013.

第七节 数学写作的价值

一、提高学生的思维品质

数学写作可以认为是数学笔记的延伸，在国内外关于数学笔记价值与功能的相关研究中，有学者通过研究学生数学笔记记录的现状及其效果发现，当学生有良好的记录习惯并能够合理地使用数学随笔时，会给学习带来诸多帮助. 其中一个最为常见的效果就是数学学习成绩的提高. 当然数学学习的重点是思维的训练. 有人可能会对此产生疑问，既然是思维的训练，那么为什么还要记录？其实不然，数学学习虽说是思维的训练，但是数学最核心的内容是数学概念、数学定理等. 若学生对概念、定理这些最基本的要素理解不到位，则无法进行数学思维的训练. 数学写作包括对数学概念、定理等内容的记录、整理、反思和提炼，这对训练学生的思维有较大帮助. 胡耀华肯定了数学写作在加强学生理解数学知识方面的作用，数学写作对发展学生元认知水平、数学知识的构建、创造性和批判性思维的培养等方面的助益作用. ①

二、提升教师的业务水平

数学写作对教师也有很大影响. 首先，数学作文中记录了学生的学习态度、数学情感和数学价值观，是教师了解学生的一个有效途径，有利于增进师生之间的情感. 张小林明确了教师以数学写作为创新型教学策略，以此充分挖掘适合学生的学习方法，进一步提高学生数学学习综合素养. ②其次，探究数学写作指导的相关成果，为一线教师提供了进行数学写作教学的实践参考和一些方向性的指导. 最后，数学写作作为一个较新的教学方式，可以拓展教师的专业知识，为教师在开设特色课程或者参与校本课程研究提供有用的借鉴. 教师采取引导策略、激励策略和总结策略，有利于数学写作活动有效地融入初中数学教学. ③数学写作可以帮助教师更好地了解学情、及时调整与矫正自身

---

① 胡耀华. 数学写作的价值及若干教学建议[J]. 数学教育学报 2007，16(3)：60－62.

② 张小林. 数学作文在初中数学课堂中的应用[J]. 甘肃教育研究，2023(9)：60－62.

③ 吴宏，张珂，刘广军. 数学写作融入初中数学教学的实验研究[J]. 数学教育学报，2019，28(5)：51－58.

的教学行为，促进教师业务水平的不断提升.

三、拓宽数学教育的研究领域

数学写作对研究者来说也有一定的影响. 在初中开展数学写作实践研究，探索所得的数学写作相关成果，丰富了数学写作的研究成果. 此外，研究中所依据的理论、使用的研究方法、开展研究的途径、形成的研究成果为研究者进行数学教学研究、课题研究、活动研究等研究活动提供了经验借鉴. [①]美国数学教师、数学教育研究者在数学写作方面做了许多尝试、应用和研究，积累了许多经验和方法. 汪晓勤教授肯定了数学写作在发展数学知识、成就问题解决、培养反思行为、促进情感流露、加强对话交流等方面的重要功能. [②]数学写作已成为数学教育的一个重要领域，是学生进行数学学习的一种有效的新方式.

本章主要综述了目前研究背景下的数学写作内涵、意义、理论基础及数学写作的类型、实施评价和影响. 从以上分析可以看出 21 世纪前 20 年，国内关于数学写作的研究仍处于起步阶段，存在一些亟待研究的问题. 首先，前期的实践研究范围偏小，在初中阶段开展数学写作的研究更是凤毛麟角. 其次，未见有数学写作对学生的“四基”“四能”“情感、态度和价值观”影响的系统研究. 再次，对数学写作及其成效缺乏超过两年的长周期研究. 总之，目前我国数学写作的研究任重而道远，这也说明数学写作是一片等待开发的沃土，教师带领学生探索这一领域将会大有可为，师生都将获得长足的发展与成长.

---

① 陈权梅. 初中生数学作文指导实践研究[D]. 西安：陕西师范大学，2017.

② 汪晓勤，柳笛. 数学写作在美国[J]. 数学教育学报，2007(3)：75 - 78.

第三章 数学写作的实施策略

学生的数学写作包括以下多种形式:解释数学知识的内容及其产生、发展过程,分析、批判、反思数学结论,记录自己在数学学习中的创新思维,运用数学知识解决问题的方法与过程,参与数学活动获得的体验、感想等.本章首先介绍教师组织和带领学生开展数学写作的过程,包括制订写作计划,向学生介绍数学写作的意义、写作主题的选定与写作频率等;然后介绍数学写作应当遵循的四条原则,以及教师如何评价学生的写作成果;最后介绍如何保持数学写作的持续性.

第一节 数学写作的组织流程

凡事预则立,不预则废.本研究于2020年9月启动,实施写作的主体是苏州市某初中2020级一个班级的48名学生,他们从初一到初三坚持数学写作.为了更好地实施数学写作,我在2020年8月30日新生报到当天的师生见面会上,就向学生介绍了数学写作对数学学习的意义和价值,并告知学生,我们将在初中开展三年的数学写作活动.随后,我和学生一起商量写作的具体细节,包括写什么、怎么写、写在哪里、何时写、多久写一次等.

经过商讨,我们决定主要写与数学学习相关的内容及反思,可以是对所学数学知识的回顾与整理,对某个知识点的深入学习与探索,对数学知识的发展历史、相关数学著作或数学家的故事的阅读感想,对数学测验的反思,对自己数学学习态度与方法的认识和反思等.

数学写作活动每周一次,安排在周末进行,寒暑假每10天写一篇,写在一个16K幅面的软面笔记本上,要求在每页右侧留出5厘米宽的空白区域,并用红笔画一条竖线隔开,供教师、同学或自己批注使用.选定一名同学专门负责收发笔记本,每周一早晨到校后上交,随后教师批阅反馈,周五放学前下发.寒暑假则于假期结束后收取，两周内批阅完毕，随后下发并反馈.

第二节　数学写作的实施原则

众所周知，做任何事情都需要长期坚持才能取得理想的效果，数学写作也不例外. 为了保证数学写作能够在初中三年有效实施，需要制定并遵循以下四条原则.

一、渐进性原则

循序渐进是学习过程中应当遵循的重要原则. 起初，开展数学写作的对象是刚升入初中的七年级学生，他们之前从未接触过数学写作，因此对数学写作可谓是毫无经验，数学写作对他们来说是一项非常困难的事情. 在实施数学写作的初期，教师要降低要求，让每个学生都能够写出来，在练习中学习写作. 随着数学写作的持续推进，学生会逐步积累相关经验，写作水平也会不断提升. 下面选取一名同学在这三年不同时期的三篇作品加以分析.

案例1　谈谈数学中的预习(七年级上学期)

课前预习是一个提高学习效率的有效途径，它不仅可以让我们对即将学习的新知识有一个大体上的把握，还能让我们对重难点问题有初步的认识.

这周，我们在胡老师的指导下开始预习七年级上册第六章的内容. 这一章总体来说并不是很难，貌似大多数人对这一章内容已经了如指掌了. 我觉得预习可以分几次进行，第一次预习先对内容有一个大概的了解，第二次预习要对知识进行深入研究，使自己在学习上实现弯道超车. 预习是学习上的自觉行为，需要大家持之以恒地做下去. 我们应当养成预习的好习惯，为后续知识的学习做好衔接.

案例2　“全等”与“$\cong$”的区别(八年级上学期)

在这周最后一节数学课上，胡老师给我们出了下面这样一道题.

如图3-1，已知$\triangle ABC$全等于$\triangle DEF$. 你能得到哪些相等的量?

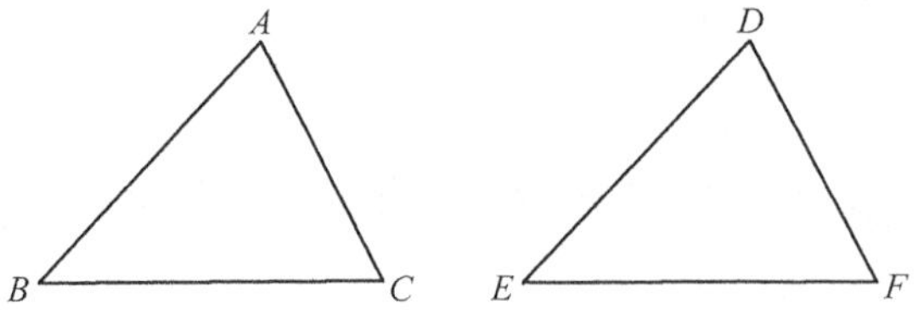

图 3-1

当一看到该题时，可能很多人上手就做，但是我产生了疑虑：题中只给出这两个三角形全等，并没有说哪条边对哪条边，哪个角对哪个角. 也就是说，即使一眼就能看出哪两条线段相等，我们也不能立即得出结论.

但我又转念想到了当初学全等三角形时的一条提示——当用“$\cong$”符号连接时，左右两个三角形的角的顺序必须是相对应的，如“因为$\triangle ABC\cong\triangle DEF$，所以$\angle A=\angle D$，$\angle B=\angle E$，$\angle C=\angle F$，$AB=DE$，$BC=EF$，$CA=FD$”. 因此我们就能准确求解. 这道题是用“全等于”连接，应当通过分类讨论加以解决.

所以，数学中符号表示与文字表述是有特定含义的，不可主观臆断.

案例3　将复杂过滤(九年级上学期)

本次期中考试数学试卷中有道题我十分感兴趣，原题是这样的：

如图 3-2 所示是一台挖掘机的结构图，PM 是主臂，PQ 为伸展臂，MN 为主臂端点 M 到地面的距离. 已知 $PQ=3.5$ m，$PM=3\sqrt{2}$ m，$MN=0.5$ m. 主臂伸展角为 $\alpha(0°<\alpha\leqslant 60°)$，伸展臂伸展角为 $\beta(45°<\beta\leqslant 135°)$. 若 PQ 长度不变，求 QN 的最大值.

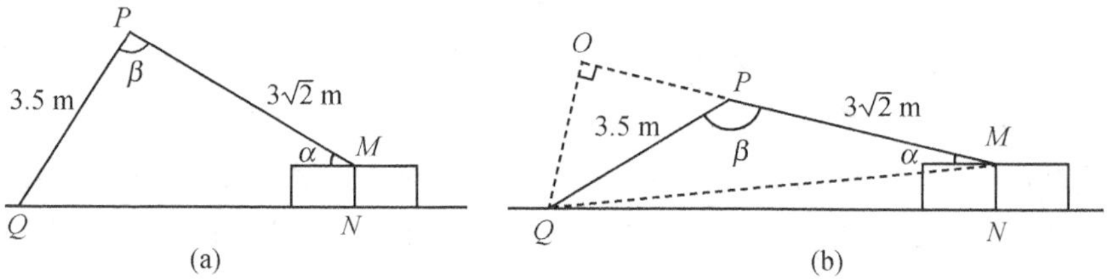

图 3-2

图 3-2(a)是原题中的图，求 QN 的最大值，可能大多数人会想到尽可能减小主臂伸展角，同时增大伸展臂伸展角. 一开始我也是这么做的，但是后来却发现 $0°<\alpha\leqslant 60°$，那么 α 的最小值就不可知了. 于是我又想到了以 M 为圆心作图，但这与找出比 0 大的一个数一样，也是不可行的.

于是我换个角度思考，“过滤复杂”，将多余条件一一过滤.

已知 β 的最大值为 135°就可以了，但仔细观察不难发现，PM 的长度是定值，β是定值，PQ，MN为定值．求QN的最大值就是求QM的最大值，当$\beta=135^\circ$时，QM最大．如图3-2(b)，作$QO\perp MP$，交MP的延长线于点O．又因为$\beta=135^\circ$，$\angle O=90^\circ$，所以$\triangle POQ$为等腰直角三角形，所以$OP=OQ=\frac{\sqrt{2}}{2}PQ$，而$PQ$是定值，与$\alpha$没有任何关系．

这样，本题就被破解了．

点评： 通过该同学三年的不同案例，我们可以发现初一时该同学的数学写作中少有与数学相关的内容．初二时的数学写作已经开始关注数学内容，还加入了自己对数学符号与文字之间区别的认识，属于解释性数学写作．初三时他已经开始反思性数学写作，甚至还提出了“将复杂过滤”的分析问题策略，这是创造性数学写作的雏形．三年持续写作使得该同学已经渐入佳境．三年来，我总是拿着“放大镜”寻找学生作品中的优点和长处给予表扬，也会适当提出一些建议或意见，让学生的写作能够逐渐进步．

二、激励性原则

众所周知，兴趣是最好的老师，数学写作也是如此．教师可以通过撰写激励性批语、在班级内范读学生作品、在班级内外展示学生优秀数学写作成果以及将优秀的成果推荐发表或参加各类学生论文评奖等方式激发学生对数学写作的兴趣，让学生的数学写作进入良性循环．

案例4　几何随想

这一周我们学完了一元一次方程，下周就要开始学习几何了．

几何在古埃及就出现了．相传那时尼罗河洪水泛滥，淹没了许多土地，水退后又引发了更多问题，于是就出现了“几何”，用于测量土地．而中文中“几何”主要来源于利玛窦和徐光启翻译的《几何原本》，我也曾翻看过，但几乎没有能看懂的，大概内容是用几何学来解释一些问题．

说到“几何”，我一下子就想到了“勾股定理”．虽然没学过，但这也算是常识，就是妇孺皆知的“勾三股四弦五”，被收录在《周髀算经》中．

大概在2 500年前，毕达哥拉斯也提出了“勾股定理”，巴比伦有一个三角函数表，埃及有方形棱锥的体积公式．

另外，圆周率也是一个常识．祖冲之将圆周率推算至小数点后第7位，可以说是世界闻名了．

点评: 你对几何学有这么多的了解,说明你一定阅读了许多数学著作,老师为你点赞,相信你在即将开启的几何学习之旅中一定会获得更多的知识与智慧,你也一定会保持求知若渴的状态,坚持阅读数学名著.[注:这位同学在初中三年对数学及数学写作始终保有浓厚的兴趣,他曾经在一次数学写作中介绍自己在初一寒假主动到图书馆借阅《九章算术》并研究其中的问题(图 3-3).]

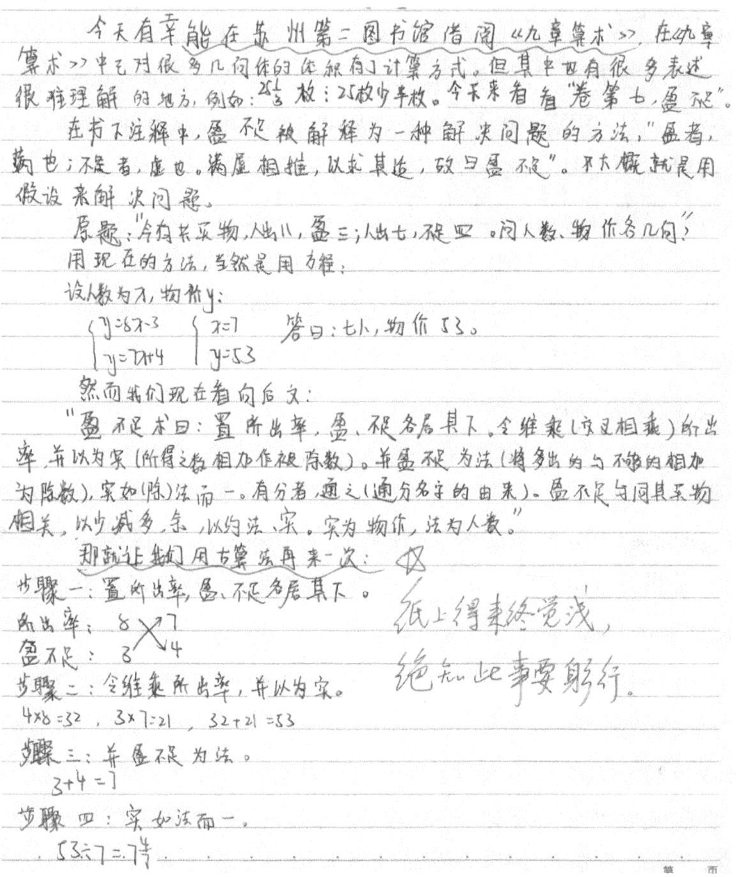
今天有幸能在苏州第二图书馆借阅《九章算术》,在《九章算术》中已对很多几何体的体积有了计算方式。但其中也有很多表述很难理解的地方,例如:$25\frac{1}{3}$枚:25枚少半枚。今天来看看"卷第七,盈不足"。

在书下注释中,盈不足被解释为一种解决问题的方法,"盈者,满也;不足者,虚也。满虚相推,以求其适,故曰盈不足"。大概就是用假设来解决问题。

原题:"今有共买物,人出八,盈三;人出七,不足四。问人数、物价各几何?"

用现在的方法,当然是用方程:

设人数为x,物价y:

$\begin{cases} y=8x-3 \\ y=7x+4 \end{cases}$ $\begin{cases} x=7 \\ y=53 \end{cases}$ 答曰:七人,物价53。

然而我们现在看向后文:

"盈不足术曰:置所出率,盈、不足各居其下。令维乘(交叉相乘)所出率,并以为实(所得之数相加作被除数)。并盈不足为法(将多出的与不够的相加为除数),实如(除)法而一。有分者,通之(通分名字的由来)。盈不足与同其买物相关,以少减多,余,以约法、实。实为物价,法为人数。"

那就让我们用古算法再来一次:

步骤一:置所出率,盈、不足各居其下。

所出率: 8 7

盈不足: 3 4

步骤二:令维乘所出率,并以为实。

4×8=32, 3×7=21, 32+21=53

步骤三:并盈不足为法。

3+4=7

步骤四:实如法而一。

53÷7=7…

纸上得来终觉浅,

绝知此事要躬行。

图 3-3*

案例 5 顺水推舟:用代数式解决问题的优势①

本章,我们首次体会到用字母表示数的重大意义,学习了代数式的相关概念及整式的加减运算等知识.在学习的过程中,不少同学在解决问题时不会主动使用代数式,还是比较喜欢用算术法.其实,这说明我们还没有真正领悟到

* 图片为学生随笔的原文,可能存在少许语言文字方面的错误,下同.

① 金宇涛.顺水推舟:用代数式解决问题的优势[J].初中生世界,2021(37):47.

代数式的优势和价值.

我们先来思考一个问题:既然算术法可以解决问题,那么为什么还要学代数式?有些问题用算术法解决起来比较困难,引入字母表示数,用代数法解决会很简单.请看下面这个例子:

计算:$\left(1-\frac{1}{2}-\frac{1}{3}-\frac{1}{4}-\frac{1}{5}\right)\left(\frac{1}{2}+\frac{1}{3}+\frac{1}{4}+\frac{1}{5}+\frac{1}{6}\right)-\left(1-\frac{1}{2}-\frac{1}{3}-\frac{1}{4}-\frac{1}{5}-\frac{1}{6}\right)\left(\frac{1}{2}+\frac{1}{3}+\frac{1}{4}+\frac{1}{5}\right)$.

这道题如果直接计算会比较麻烦,仔细观察不难发现式子中有一部分是相同的,如$1-\frac{1}{2}-\frac{1}{3}-\frac{1}{4}-\frac{1}{5}$和$\frac{1}{2}+\frac{1}{3}+\frac{1}{4}+\frac{1}{5}$,因此可以设$a=1-\frac{1}{2}-\frac{1}{3}-\frac{1}{4}-\frac{1}{5}$,$b=\frac{1}{2}+\frac{1}{3}+\frac{1}{4}+\frac{1}{5}$,则

$$
\begin{aligned}
原式&=a\left(b+\frac{1}{6}\right)-\left(a-\frac{1}{6}\right)b\\
&=ab+\frac{1}{6}a-ab+\frac{1}{6}b\\
&=\frac{1}{6}(a+b).
\end{aligned}
$$

因为$a+b=\left(1-\frac{1}{2}-\frac{1}{3}-\frac{1}{4}-\frac{1}{5}\right)+\left(\frac{1}{2}+\frac{1}{3}+\frac{1}{4}+\frac{1}{5}\right)=1$,所以原式$=\frac{1}{6}$.

解决本题的关键是用字母a,b代替两个长长的式子,然后让a,b参与分配律、去括号与合并同类项等运算,使得原来很复杂的一道计算题变得比较简单.这充分体现了用字母表示数的便捷性.

下面我们再来看一道幻方问题.如图3-4所示是一个3×3的幻方,当空格中填入适当的数后,每行、每列、每条对角线上的数之和相等,求k的值.本题可以用字母表示空格中的数,如图3-5,在幻方中引入a,b,c,d四个字母,根据题意得$a+k+b=a+c+121$,$c+d+11=b+d+121$,进而可得$k+b=c+121$,$c=b+110$,所以$k+b=b+110+121$,从而$k=231$.显然,本题的解决得益于用字母表示数.

	k	
		11
121		

图3-4

a	k	b
c	d	11
121		

图3-5

上述两道题的解决都借助了用字母表示数,从中我们能真切地体会到用

代数法解决问题的优势.今后大家在分析问题时要主动使用代数式的相关知识,你会发现与算术法相比,用代数方法分析和解决问题可谓是顺水推舟、事半功倍.

点评:在本章,同学们学习了代数式的概念、求值、整式的加减运算等知识,体会到用字母表示数给解决问题带来的便捷性,其实用字母表示数是从算术到代数过渡的桥梁.作者以两道题为例向我们展示了用字母表示数的优越性,指出学习代数式的必要性,呼吁大家在分析和解决问题的过程中要主动使用代数式.相信他的学习经验会对同学们的学习有一定的启发和帮助.

这篇数学小论文是该同学在初一学习完“字母表示数”后撰写的,字里行间显示出他已经深刻体会到字母代数的优越性.我指导他对文章进行了一些修改后在《初中生世界》上发表.这是该班级同学正式发表的第一篇数学小论文,对作者本人及整个班级的其他同学都产生了很大的激励作用.随后的两三年时间里,班级内陆续有近20位同学的作品在省级以上期刊发表,近40位同学的作品在各类论文评比中获奖.这无不得益于榜样的力量.

三、指导性原则

由于学生缺乏写作经验,所以需要教师对学生的数学写作加以有针对性的指导.优秀的作品是需要不断修改和完善的,曹雪芹自述其著《红楼梦》批阅十载,增删五次.学生的数学写作水平要想得到提升,就需要在教师的指导下不断修改和完善.不同阶段应当有不同的指导策略.在写作的起始阶段,教师可以指导学生能够字顺文从地将自己对数学学习的感想、对数学内容的理解和反思等表达出来,不出现科学性错误.随着数学写作的深入,教师可以指导学生在写作时关注作品的逻辑性,要前后一致,自圆其说,不要出现自相矛盾.当学生的作品已经初具特色时,教师可以指导其围绕中心论点展开论述,做到条分缕析,观点鲜明,并兼顾创新.

在教学完相似三角形的应用之后,我补充了中国古代测量高度的方法,为此上了一节“重差术”的专题课.课后学生围绕“重差术”撰写随笔,陈同学写得比较深入,我指导他不断修改完善,最终作品发表在《中学数学月刊》2022年第11期.以下是我指导他修改完善作品的过程.

案例 6　“重差术”一文的修改与完善

如图 3-6 所示为重差术的初稿.

重差术之述

重差术为古人智慧所集成的一种特殊的勾股及图形。公元1世纪初产生。尽管《周髀算经》中有陈子论日的问题，但推高之后可以得出，这些数据都是用勾股比率推算出来的。在各个古书中均有提及重差之术，但日高图为最细致入微的。

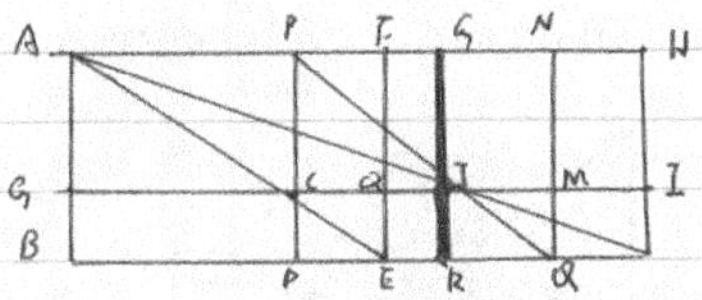

(传本有误，后人所补亦多与术文不符，此图取于吴文俊的文章)

由等积法，可得得出 $\square GBDC = \square PLQF$

$\because S_{\square HIMN} = S_{\square PLQF}$

$\therefore MI = CQ$

$\therefore JM = KL - DE$

$\because S_{\square JCDK} = S_{\square NMIG}$

$\therefore MN = \frac{CD \cdot DK}{JM} = \frac{CD \cdot DK}{KL - DE}$

$\therefore AB = \frac{CD \cdot DK}{KL - DE} + GB$

*此为日高公式，赵爽指出按图要加上表高(即PGB)，点明《周髀算经》的失误，又点明日之高用重差术而导出。刘徽在《九章算术》中也提及，说明“南戴日下公式”其本质为重差术。我们所了解的《海岛算经》，其中一共有九问，重表法，连索法，累矩法，均有记述，是重差术的伟大应用。其中还有斜面重差术。

第　页

图 3-6

作者在写作过程中查阅了吴文俊院士的论文，知道查阅并参考已有的权威研究成果较为可贵，但初稿仅叙述“重差术”的相关推理过程，没有将其与教材方法联系起来. 我指导他在写作时要先介绍一下相关背景，再将“重差术”与教材方法加以对比分析，写出自己对这两种方法的不同认识. 随后，他根据我的建议进行了修改. 以下是这篇数学小论文的第二稿.

重差术：古人之智　几何之美①

近期，我们学习了相似三角形，在这一章的最后，学习了用相似三角形的相关知识解决中心投影下实际计算问题．我们发现数学知识可以解决许多实际问题，数学具有广泛的应用价值．下面选取一道典型例题具体介绍．

1. 教材方法呈现

如图3-7，AB 为路灯，小明站在 D 处，影子是 DF，他往前走到 H 处，影子是 HI．若小明的身高 $CD=GH=h$ m，影子 $DF=a$ m，影子 $HI=b$ m，$DH=d$ m，求路灯的高（用含 a,b,h,d 的代数式表示）．

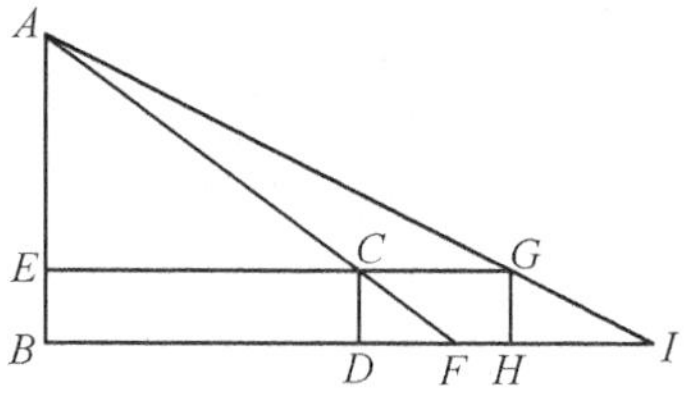

图3-7

解　因为 $AB\parallel CD\parallel GH$，所以 $\triangle CDF\backsim\triangle ABF$，$\triangle GHI\backsim\triangle ABI$，可得 $\frac{CD}{AB}=\frac{FD}{FB}$，$\frac{GH}{AB}=\frac{HI}{BI}$．

所以 $\frac{h}{AB}=\frac{a}{a+BD}$，$\frac{h}{AB}=\frac{b}{b+d+BD}$，则 $\frac{a}{a+BD}=\frac{b}{b+d+BD}$．

解得 $BD=\frac{ad}{b-a}$，代入 $\frac{h}{AB}=\frac{a}{a+BD}$，得 $\frac{h}{AB}=\frac{a}{a+\frac{ad}{b-a}}$．

解得 $AB=\frac{dh}{b-a}+h$．

答：路灯的高为 $\left(\frac{dh}{b-a}+h\right)$ m．

2. 中华传统方法

在学完课本中的方法后，老师告诉我们：我国古代数学中没有角的概念，也没有相似三角形的相关定理，但是我国古代对此类问题却有比较巧妙的解法．随后，老师让我们思考：我国古代数学家在不用相似三角形知识的情况下，如何解决这种问题？同学们一时都不知道古人的方法．老师提醒道："在勾股

① 陈宇航，沙思远，胡永强．重差术：古人之智　几何之美[J]．中学数学月刊，2022(11)：78-79．

定理一章，我们见识了赵爽、刘徽等古代数学家用面积法解决了许多问题，这种解决问题的思想方法叫‘出入相补原理’. 大家可以从面积法的角度思考解决办法.”

在老师的引导和帮助下，我们一起探究了我国古代数学家对此类问题的解法. 具体如下：

首先，让我们一起了解一个重要原理：如图 3-8，在矩形 $ABCD$ 中，如果 I 为对角线 BD 上一点，GH 和 EF 过点 I，$GH\perp AB$，垂足分别为点 G，H，$EF\perp BC$，垂足分别为点 E，F，那么 $S_1=S_2$.

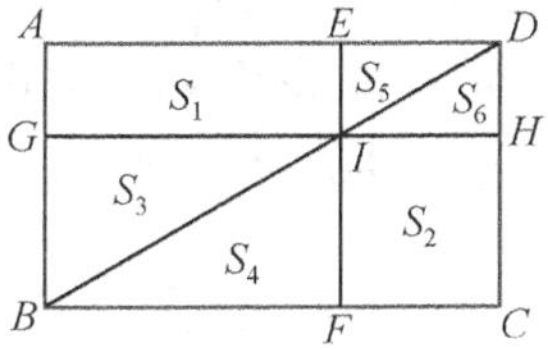

图 3-8

证明　因为对角线平分矩形面积，所以 $S_1+S_3+S_5=S_2+S_4+S_6$. 同理可得 $S_5=S_6$，$S_3=S_4$. 所以 $S_1=S_2$.

我国古代数学家将这个原理称作“勾中容横，股中容直原理”. 下面，我们根据这个原理可以推算出计算 AB 高度的公式.

如图 3-9，设 $CD=GH=BE=h$，$DF=a$，$HI=b$，$DH=d$，我们用 X_{BC} 表示矩形 $BDCE$ 的面积.

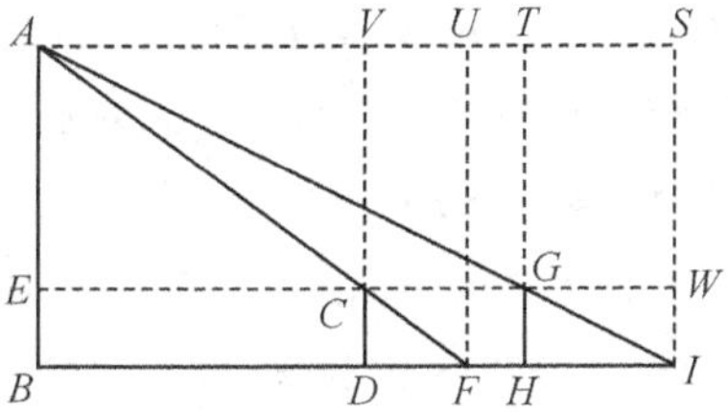

图 3-9

由“勾中容横，股中容直原理”得 $X_{BG}=X_{GS}$，$X_{BC}=X_{CU}$，所以 $X_{BG}-X_{BC}=X_{GS}-X_{CU}$，所以 $X_{DG}=X_{GS}-X_{CU}$，即 $CD\cdot DH=(HI-DF)(AB-BE)$. 将 $CD=GH=BE=h$，$DF=a$，$HI=b$，$DH=d$ 代入上式得 $h\cdot d=(b-a)(AB-h)$，解得 $AB=\dfrac{dh}{b-a}+h$. ①

① 刘钝. 大哉言数[M]. 沈阳：辽宁教育出版社，1993：412.

由 $AB=\frac{dh}{b-a}+h$ 可知，只要测得 a,b,d,h，即可计算出 AB. 在我国古代没有引入字母表示数，这个公式是用汉字表示的，即物高 $=\frac{\text{表间}\times\text{表高}}{\text{景差}}+$ 表高，这里的物高是 AB，表间是 d，表高是 h，景差是 $b-a$（“景”通“影”）. 因为这里需要两次测量影长，并需要计算出两个影长的差，所以我国古代称其为“重差”，这种测量物体高度的方法称作“重差术”，这是我国古代数学中的重要成果之一.

不难发现，古今中外人们对测量问题都有所研究，方法与原理也各不相同，各具特色，各有优势. 我国古人更善于从一类问题中总结出一般性的结论与规律，并运用这些结论与规律解决同类问题.

相比第一稿，这一稿有了很大的改进，但是缺乏对数学思想方法及精神层面的提炼. 另外，“重差术”是中华优秀传统数学文化的重要内容，应当引导作者发现中华优秀传统文化的魅力，培养其文化自信. 为此，我提出相应的指导意见，要求他补充一段. 后来作者完成了文章的最后一段，我也给出了教师点评意见. 以下是第三稿中补充的内容.

3. 相关历史及感悟

通过阅读和学习相关文献，我们了解到一段与之相关的动人故事. 在成书于公元前 1 世纪的《周髀算经》中就有“重差术”的相关记载，但是到东汉末年，描述“重差术”的图形遗失了. 三国时期数学家赵爽利用打柴的间歇研究《周髀算经》，复原了“重差术”的图形. 魏晋时期数学家刘徽在给我国古代著名的数学著作《九章算术》作注释时，将自己关于测量学的一些研究成果附在《九章算术》勾股章之后，名叫《重差》. 由于这部书中主要研究海岛高度的问题，后人将其称为《海岛算经》. 后来“重差术”公式的推导过程遗失，只剩下图形. 到了南宋时期，数学家杨辉将刘徽测量海岛的图形挂在自己办公的地方，日夜琢磨，功夫不负有心人，杨辉最终使用“勾中容横，股中容直原理”推导出了“重差术”的计算公式.

这段历史让我们真切地体会到古人做学问的勤奋和艰辛，他们在十分艰苦的条件下一次又一次地演算与思考，并最终获得真理，他们的智慧与钻研精神着实令人钦佩. 我们要学习古人做学问的勤奋与恒心，努力学好中华优秀传统文化，让中华优秀传统文化得到传承和发扬.

点评： 中华优秀传统数学文化是中华民族共同的精神财富，其中蕴含着丰富的数学学习素材. 作者对比研究了教材中给出的测量建筑物高度的方法和我国古代的"重差术",发现我国古代数学家利用"勾中容横,股中容直原理"推算出解决这类问题的公式,只要测量出公式中的几个量,代入公式即可计算出物体的高度. 作者还体会到我国古代数学家善于从一类问题中总结出一般性的规律与方法,并用这一规律与方法解决同类问题. 这种算法思想是我国古代数学的一大亮点. 同时,通过主题式文献阅读,作者真切地体会到古代数学家的勤奋、钻研、恒心、毅力,并产生要向古人学习的感慨. 希望同学们也能从中获得一些启发,一起研究并传承中华优秀传统数学文化.

有道是,始生之物,其形必陋. 以上我们看到了在教师指导下的一篇学生数学小论文的诞生过程. 教师应善于发现学生小论文中的优点,指导学生不断修改和完善,以帮助学生快速成长,提升写作水平,培养用数学语言表达现实世界的素养.

四、分享性原则

著名数学教育家和数学史家史密斯(Smith D E)说:"一个村庄的观点是狭隘的,甚至一个城市的观点、一个州的观点、一个国家某一地区的观点是狭隘的,和整个世界的观点相比,一个国家的观点也是狭隘的,因为无论一个国家是否情愿,它都必然是世界的一部分. 相互交流才能让世界的每一部分看到另一部分在数学教学上的做法."①我们应当分享彼此的思想,这样可以产生"1+1 大于 2"的效果. 学生的数学写作也不例外,通过不断分享促使相互交流,取长补短,更快地进步. 通常,根据具体情况,分享的范围可以是小组内、班级内、学校内或者是发表于正式期刊等. 在小组内分享,可以安排学生阅读他人的作品,并给出一些建议或意见;在班级内分享,可以将作品投影在屏幕上让学生阅读,可以让学生或教师范读,可以组织学生品读,抑或是将学生的作品复印后张贴在教室内的学习园地等栏目供学生阅读;可以选取一些作品在学校的公共区域举办专题展览,也可以将学生的作品结集成册供师生传阅;对于一些较为成熟的作品,教师可以推荐到相关期刊发表或者组织参加论文评比活动. 总之,通过分享,学生的数学写作水平在广度和深度等方面将有所提升.

作品被分享或者推介,会对学生产生积极影响. 一方面,提升学生的自信

---

① Smith D E. The International Commission on the Teaching of Mathematics[J]. Mathematical Gazette, 1910, 6(101): 384 - 385.

心，激发数学写作的兴趣，让数学写作行稳致远；另一方面，作品的分享会让更多的人了解数学写作，让有共同爱好的人开启数学写作之旅，使更多的学生因此受益或得到更好的发展.

案例 7 他山之石可以攻玉

这周五，胡老师给我们看了几位同学的数学随笔，相比之下，我的数学随笔显得十分逊色.

首先看了万同学的随笔，他的随笔记录的大都是他对数学的思考. 我惊讶于他竟然还能在遐想中推理出数学公式，并证明自己的观点. 他做数学题就跟玩儿似的，随时随地都可以想出数学题的不同解决方法. 从他的随笔中我可以感受到“数学来源于生活，但又高于生活”.

接着又看了金同学的随笔. 他写的内容是，在老师指出他的方法有问题后，他通过查阅资料发现欧几里得也是如他的方法那般写的，从而产生了困惑并与老师争辩的事情. 从他的随笔中我知道了随笔还可以写自己在平时学习中遇到的疑惑与困难.

这样看来，我下学期的随笔有待提高啊！

第三节 数学写作的成果评价

对于每周一收取的学生作品，我会在一周内完成批阅. 在批阅的过程中，我会将学生作品中写得比较好的句子或段落用红笔画上波浪线，并在旁边写上批语，在每篇作品的最后写上尾批.

旁批主要是对所写部分内容的赏析、概括、启思及拓展等. 当学生的作品中出现富含理性的深思、给出具有创新性的解法、持之以恒地研究某一个主题内容、在课外阅读了相关的数学著作或数学历史及数学家的故事并将其以自己的理解方式写入随笔时，我会及时对相关内容进行圈画并写出相应的文字对其进行赞赏和分析；当学生对某个数学问题进行了较多的叙述却未得其要的时候，我会帮助他在旁边加以概括和提炼，以帮其获得点睛之效；当学生的思路因写作而开启却未能抵达更深处时，我会在旁边写上一段启发他继续思考的话语，引导学生持续钻研. 如图 3-10，当学生的作品反映出其已经达到较高水平或者涉及数学的某个新领域时，我会在相应内容旁边写上一段批注，鼓励其向新高度或新领域迈进.

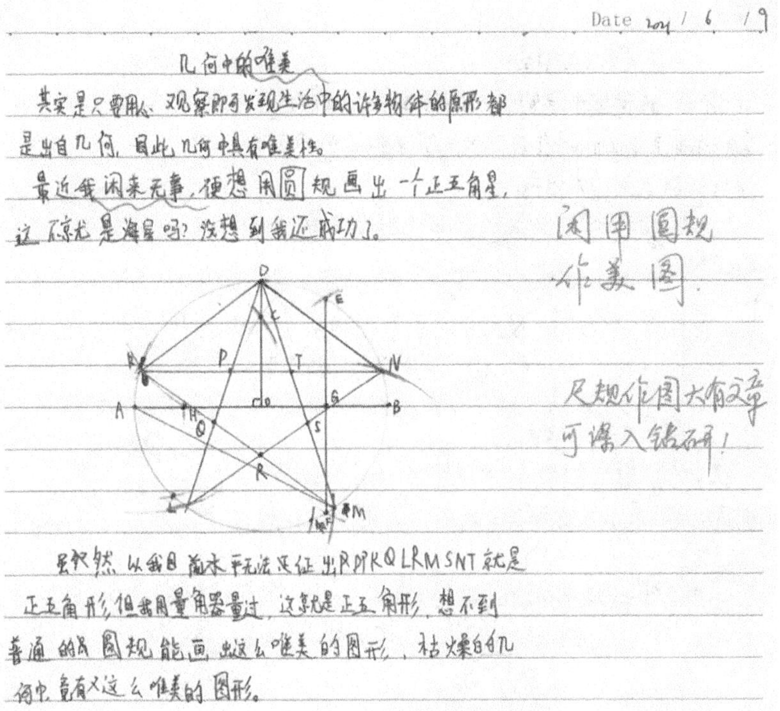

图 3-10

尾批通常是以朋友的身份、欣赏的眼光、激励性的语言与学生进行心灵上的交流，尊重学生的观点、隐私、情感，对作品的选题、立意、构思和语言等方面的优点给予肯定，对作品中出现的一些问题或错误及时点明，与学生交换意见.这样能让学生实现从要我写到我要写的转变.尾批要遵循一些原则，如正面引导原则、因势利导原则.由于学生之前从未接触过数学写作，所以在心理上存在一些畏难情绪实属正常现象.面对这一现状，我们需要用“放大镜”寻找学生作品中的闪光点，如标题新颖、主题积极、语言流畅、内容有深度、字迹工整、能够结合自身进行反思等，给以积极正面的评价，以此培养学生对数学写作的兴趣，树立写作的信心.在批阅时，还要关注学生在字里行间流露出的情感，如愉悦、烦恼、痛苦、彷徨、无助、期盼等.如图 3-11 和图 3-12，教师在尾批中应进行适当引导，指明后续学习与研究的方向，在因势利导的原则下，给学生以相应的学业指导或人文关怀.

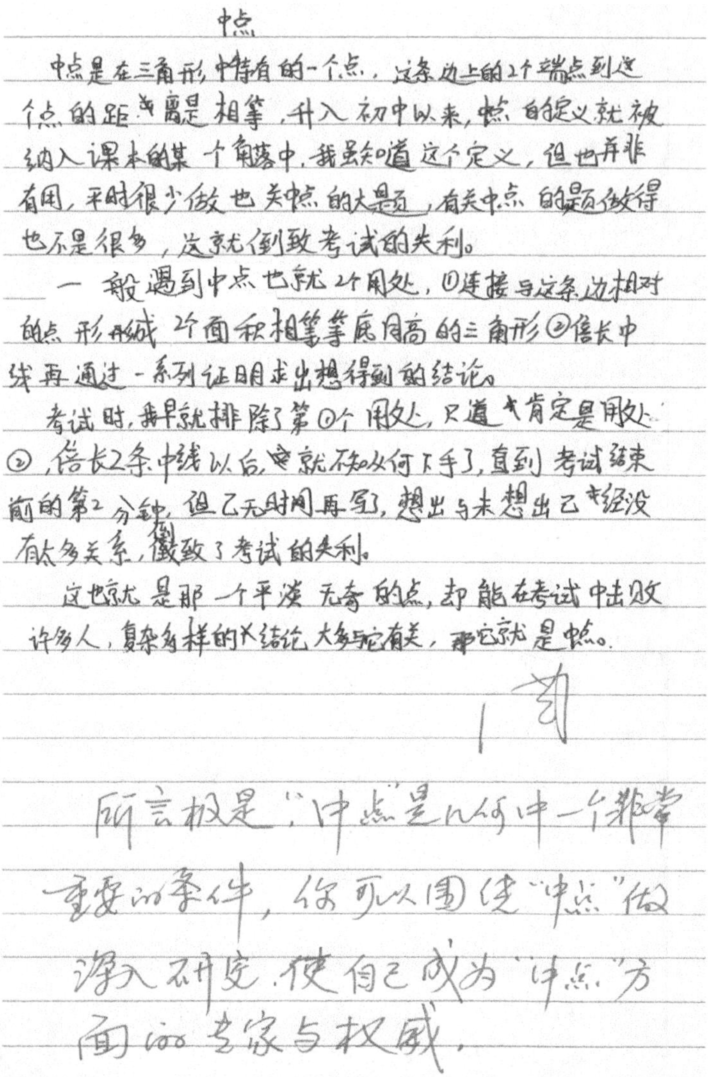

中点

中点是在三角形中特有的一个点，这条边上的2个端点到这个点的距离是相等，升入初中以来，中点的定义就被纳入课本的某个角落中，我虽知道这个定义，但也并非有用，平时很少做也关中点的大题，有关中点的题做得也不是很多，这就倒致考试的失利。

一般遇到中点也就2个用处，①连接与这条边相对的点形成2个面积相等等底同高的三角形②倍长中线再通过一系列证明求出想得到的结论。

考试时，我早就排除了第①个用处，只道肯定是用处②，倍长2条中线以后，就不知从何下手了，直到考试结束前的第2分钟，但已无时间再写了，想出与未想出已经没有太多关系，倒致了考试的失利。

这也就是那一个平淡无奇的点，却能在考试中击败许多人，复杂多样的结论大多与它有关，那它就是中点。

阅

所言极是，"中点"是几何中一个非常重要的条件，你可以围绕"中点"做深入研究，使自己成为"中点"方面的专家与权威。

图 3-11

记录日期 　　　　复习计划

随笔

今天我们来谈谈“0”。

“0”的发现最始于古印度。古印度婆罗门教的古老文献《吠陀》已有“0”这个符号。而在中国数学中，书里也有0，但通常用空格位表示或放上一枚铜钱。在中国古代的汉字中，也有“零”，不过这个“零”与“0”的意思截然不同。“零”在古汉语中表示“多出的一点点”，就像是“零头”，“零碎”等等。例如：“一百零八”表示一百多出八。后来阿拉伯数字引进，“108”恰好也读“一百零八”，于是“零”与“0”就对应上了。

而西方数学却一直没有（西方以几何为主，东方以运算为主）0的出现。在“0”刚引出时，甚至引发了诸多困惑，当时所有西方人都只认同正数，（因为负数与0会引发运算不成立，例如除以0）甚至认为0是魔鬼数字，而把它封禁。据说在古罗马有一位数学家倡导使用0，并发表文章论述0的作用与好处。然而统治者愚昧无知，不接受这些新事物，并给这个数学家施罪并用酷刑夹断了他的手指，使他终身不能用手握笔写字。

最后，那为什么最早的“0”发源于古印度呢？这其实还是与文化有关。“0”最早的含义是“啥也没有，一切空无”的意思。而在印度佛教中，就存在着“万物皆空”的哲学。

中国也有一种符号0的说法. LS

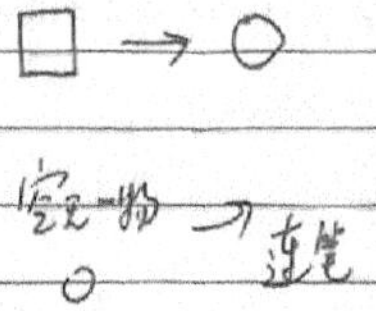

第　页

图 3-12

第四节　数学写作的持续保障

正如前文所述，我们的研究是一项持续三年的实践活动，三年中学生会出现许多新的变化，也出现了许多新的情况，比如人的惰性、临近考试时各学科的复习任务加重、每年寒假和暑假缺少监管、随着年级的升高所学科目增多等. 如何才能克服这些客观存在的情况，将数学写作活动持续进行下去呢？保障措施有以下几条：一是制定规则保障学生数学写作的持续进行；二是使用多种激励手段促进学生持续进行数学写作活动；三是利用多种机会对学生的数学写作加强指导和提供帮助，使其产生内生动力.

一、制定规则保障学生数学写作的持续进行

规则对人具有很强的约束力，因此需要制定规则以保障数学写作的持续进行. 在开启数学写作活动之前，首先要统一思想，制定规则，向学生介绍数学写作对数学学习的促进作用，解决为什么写的问题. 其次要组织学生一起为数学写作制定几条规则，比如：每次数学写作都要认真、用心、按照要求完成；要有自己的思考与感悟，做到言之有物，不抄袭应付；要力争做到三年如一日，持之以恒地写作等. 这些规则的建立是保障数学写作持续进行的基础，是后续督促学生的“准绳”. 在实施数学写作的过程中，有些学生会出现思想松懈、不能按时上交写作内容的现象. 对此，我十分重视. 当学生迟交作业时，我会第一时间催，并单独与相关学生沟通，了解情况，一方面鼓励他们大胆写作，另一方面也会提出相应的要求，让学生明白老师对数学写作这项作业是十分重视的，这项作业也是必须完成的. 渐渐地，迟交作业的现象减少了，后来，几乎所有学生都能自觉按时完成每周一次的数学写作，并养成了良好的写作习惯.

二、使用激励手段促进学生持续进行数学写作活动

想要持续推进数学写作，仅靠规则约束是不够的，因为规则是外因，它无法真正让人心甘情愿地把一件事情持久地做下去. 将一件事情持之以恒地做下去的内因来自做这件事情本身所带来的乐趣或者说是从中获得的成就感. 使学生获得成就感的方法有许多，诸如教师通过批语真诚地赞赏学生作品中的闪光之处，用恰当的语言激励学生；选取一些佳作在班级内朗读，让佳作的

作者获得一种自豪感，让其他同学学习优秀作品，以提高自己的写作水平；每学期举办一次优秀数学写作作品展览，将同学们的作品在校园内展出，供全校师生参观，以此提升学生的获得感与自豪感；选取一些优秀作品推荐到国内的期刊发表，当学生看到自己的文字在正式出版物上发表的时候，喜悦之情溢于言表. 这些措施都能让学生从内心深处感受到坚持数学写作带来的荣誉感与成就感，不断激励自己向更高水平迈进，这对今后的数学学习乃至其他学科的学习都将产生深远的影响.

三、利用多种机会对学生的数学写作加强指导和提供帮助

相对于解数学题来说，数学写作对学生的要求更高. 学生要思考写什么、怎么写，还要了解自己的写作水平. 这些都需要在实践中不断总结并积累经验，当然也需要教师的指导和帮助. 我会利用多种机会对学生进行指导，比如利用批语的形式对文章的选题、行文、科学性、逻辑性等诸多方面加以点评，也可以选取一些作品进行有针对性的剖析，指出优点和不足之处供学生学习，还可以和学生进行单独交流，这样的指导更有针对性，效果也更好.

数学写作逐渐成为学生学习过程中不可或缺的重要组成部分，每周一次的数学写作也就变得如同呼吸一样自如，这项工作的持续推进自然也就不再成为负担了. 案例 8 至案例 10 展示的是一位同学持续进行数学写作并获得不断进步与成长的过程.

案例 8 坚持写随笔对我的影响

依稀记得我的第一篇随笔是在初一开学报到的那天写的，因为没写过，所以足足写了一个下午. 最大的问题就是：“何为随笔？”那时我并没有想到去搜索，只是跟着自己的感觉写. 直到今天，我才查了一下：随笔即为随笔一记，是散文的分支，议论文的变体，兼有议论、抒情两种特性，通常篇幅短小，形式多样. 看完，我不禁微微地笑了——原来我没有写错.

纵观以往我所写的随笔，多是议论和抒情相结合. 一开始写的是关于小学与初中数学学习的对比，主要是知识、老师教学风格特点的不同，以及对未来的展望. 后来是经常到课外书里找有趣的数学故事来写. 再后来是就老师上课的内容来写，并夹杂着对新学知识的理解、做题的反思与方法的总结.

刚开始，特别是七年级的时候，我常常抱怨：“花时间写随笔有什么用？考试又不考写随笔，用这些时间去做两道题不好吗？”这样想的主要原因是没怎么写过随笔，写得很慢，常常觉得无从下笔. 但“坚持”是有魔力的，后来我写随

笔快了不少，觉得能写的东西很多：老师讲的数学史、数学故事，一类题由不会到熟练的感想，对成绩下滑的总结等. 再后来我一小时以内就能写完一篇随笔.

其实坚持写随笔不仅仅是学会写随笔这么简单，还有很多其他更为重要的作用.

孔子云："学而不思则罔，思而不学则殆."只读书学习不思考问题，就会惘然无知而没有收获. 学习数学我们要知道数学的严谨，追求简洁，新的成果是先猜想再证明而得出的，以及数形结合、分类讨论等数学思想与研究方法. 别人告诉你的知识，自己是无法深入体会的，写随笔就是一条很好的巩固知识的途径. 它能帮助我们对所学的知识再加工，在思考、整合后，学的知识就会深深地印入脑海中. 它能起到这样的作用，很大一部分原因是在阐明观点时会用到"举例论证"，这是一个自己动手实践的过程，"读万卷书，行万里路"所说的正是这个道理. 就好比"严谨"这一数学特点，以前我写过一篇随笔，讲的是小学写答句不完整而被扣分，在初中老师的教导下知道了"严谨"这一要点. 我把它写在随笔中，在以后的做题过程中会注意步步有据，答句完整；在生活中要做事细致，不可含糊. 再比如"倍长中线"这一辅助线的添法，一开始我是不会的，后来做了不少这样的题，于是在一次随笔中，我认真总结了这类题目的特征，以后遇到类似的题目便能得心应手、游刃有余.

写随笔也有利于培养我们的精神品格. 比如，老师说"杨辉三角"其实是"贾宪三角"，我觉得奇怪：都说是"杨辉三角"，怎么又和贾宪有关系了？回家后我就上网查了一下，果然如此：南宋的杨辉在他的《详解九章算法》中用了几百年前贾宪创造的用来解高次方程的三角，并特别注明这是他引用的贾宪的三角. 我不禁被杨辉的诚实所折服，正所谓"言不信者，行不果". 我想杨辉的成功离不开他的诚信. 我知道了诚信的重要性，也明白了要用辩证的眼光看问题，正如亚里士多德所言："吾爱吾师，吾更爱真理."诚信与思考是做人处事所必须具备的品格与能力. 我把我的感触写在随笔中.

所以花时间写随笔对我们的影响是巨大的，对知识的总结，对人生道理的阐述，都是我们的财富，这是不写随笔的人无法体会到的. 从少年时就开始明白这些道理，就不会在年迈时自欺欺人地说"桑榆非晚，老当益壮".

点评：这篇作品是作者在初三寒假期间对自己两年半以来的数学写作的回顾与反思. 作者介绍了自己从起初花半天时间才能写出来，到后来一小时内就可以写完一篇，再到后来在《初中生世界》和《中学生数学》上发表了两篇数学小论文.这就是坚持的力量!

案例9　几何学习如同滚雪球①

从小学开始学习加减乘除,到现在学习证明,我在学习数学的道路上已经走过了近七个春秋,一路上繁花似锦,收获颇多,蓦然回首,心中感慨万千.

小时候,我心中一直有个问题:为什么要学习数学?小学刚学了计算,能在买东西的时候算账;学习了度量,明白了装修师傅用的卷尺和铅笔中的数学原理……那时我认为:学习数学是为了日常的生活.

再长大一点,这个问题再一次浮现在了我的脑海里.在做一些数学题的时候,我开始质疑学习数学的意义.比如"鸡兔同笼"问题,我想:真有人会把鸡和兔子放在一起饲养吗?有人会分不清兔子和鸡的数量,要数出一共有几个头、几个脚后再来算吗?再比如一边放水一边排水的问题,我也会想:这样不是浪费资源吗?为什么不先排尽水然后再放水呢?脑袋中的问题让我觉得所学的数学有些鸡肋.

这样的问题在小学并没有得到解决,但我知道一定另有其因,带着这样的问题我进入了初中.

初中的数学学习好像高了一个档次,小学里学的都只不过是在做铺垫罢了.数学老师比较注重培养学生的数学素养和思维,我也深刻地体会到:数学是讲道理的、追求简洁,凭借的是大胆的猜想和谨慎的求解.近来我们学习了证明,在老师的引导下,我阅读了《几何原本》一书.在阅读此书时,我发现几何就像滚雪球.这本书一开始只有几条定义和公理,书中的每一步证明、每一个结果都是以定义、公理为基础的,后一个结论的证明都依托前面已经证过的结论,定义和公理就像是雪球的球芯,后面证明出的命题就像是在这个球芯上新粘上的雪块,如此下去,就可以滚出一个很大的雪球,新粘的雪块总是以前面的球芯及雪块为基础的.在做几何证明的过程中,我们写下的不只是解题过程,同时也是思维过程,在绞尽脑汁做题的同时,也是在提升我们解决问题的能力.

就算有一天我们不学数学了,数学的思考方式依然会跟随我们一辈子.就比如今后做一名警察探案,抽丝剥茧地推理从而成功破案都会用到数学思维.总的来说,数学提升了我们的思维方式,让我们更聪明,更有条理,能更好地处理问题.

---

①　徐子卿.几何就像滚雪球:我的数学学习随想[J].初中生世界,2023(C4):85-86.

在课外阅读中，我了解到欧几里得的《几何原本》对人类的影响非常大. 牛顿的《自然哲学的数学原理》一书就是按照《几何原本》的体例编写的，他先选出几条大家公认的物理规律作为出发点，不断往前推理建构起一个完整的自然哲学体系. 爱因斯坦也曾经说过：我之所以能成为一名科学家，就是因为我在初中阶段阅读了《几何原本》，这本书教会我如何思考和推理，让我走上了研究科学的道路，掌握了研究科学的重要方法. 我国著名火箭运载专家钱学森在晚年接受采访时说：中学时所学的平面几何对我的影响非常大，它从有限的几条结论出发，经过严密的推理证明，最后发展出自己的体系，这对科学研究有着重要的借鉴意义. 从上面的论述中，我们不难发现几何证明是多么重要.

如今我明白了学习证明的意义：我们需要通过学习证明来训练自己的逻辑思维，提升分析问题和解决问题的能力. 我们正值学知识练本领的年龄，因此我们一定要努力学好数学，学好几何证明，为将来建设伟大祖国打下坚实的基础.

点评： 作者喜欢阅读和思考，他对几何学的认识与理解较为客观和深刻. 平面几何是从定义和基本事实出发，不断推理得出新的命题，从而建立起来的一个严密的逻辑体系，它在培养人的逻辑思维能力和公理化思想方面有着不可替代的作用. 同学们现在处于学习几何的起步阶段，一定要了解几何的特征，并掌握学习几何的一般路径，这样才能学好几何，并理解和掌握几何的精髓，体会到几何的魅力. 相信大家一定会在后续的学习中体会到几何给自己带来的快乐.

本文是作者在学习几何证明相关内容之后撰写的一篇几何学习随想，显然他已经对几何的公理化思想有了深刻的洞察.

案例 10　探索基本结论，解决最值问题①

近期，我们学习了圆的相关内容. 在练习中多次遇到一类与圆有关的线段最值问题，不少同学对此感到束手无策. 在整理与反思错题的过程中，我发现这类问题大多和圆外一点到圆上一点的距离的最值有关. 只要我们弄清基本图形的原理，将问题进行适当转化，此类问题便可迎刃而解. 下面介绍一下我探索出的一个基本模型以及运用这个基本模型解决问题的过程. 不当之处，请大家批评指正.

---

① 徐子卿，吴歆怡，王郑颖，等. 探索基本结论，解决最值问题：以与圆有关的线段最值问题为例[J]. 中学生数学，2023(8)：26－27.

（1） **基本模型**

我们先看一下圆外一点到圆上一点的距离问题的基本模型. 在⊙O外有一点P，点P与⊙O上任意一点A的连线中，哪条线段最长？哪条线段最短？

结论：如图3-13，作射线PO，与⊙O交于点A和点A''，则线段PA''最长，线段PA最短.

证明 在⊙O上取异于点A和点A''的任意一点A'，连接PA'，OA'，得$\triangle PA'O$.

因为$PA'+A'O>PO$，即$PA'+A'O>PA+AO$.

又因为$OA=OA'$，所以$PA'>PA$，所以PA最小.

因为$PO+OA'>PA'$，又$OA''=OA'$，

所以$PO+OA''>PA'$，即$PA''>PA'$，所以PA''最大.

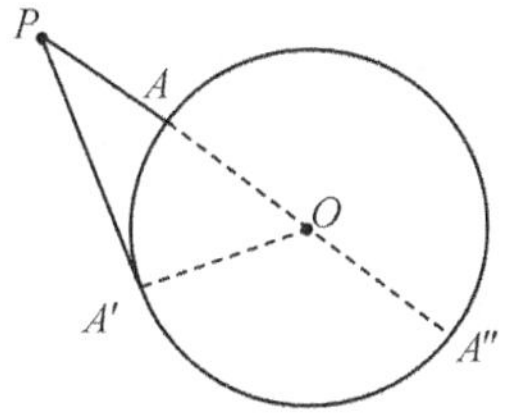

图 3-13

有了这个模型后，我们就可以解决下面这些与圆有关的线段最值问题了.

（2） **例题呈现**

例1 如图3-14，⊙M的半径为2，圆心M的坐标为(3,4)，点P是⊙M上任意一点且$PA\perp PB$，PA，PB与x轴分别交于A，B两点. 若点A和点B关于原点O对称，则线段AB的最大值为（　　）.

A. 3　　　　B. 14　　　　C. 6　　　　D. 8

分析 因为$PA\perp PB$，点A和点B关于原点O对称，根据直角三角形斜边的中线等于斜边的一半可知$AB=2OP$，于是线段AB的最值问题就转化为线段OP的最值问题，根据上面的模型可知OP'最小，OP''最大.

解 因为$PA\perp PB$，所以$\angle APB=90°$.

因为点A与点B关于原点O对称，所以$AO=BO$，$AB=2OP$.

由上面的模型可知OP''最大，$OP''=OM+r=\sqrt{3^2+4^2}+2=7$.

所以AB的最大值为$2OP''=14$，故选B.

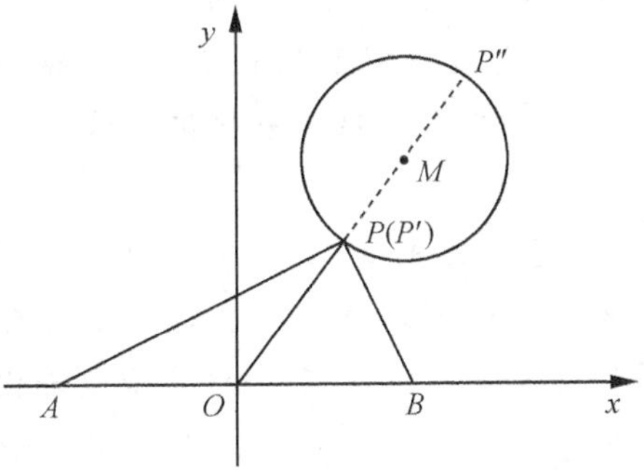

图 3-14

如果要求线段 AB 的最小值，按照上述模型也可以很快得出. 进而可以得到线段 AB 的取值范围.

例 2 如图 3-15，在平面直角坐标系中，$\odot A$ 的半径为 2，圆心 A 的坐标为 $(4,0)$，已知点 $B(0,3)$，点 C 是 $\odot A$ 上的一个动点，点 P 是 BC 的中点，求线段 OP 的取值范围.

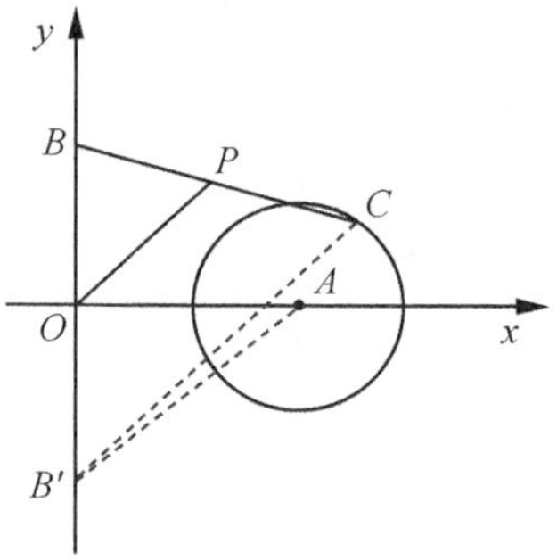

图 3-15

分析 当点 B,C,O 构成直角三角形时，可用上一题的方法来做，但是无法给出证明. 看到中点这一条件，我们除了联想到直角三角形斜边的中线等于斜边的一半之外，还可以联想到三角形的中位线，于是可以在 y 轴的负半轴上截取 $OB'=BO$，连接 $B'C$，则 $B'C=2OP$，于是该问题就转化为求 $B'C$ 的范围，利用上述基本模型可以快速求解.

解 在 y 轴上取点 $B'(0,-3)$，连接 $B'C$，$B'A$.

因为 $B'(0,-3)$，$A(4,0)$，所以 $OB'=3$，$OA=4$，$B'A=\sqrt{3^2+4^2}=5$.

因为点 P 为 BC 的中点，点 O 为 BB' 的中点，所以 $B'C=2OP$.

由基本模型可得 $B'C$ 最小为 $5-2=3$，最大为 $5+2=7$，所以线段 OP 的取值范围是 $\frac{3}{2}\leqslant OP\leqslant\frac{7}{2}$.

(3) **小结反思**

这两道题具有一些共性，首先它们用到的基本模型是相同的，其次二者都用到了转化的思想. 但它们也有着明显的区别，中点这一条件的转化方式不同，例 1 利用直角三角形斜边中线的性质来转化二倍关系，例 2 则利用三角形中位线的性质来转化二倍关系.

在学习数学和解决数学问题的过程中，我们要善于寻找不同问题的共同特性，将其提炼整合，形成基本模型，探究并弄懂模型背后的原理，这有利于我们解决一类问题，达到触类旁通的效果. 虽然题目千变万化，但是只要我们拥有永不放弃的决心，善于思考和总结，就一定能够攻克难关，找到解决问题的方法.

点评：本文是案例 7 和案例 8 的作者所在的学习小组的三位同学共同研究的成果. 三位同学总结了解决与圆有关的线段最值问题的基本模型，并用基本模型解决了相关问题，反思题目的相同和不同之处，感受到了数学变化中隐藏着不变，真切体会到了转化思想对于解决数学问题的重要价值. 同时，他们还在数学研究中体会到坚持的力量. 明朝数学家徐光启曾说："吾避难，难自长大；吾迎难，难自消微，必成之！"同学们在学习数学的过程中肯定会遇到这样或那样的困难，只要我们勇于挑战，不轻言放弃，就一定能够获得进步和成长.

本章从如何组织数学写作、数学写作的实施原则、成果评价及如何保障数学写作的持续进行四个方面详细介绍了数学写作的实施策略. 经过三年实践，从案例可以看出基于这些实施策略，绝大多数学生都能够对数学写作有正向的认同感，能够将自己对数学及数学学习的所思、所感、所悟通过数学写作的形式记录下来.

第四章 解释性数学写作

解释性数学写作指的是学生直接解释数学概念或提供与数学概念有关的信息,通常涉及对概念的陈述、推理、比较,并通过数学写作来交流和解释.常见的类型有解释数学概念的意涵、解释问题解决的策略、解释程序过程的推理和解释数学知识的关系.解释性数学写作可以帮助教师了解学生的认知基础,检测学生的知识掌握情况,以及激发学生对概念探究的兴趣.本章将分领域介绍四类解释性数学写作.

第一节 解释数学概念的意涵

李邦河院士说:"数学是玩概念的."数学概念是数学中最为基本的内容,它是数学的逻辑起点,是学生认知的基础,是学生进行数学思维的核心,在数学学习与教学中具有重要地位.[①]学生在学习相关数学概念前后,会对这些数学概念加以研究和思考,以数学写作的方式对这些数学概念进行解释,完成对数学概念的解释性数学写作.

一、数与代数领域

(一)有理数的相关概念与法则

有理数的相关概念是学生进入初中之后首先学习的内容,这些概念较为零碎,但对后续学习有很大帮助.教师可以引导学生通过数学写作的方式对有理数相关概念进行再学习,用自己的语言重新阐述相关概念,以达到促进概念理解的目的.

---

① 李善良.数学概念学习研究综述[J].数学教育学报,2001(3):18-22.

1. 正数和负数的表示方法

数是人类的一项伟大发明，数的表示方法经历了漫长的演进过程．苏科版初中数学知识教学的开篇便是在小学所认识的数的基础上引入负数．在教学本课内容时，我将正数和负数的相关历史素材融入其中，引导学生思考并创造正数和负数的不同表示方法，并将这些表示方法加以对比分析，体会当前表示方法的优越性．课堂上，同学们对此兴趣盎然，积极参与，并创造出许多新的表示方法．课后，许多同学以此为素材进行了相关解释性数学写作．

案例 1　正数和负数的表示

在“正数与负数”这一节里，我最感兴趣的是古人表示正数与负数的方法．很多同学也表达了自己的想法．有同学说：受古人用算筹表示数的启发，用竖着摆放的算筹表示正数，例如用“||”表示 2，用“||||”表示 4，用横着摆放的算筹表示负数．有同学说：用正着摆的算筹表示正数，用斜着摆的算筹表示负数．我提出用两种不同的颜色分别表示正数和负数．胡老师说：“这些方法都行，我国古代数学家刘徽曾提出‘正算赤，负算黑’的方法．意思是说用红色的算筹表示正数，用黑色的算筹表示负数．”

我提出的方法竟然与古人一致，我非常开心，同时我还体会到了我国古代学者的聪明智慧．正数和负数是一对相反意义的量，因此表示方法只要能够区分开就可以了，比如纵横、正斜、红黑等．

点评：作者记述了课堂上同学们想到的表示正数和负数的不同方法，以及自己想到的一种用不同颜色表示正数和负数的方法，得知该想法与古代数学家刘徽的想法一致时，喜悦之情溢于言表，同时作者还表达了对古代数学家的认同和赞许．最后，作者解释了这些表示方法的共同特性，就是用不同的形式来区分正数和负数．

案例 2　负数的表示方法

本周，我们开始正式学习数学知识，胡老师依旧用他风趣幽默的风格教学．这周学习正数和负数，最有趣的是学负数这堂课，我最喜欢“负数表示”这一环节．

老师提出一个很有意思的问题：“你知道古人怎样表示负数吗？”这的确是一个令人费解的问题．

一个同学说，可以用算筹表示，正着摆是正数，反过来摆就是负数．这是一种方法，可是如果要用很多算筹就有一些麻烦了．另一个同学说，用方向来表示，朝左表示负数，朝右表示正数，这种方法虽然简便不少，可是容易混淆. 还有同学说用颜色区分正数和负数……

同学们想到了很多有趣的方法，可是与现在的表示方法相比，多多少少都有一些缺陷，可见数学符号是不断变化的，而且越变越简洁明了. 数学这门学科还有很多知识等待着我们去发现，需要我们不断探索，不断努力.

点评：作者开篇指出喜欢这节课，并着重强调了最喜欢的一个环节——负数表示，记述了同学们提出的一些表示正数和负数的方法，并将这些方法与现在的方法比较，得出数学符号不断发展演进的结论，表达了自己愿意继续学习更多数学知识的愿望.

2. 有理数与无理数名称

人类认识数的过程充满了艰辛与曲折. 人类经过上万年才认识自然数，公元前 5 世纪古希腊毕达哥拉斯学派提出"万物皆数"的理念，那时的人们也只是认识正有理数，即认识自然数或自然数之比. 随后毕达哥拉斯学派的希帕索斯提出"边长为 1 的正方形的对角线不是自然数，也不能写成自然数之比"，引发了数学史上的第一次数学危机，此后 2 000 多年几乎无人研究无理数，直到最近几百年人们才逐渐弄清楚无理数的真实面貌. 近代心理学家指出，人类的认知过程具有历史相似性. 美国数学史家和数学教育家 M. 克莱因曾说："历史是教学的指南."基于无理数的发展历史，我在教学有理数和无理数时按照历史顺序，设计了相关教学环节，并以微视频的形式介绍了无理数的发展历程. 课后，不少同学围绕这些素材进行解释性数学写作.

案例 3　有理数与无理数名称的由来

在"有理数与无理数"这节课上，我了解到有理数和无理数并不是指有道理的数和没有道理的数.

我国晚清数学家华蘅芳在翻译西方数学著作时将"rational"与"irrational"误译为"有理"与"无理"，与原意不符，却广为流传. 后来又传入日本，日本人类比华蘅芳的译名创造出有理数和无理数，随后这种翻译又传回我国，一直沿用到现在，有点"出口转内销"的味道.

当我了解了这段曲折的历史之后，更对无理数有一种亲切感.

点评：作者通过课堂学习了解到有理数和无理数的相关历史，并在文章中解释了有理数和无理数名称的历史由来，表达了自己对这段历史的兴趣，以及对无理数的喜爱. 相信这种积极的情感会帮助作者更好地学习无理数.

3. 有理数乘法法则

对于有理数乘法法则中的“负数乘负数得正数”，也即“负负得正”这条法则，不少学生难以理解. 法国著名作家司汤达和我国水稻专家袁隆平等都谈过自己在学习这一内容时遇到的困惑. “负负得正”是一条规定，不能进行公理化的证明. 数学自身发展与推广的原则是：新成员要守老规矩. R. 柯朗和 H. 罗宾在《什么是数学》一书中写道：“对于引进新的符号、扩充一个范围，要使得在原来范围内成立的规律，在这更大的范围内继续成立，这是数学推广过程的一个特征.”①基于这条原则，引入负数之后的乘法运算仍然要遵循原来正数乘法运算的分配律，所以负负必须得正，否则分配律就会被破坏，也就违反了数学推广过程需要遵守的规则. ②

西方早期的数学教科书对“负负得正”有过一些数学内部的解释方法，诸如乘法意义拓广法、相反数法、归纳法、分配律法、公式拓广法等. 教师要透彻理解和掌握这些数学内部的合理化解释. 当感兴趣的学生问到“为什么负负得正”时，教师要结合学生的实际情况选取恰当的方法给出合理解释，不可糊弄应付. 初一学生的知识储备十分有限，这就导致他们在学习有理数乘法时难以透彻理解数学内部的这些合理化解释. 针对这种情况，教师可以向学生简单提及这些来自数学内部的合理化解释，激发学有余力的同学继续探究的兴趣，无须要求所有学生全部理解和接受. 此外，西方早期教科书中还提供了许多生活中与数学有关的例子，如债务模型、运动模型、水箱模型、气球模型等，以及一些更加生活化、没有任何数学知识的例子，如“好人进城模型”“朋友与敌人模型”等. 学生很容易接受和理解这些例子，并能感受到生活中的文化和数学内部的法则有着惊人的相似之处，从而提高对数学的兴趣，增加对“负负得正”这一法则的认同感.

在教学中，我将上述模型融入课堂，受到学生的普遍欢迎. 课后从学生提交的作品中发现学生对生活模型印象最为深刻.

案例 4　有趣的一堂课——负负得正

数学课堂，一个充满知识、给予人动力的地方.

数学有时令人百思不得其解，在本节课前老师介绍了两位名人学习“负负

---

① R. 柯朗，H. 罗宾. 什么是数学[M]. 左平，张饴慈，译. 3 版. 上海：复旦大学出版社，2012：69.

② 胡永强. 探寻数学的本源：以“负负得正”为例[J]. 数学之友，2020(2)：6－7.

得正”的故事，他们因为一道难题就放弃了数学学习. 这让我明白了做事不要半途而废，不能因为一道难题就放弃学数学，学习要持之以恒，同时也要敢于向老师提问题，要有打破砂锅问到底的精神，这样才能把不懂的地方弄懂，把数学这门学科学通.

在课堂上，老师问我们“为什么负数乘负数等于正数”，同学们对此展开了激烈的讨论. 有人说是因为顺口，但是这显然不能解释结论的正确性. 很多同学思考了很久也没有找到答案，这也从侧面说明了数学没有那么简单，不是随便说说就可以了. 随后，老师给我们讲了“好人进城”模型，生动形象且通俗易懂地解释了为什么“负负得正”，这也说明了数学的解释是多样的，生活中的一些故事也可以解释数学结论.

每堂数学课都充满了知识，值得我们去深入学习和思考.

点评： 作者从两位名人因为学习“负负得正”受挫，从而放弃数学学习的故事中领悟到做学问要有钻研精神，不应轻言放弃. 作者从课堂中多种解释“负负得正”的方式中体会到解决数学问题的方法具有多样性，同时也表达了对“好人进城”这一生活模型的喜爱之情.

案例5　我对“负负得正”的解释

今天我们学习了有理数乘法，这节课的核心问题是：为什么“负负得正”. 胡老师举了一个简单的例子：计算$(-3)\times(-2)$. 我的大脑飞速地运转着，忽然，我想到可以用乘法分配律来解决，将原式中的-3改写成减法算式$0-3$，这样$(-3)\times(-2)=(0-3)\times(-2)=0\times(-2)-3\times(-2)=0-(-6)=0+6=6$.

这就足以证明“负负得正”了，我激动万分. 接着还有更多的同学发表了自己的观点，但大多是列举生活中的例子，虽然不错，但我认为它们大体相同. 与我的计算证明相比，这些都更麻烦. 这节课我真是收获满满啊！

点评： 作者讲述了对“负负得正”的思考与“证明”过程，真切地描绘出自己成功“证明”时的喜悦和激动之情. 虽然他没有意识到自己证明过程中存在漏洞，并未证出“负负得正”，但他体会到了数学研究带来的快乐. 这种快乐是十分可贵的，会成为他日后继续研究数学的原始动力.

案例6　“负负得正”的故事

“负负得正”人尽皆知.但是,你知道负负为什么得正吗?好,别急,今天的数学课上,胡老师就重点讲了这一件事.

其实这个问题古今中外都有出现.袁隆平,我国著名的科学家,被誉为“杂交水稻之父”.他在小时候就遇到过这样的问题,百思不得其解,就去问他的老师.结果,老师也说不清楚.

这节课,同学们想出很多办法,比如$(-2)\times(-3)=(0-2)\times(-3)=0\times(-3)-2\times(-3)=0-(-6)=0+6=6$.再比如好人记作正(+),坏人记作负(−),进城记作正(+),出城记作负(−).那么好人进城对城里人来说是好事,即$(+)\times(+)=+$,而坏人出城对城里人来说也是好事,即$(-)\times(-)=+$.由此可见,数学真是博大精深啊!

顺便提一下,我觉得“好人进城”模型解释“负负得正”不太说得过去.“坏人”“出城”应该是“坏人”+“出城”,因此,这里应是加法,而不是乘法.

点评: 作者记述了同学们想出多种方法验证“负负得正”,并提出了对“好人进城”模型的质疑,指出这应当是加法运算,而非乘法运算.这表明作者善于思考,不人云亦云.

案例7　由有理数乘法想到的

今天的数学课上,我们学习了有理数的乘法,并与老师展开了激烈的讨论,深刻理解了法则背后的原理.

一上课,我们便把乘法所有的组合方式一一列举出来,按照从易到难的顺序逐个研究,最后,对于“负负得正”,老师与我们都陷入了思考.这时,我脑海中浮现出一个猜测:这会不会与相反数有关呢?可以用-2与-3两个数做假设,-2可以先与-3的相反数相乘,得出-6,再求-6的相反数得6.

这节数学课让我印象很深刻,不仅有自由的讨论,而且我从理论和实践两方面真正体会到了数学的奥妙.

点评: 德国数学家F.克莱因在《高观点下的初等数学》一书中指出“负负得正”是无法证明的,只能通过生活中的现象加以解释,并在数学内容中加以承袭.作者详细叙述了这节课的学习过程,对课堂上可以自由表达感到很快乐,也介绍了自己给出的用相反数解释“负负得正”的方法.

4. 数轴

数轴是一种重要的数学工具,揭示了数与点之间的对应关系,是“数形结合”的基础.我在教学中注重引导学生借助数轴对概念进行思考和解释.

案例 8　借助数轴梳理有理数的相关概念

时光如梭,转眼又到了周六,我在这周的学习过程中十分享受.

总结一下这周的数学学习,自我感觉良好.胡老师在课堂上问“数轴是用来干吗的”.我暗自笑了,这很简单,便于计算嘛!可是老师在黑板上写下“思想”二字.咦?我感到很奇怪,数轴会有什么思想?难道它是一个人?胡老师讲道:“数轴蕴含数形结合思想.为什么呢?你们看,假如我随便写一个数,它就在数轴上有一个对应点.”对哦,一条直线上有无数个点,每一个点对应一个数,每一个数对应一个点,它们是相互对应的.借助数轴我们可以比较数的大小、计算数的相反数和绝对值.

这样看来数轴用处很大,它可以将许多数的概念清晰地揭示出来.

点评:作者通过数轴深刻领悟到数形结合的数学思想,并将有理数的相关概念统一到数轴上来,借助数轴概念解释和理解绝对值、相反数等概念,并在这些概念之间建立联系,使得自己对这些概念形成稳定的认知结构.

5. 科学记数法

科学记数法是有理数的乘方之后的一节课.本节课我借助一些情境让学生感受现实世界中的大数,引导学生发现规律,学会表示这些大数,培养学生的数感,体会科学记数法的必要性和优越性.

案例 9　学科学记数法有感

很多事物都经历了几千年的演化,才达到现在的样子.看似普通,实则蕴含着丰富的知识.数学也是如此.

人体中大约有多少个红细胞?这个问题不算太难,但如果表示出来就发现很尴尬,25 000 000 000 000 个!如果这样表示,数学家将会为此浪费很多时间,我们读起来也不方便.数学老师曾说过:“追求简洁是数学的精神之一!”为此,数学家们想到了记录大数的新方法,把大的数写成 $a\times10^n(1\leqslant a<10)$ 的形式.“25 000 000 000 000”就记为 2.5×10^{13},现在看着是不是就简洁多了!

“要善于折叠自己.”原先我对这句话一知半解,但现在,我恍然大悟:这句话多么有意义,多么富有哲理呀!一个大数读和写都不方便,用科学记数法表示后就简便多了,这就是折叠的力量.

点评:作者解释了人们在追求简洁的精神指引下,发明科学记数法记录大数的创举，还体会到善于折叠自己的处世哲学.

（二）字母表示数

“字母表示数”是初中代数的起始课，对后续学习意义深远. 在历史上，字母表示数经历了数千年的漫长发展历程，数学史家将代数的发展历程划分为修辞代数、缩略代数和符号代数三个阶段. 我们从莱茵德纸草书上的数学问题得知，3 700 年前的古埃人已经开始研究代数问题，他们用文字书写解决过程，这就是修辞代数. 公元 3 世纪，古希腊数学家丢番图首次用希腊字母“ζ”表示未知数，这是人类目前所知的第一个用字母表示数的伟大创举，这也就进入缩略代数阶段. 到了 16 世纪，法国数学家韦达开始在他的著作中大量引入字母表示数. 在韦达的著作中，字母既可以表示未知数，也可以表示已知数. 随后笛卡尔对此制定了一些规范，用字母表中前面的小写字母表示已知数，用后面的小写字母表示未知数，这就进入了符号代数阶段. 从此代数学的发展插上了腾飞的翅膀. 在这节课中，我将字母表示数的历史制作成微视频，在课堂小结时向学生播放，他们对此十分感兴趣. 课后有许多同学围绕这些内容展开数学写作，谈自己对字母表示数的认识，向别人解释字母表示未知数和已知数的相关规定.

案例 10　用字母表示数

今天，我们学习了“用字母表示数”. 以前，我对它的理解是用字母表示数是用来列方程，但是现在我对它有了新的认知. 提出“用字母表示数”的数学家绝对不是没事找事，一定是为了追求简便. 它的简便体现在哪里呢? 我们举一个例子：已知两个数的和与差，求这两个数. 一般的解法是这样的：设这两个数为 x，y，它们的和为 a，差为 b，则易知 $x+y=a$，$x-y=b$，那么 $\frac{1}{2}(a+b)$ 就是 $\frac{1}{2}(x+y+x-y)=\frac{1}{2}\times 2x=x$，我们得出 $\frac{1}{2}(a+b)=x$. 这样解决十分简单. 如果不用字母表示，而是用文字写出来：用它们的和加上它们的差后乘二分之一，就是第一个数与第二个数的和加上第一个数与第二个数的差的和乘二分之一等于二倍的第一个数乘二分之一，也就是第一个数的值. 这样写就十分复杂. 第一种解法简单的原因是我们用字母表示数，并让这些字母参与运算.

点评：作者领悟到推动“字母表示数”的动因是为了追求简便. 通过用符号代数和修辞代数两种方法解决同一道问题的对比，读者真切感受到符号代数的优越性.

案例 11　用字母表示数

国庆假期结束后，我们的数学课又翻开了新的篇章——用字母表示数.

刚上课，老师便出示了一道题：一个数加上它的$\frac{2}{3}$、它的$\frac{1}{2}$和它的$\frac{6}{7}$等于3，求这个数. 我一下子便列出了一个方程$\left(\frac{2}{3}+\frac{1}{2}+\frac{6}{7}\right)x=3$. 随后又有同学给出另一个答案：$3\div\left(\frac{2}{3}+\frac{1}{2}+\frac{6}{7}\right)$. 老师问："你们觉得哪个好?"大家都说第一种方法好. 是的，这便是人们用字母表示数的原因——易想、简单！

老师又出示了第二道题：已知两个数的和与差，求这两个数. 这就有点烧脑了，我想通过计算来找出答案，但挠破头皮也没想出思路. 于是我尝试用"字母代数"列出了两个算式：① $x-y=a$，② $x+y=b$. 进而由(①＋②)÷2 得 $x=\frac{a+b}{2}$，由(②－①)÷2 得 $y=\frac{b-a}{2}$. 此刻我惊喜万分，为我的成功感到开心.

可能有人会问为什么差与和用 a，b 表示，而两个未知数却用 x，y 表示？通过老师播放的微视频，我了解到 16 世纪法国数学家韦达大量引入字母表示数，随后法国数学家笛卡尔对字母代数加以规范化，才有了我们现在的使用习惯.

对此，我不由地感叹，古人的数学思想是多么丰富啊！而正是有了这些天才创造出字母代数，才使数学变得更加简便！

点评： 作者解释了自己主动使用字母表示数的方法解决两道代数问题的过程，描述了自己内心深处按捺不住的喜悦与激动，并从中体会到符号代数的优越性，以及向古人致敬的心情.

案例 12　学习字母表示数的感悟

文字和字母哪个更简便？大家都是中国人，肯定会毫不犹豫地直指前者. 确实，生活中如此，但在数学中呢？如果你还说是文字，那只能说你太片面了. 举一个很直白的例子：已知 5，8，11，…，求第 n 个数. 用字母表示很简单，为 $3n+2$. 用文字表示是"n 乘前后两数的差加上二". 如此看来，追求简便的数学肯定需要引入字母.

用字母表示数在我们现代人看来是一件稀松平常的事情，但它却经历了数千年的时间才演变成今天的模样. 最早引入字母表示数的是公元 3 世纪古希腊数学家丢番图，他引入一个字母表示未知数. 过了 1 300 多年，到了 16 世纪，法国数学家韦达在代数运算中大量引入大写字母表示数，而且他引入的字母既可以表示已知数，也可以表示未知数，功能更加齐全. 笛卡尔在韦达的基础上，对字母表示数做了进一步的规范与统一，他提出用小写字母表示数，26个字母中靠前的字母表示已知数，靠后的字母表示未知数.

那为什么我们通常用“x”来表示未知数而不是用字母“z”来表示未知数呢？这里有一个故事. 1637年，笛卡尔出版《几何学》. 当时采用活字印刷技术，印刷厂中的活字符“z”不足，而“x”却剩余许多，于是印刷厂的老板就去请教笛卡尔：“老师，我们厂的‘z’不够了，‘x’还剩下许多，请问能不能换成用‘x’代替未知数?”笛卡尔同意了. 由于笛卡尔名气太大，人们便学习笛卡尔这本书中的习惯用“x”表示未知数.

点评： 作者首先指出用字母表示数的优越性，随后介绍字母表示数的发展历史，最后解释了代数中常用“x”表示未知数的原因，可谓是对课堂内容的进一步解释与完善.

（三）分式

类比学习是一种重要的学习方式，分式学习从定义、性质到运算都可以类比分数进行. 教师在做教学设计时应当了解这一点，为学生提供充足的时间和空间进行类比学习.

案例13 关于分式

这一周，我们进入了“分式”这一章节的学习，我收获很多. “分式”这一章主要分为四大板块：① 分式的定义；② 分式的基本性质；③ 分式的加减乘除运算；④ 分式方程. 我们已学习了前两个内容. 分数的分子和分母都为数字，而分式是分母为整式并含有字母. 分数与分式也有一些相似之处：① 分母不能为0，否则无意义；② 分式与分数的基本性质相似；③ 都可以约分与通分.

当然分式与分数也有许多不同点需要注意. ① 只有分母为整式并含有字母的式子才叫分式. ② 约分和通分都必须同时乘或除以一个不为0的整式. ③ 为了便于后续计算，我们在书写分式时最好要注意以下格式：按某个字母降幂排序；首项系数为正数.

点评： 子曰：“温故而知新，可以为师矣.”作者运用类比思想学习分式，将自己的收获逐条记录下来并解释按照类比方法的特征加以分类，分式有些性质与分数相同，也有许多不同之处. 这说明作者已经意识到了类比得到的结论不一定正确.

（四）方程

方程是初中代数中一个十分重要的概念，是刻画现实世界数量关系的模型，是解决问题的重要工具. 笛卡尔曾说，世间的一切问题都是代数问题，一切代数问题都是方程问题. 在我国成书于公元 1 世纪前后的《九章算术》中就有“方程”一词，它是指多元一次方程组. 清代后期，我国数学家李善兰在翻译西方数学著作时将“equation”翻译为方程，这里的方程是等式的意思. 根据李善兰的翻译，现在有的教科书将方程定义为含有未知数的等式. 对此，经常有老师问学生：“$x=1$ 是不是方程？”这个问题其实是没有价值的，因为方程是伴随解决问题而产生的，没有什么问题简单到需要列出 $x=1$ 来解决，所以这样的教学实属浪费时间. 我在教学中，常会将方程的这段演变历史以适当的方式呈现给学生.

案例 14　方程的历史

这一周我们学习了方程. 我们在五年级就学过方程，不过那时叫“简易方程”，现在叫“一元一次方程”.“元”是未知数，“次”是未知数的次数. 查阅资料发现，在我国，“方程”这个词最早出现在《九章算术》一书中，而“方程”是其中一章的名字. 注解是“二物者二程，三物者三程，皆如物数程之，并列为行，故谓之方程”. 意思是方程(的系数)用算筹摆出来是一行一行的，有两个未知数，就有两个方程，有三个未知数，就有三个方程. 就像方阵一样，所以叫方程.

“linear equation with one unknown”是“一元一次方程”的英文.“equation”是等式，“unknown”是未知数，“one”代表只有一个，“linear”代表直线，连起来就是“只有一个未知数的直线构成的等式”.

后来我国清代数学家李善兰翻译西方数学著作时将“equation”翻译为方程，这才有了我们现在的方程的概念.

点评： 作者通过查阅资料对方程的中外定义进行了一番梳理和解释，可谓有文献综述的味道.

案例 15　历史悠久的方程

最近，我们学习了方程. 方程是含有未知数的等式，有很多类型：一元一次方程、一元二次方程、二元一次方程……而人们是怎么发现方程的呢？这就要追溯到远古时期了. 大约 3 600 多年前，古埃及人写在纸草书上的数学问题中就涉及含有未知数的等式. 公元 825 年左右，阿拉伯的数学家阿尔 · 花拉子米曾写过一本书《对消与还原》，重点讨论方程的解法，这本书对数学的发展产生了很大影响. 由此可见，人们很早就接触了方程，并有较详细的了解. 这表明方程有悠久的历史，很值得人们去探索. 在现实生活中，我们也可以通过方程来解决一些实际问题，例如行程问题、盈亏问题等，将复杂的文字问题变为简便的数字问题，只需解出方程即可获得问题的答案. 在数学考试中，用方程解一道含有未知数的题目也很轻松. 与列算式比起来，方程显得更为方便，我们只需要搞清楚每个量之间的关系，便能轻松解决这些问题.

方程，神秘而又神奇，却能很好地帮助我们解决实际问题，所以快来探索方程的奥秘吧！

点评：作者解释了方程的历史，以及与算术方法相比，列方程解决问题的优越性.

二、图形与几何领域

（一）几何概念

几何概念是进行几何学习的基础和出发点，是培养学生逻辑推理能力和数学公理化思想的重要素材. 在教学中应当首先对相关概念加以解释，厘清其内涵和外延，弄清楚相关几何概念的来龙去脉.

1. 几何

关于“几何”一词的由来向来众说纷纭. 在开启几何学习大门之际有必要对此加以解释，或是提出这样一个问题供有兴趣的学生思考和研究.

案例16　解释“几何”一词的由来

几何，是一门高深的学问，与代数齐名. 不过对于几何，大家可能都有一个疑问，很多人可能想都没有想过为什么这门学科叫“几何”？“图形”跟“几何”这两个字好像完全没关系呀！带着这份疑惑，我查找了一些资料.

我发现“几何”这个词最早来自希腊语，指土地的测量，即测地术. 后来希腊语转化为拉丁语“geometria”. 中文中的“几何”一词，最早是在明代利玛窦、徐光启合译《几何原本》时由徐光启所创. 当时并未给出依据，后世多认为一方面几何可能是词头 geo 的音译，另一方面由于《几何原本》中也有利用几何方式来阐述数论的内容，也可能是 magnitude（多少）的意译，所以一般认为几何是 geometria 的音、意并译.

这么看来，取名为几何的原因就明明白白了. 虽然不像“代数”那样简单，但它拥有一段有趣的来历，又何尝不精彩呢？

点评：作者对“几何”一词的来龙去脉做了一番梳理与解释，可谓是“几何”一词由来的科普之作.

2. 正多面体

苏科版初中数学教材在七年级上册设有“丰富的图形世界”，旨在让学生感悟到几何与生活密切相关. 几何的研究对象为点、线、面、体，以及它们之间的关系等内容. 在教学这一章时，我补充了一些正多面体的内容，包括正多面体的定义、种类、历史等，不少学生对此很感兴趣，也对正多面体进行了相关研究和解释.

案例 17　数学基本模型介绍之正多面体

内蒙古师范大学的代钦教授 2019 年在《数学通报》上发表了一篇关于正多面体的文章，阐述了正多面体的发展历史.

古希腊就有数学家、天文学家及哲学家发现了正多面体. 有关历史研究表明，世界上最早利用正多面体的是 2 000 多年前的一个位于意大利中部的古国，当时他们造出了很多正多面体的青铜器. 公元前 500 年毕达哥拉斯对正多面体下了一个合理的定义. 后来，著名数学家欧几里得在公元前 300 年左右写的《几何原本》中就说明了正多面体只有五种，分别为正四面体、正六面体、正八面体、正十二面体及正二十面体，并在第 13 卷的 7、8 两个命题中对此给出了证明.

点评：作者课后以正多面体为主题进行了相关学习，查阅了代钦教授的论文，对正多面体的历史、种类加以解释.

3. 三角形的“三线五心”

三角形的“三线”是指三角形的高线、中线、角平分线，“五心”是指外心、内心、重心、垂心、旁心. 三角形的“五心”和“三线”之间存在依赖关系，外心是三条边的垂直平分线的交点，内心是三条角平分线的交点，重心是三条中线的交点，垂心是三条高线的交点，旁心是一条内角平分线与其他两个角的外角平分线的交点. “三线”及“五心”具有一些重要的性质. 我在教学中常常根据学生的情况做适当补充，许多学生对此很感兴趣.

案例18 三角形的“五心”

近来我在研究三角形“五心”的相关内容，三角形的重心、外心、垂心、内心和旁心称为三角形的“五心”，它们具有不同的性质.

(1) **重心**

三角形三条中线的交点叫做三角形的重心. 如图 4-1，点 O 即为 $\triangle ABC$ 的重心. 重心有许多性质，例如：重心到顶点的距离与重心到对边中点的距离之比为 $2:1$，即 $AO:OF=2:1$，$BO:OE=2:1$，$CO:OD=2:1$. 重心和三角形任意两个顶点组成的三个三角形面积相等，即 $S_{\triangle AOB}=S_{\triangle AOC}=S_{\triangle BOC}$. 还有个有趣的现象，拿一块质地均匀的三角板画出它的重心，用笔尖顶住重心，可以让三角板在笔尖上保持平衡.

(2) **外心**

三角形外接圆的圆心叫做三角形的外心，它是三角形三边的垂直平分线的交点. 如图 4-2，因为点 O 是 $\triangle ABC$ 三边的垂直平分线 l_1，l_2，l_3 的交点，所以 $AO=BO=CO$. 以 O 为圆心、AO 为半径作圆，就画出了 $\triangle ABC$ 的外接圆. 这里用到了线段的轴对称性、线段垂直平分线上的点到线段两端的距离相等.

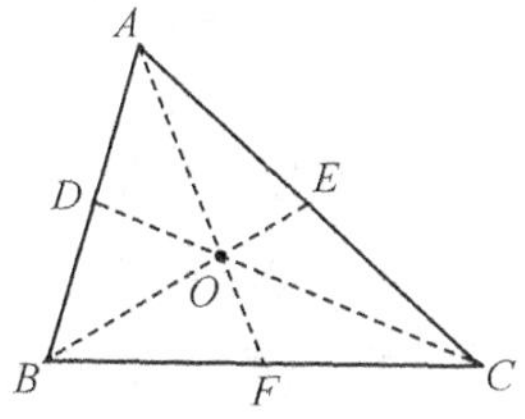

图 4-1

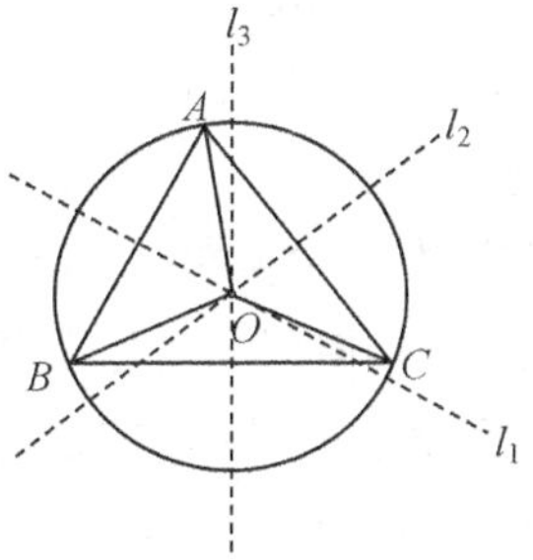

图 4-2

(3) **垂心**

垂心是三角形三条高线(或所在直线)的交点(图 4-3). 在探究这些“心”时，我试着将这些“心”画在同一个三角形中，结果发现外心、重心、垂心三点共线，其实这条直线叫做欧拉线.

(4) **内心**

三角形内切圆的圆心叫做三角形的内心，它是三角形三条角平分线的交点(图 4-4). 这里又用了角的轴对称性、角平分线上的点到角两边的距离相等. 所以 $OD=OE=OF$，即内心到三角形三边的距离相等.

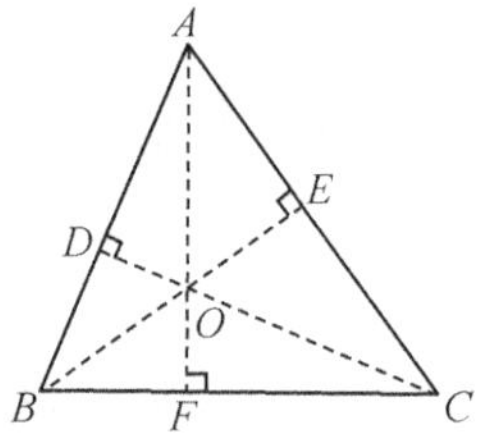

图 4-3

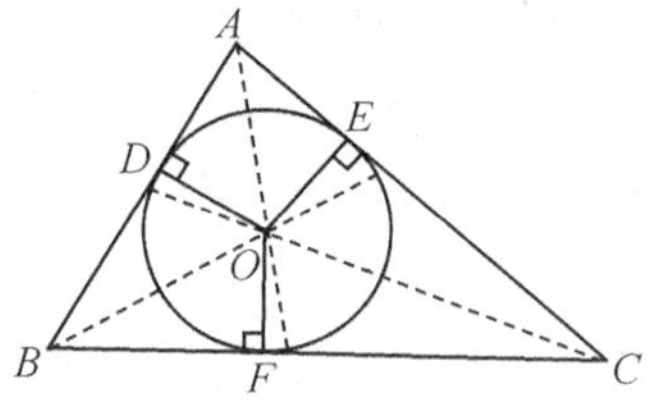

图 4-4

(5) 旁心

三角形旁切圆的圆心叫做三角形的旁心.旁心是三角形的一条内角平分线与其他两个角的外角平分线的交点.三角形有三个旁心.它还有一个与内心相同的性质:旁心到三角形三边的距离相等.

三角形的"五心"与三角形的高线、中线、角的平分线、边的垂直平分线密切相关,涉及圆、面积、三边关系等,也是初中几何的一个重点.

点评: 作者自主探究三角形的"五心",并对"五心"进行了图文并茂的解释.从文字中可以发现作者已经基本掌握了研究几何概念的方法,先给出定义,再研究性质.更加可贵的是,作者将三角形的"五心"与三角形中的一些重要的线建立起联系,这样才能真正理解"五心"所具有的性质.

4. 正切

在苏科版初中数学教材中,正切是"锐角三角函数"一章介绍的第一个三角函数,学好这一几何概念对于后续的正弦和余弦函数的学习意义重大,因为后续两个三角函数可以类比正切函数.历史上三角函数并不是直角三角形中的两条边的比,而是起源于天文学,再逐渐演变为圆中"八线",到了 15 世纪奥地利数学家雷蒂库斯(Rheticus G J)提出了直角三角形中的边之比的概念.基于上述历史,在教学正切时,我融入中华优秀传统文化中的"土圭之法"和唐代天文学家、僧人一行制作的世界上第一张正切函数表等素材,设计三个情境引导学生逐步探究出正切的概念.这节课给学生留下了深刻的印象,许多学生在课后以此为素材对正切概念进行了相关解释性写作.

案例 19　正切概念回顾

我虽不是数学老师,但你若要问我"激发一个人学习数学的兴趣的最有效方法是什么",我会坚定地说:"上课时多讲讲与学习内容有关的数学历史故事!"何出此言?

在 2022 年 10 月 18 日的数学公开课中,我们研究了三角函数中的正切函数.按照进度,这节课只需让我们学习正切的定义即可,时间是十分充裕的,但怎么才能讲好呢?胡老师在开课前,问了我们一个问题:“你们知道古人是如何测量日期的吗?”对于这个问题,我一开始很不理解,这个问题和正切有关系吗?好像没有,但接下来的研究让我惊叹.

胡老师给我们介绍了土圭划分日期的方法,通过“立杆见影”测最长与最短的影子,从而确定冬至与夏至,以此推出日期.而土圭这一模型中,杆、影长、光线恰好组成一个直角三角形.胡老师通过对影长和光与地面的夹角的关系的讲解,引出了我们要学习的内容——正切.太精妙了!胡老师让我们既了解了数学史,又学到了正切的知识.我想,数学史的一大作用已经显现出来了——激发学生学习数学的兴趣.

此外,胡老师还给我们讲了正切在中国的历史.唐朝僧人、著名天文学家一行制作了一张正切函数表,这是世界上最早的正切函数表.众所周知,$\tan 45^\circ=1$,但一行的表中却是0.977 67,有一定误差.我们讨论了造成这种误差的种种原因,但都不是很合理.直到胡老师给我们解释——古人用的度数单位是古度,与我们现在使用的角度单位不同.因此,数学史的第二大作用也显现出来了——了解古人,敬佩古人,培养优秀的精神品质,如不虚推古人、实事求是等.

数学是一门博大精深的学问,它凝结着古今无数人的智慧结晶.学习数学,感悟数学之美好,叹古人之聪慧!

点评:作者在解释正切概念的字里行间流露出对中华优秀传统文化的喜爱,记述了学习正切概念的过程,解释了一行正切函数表中45°角的正切函数值不为1的原因.我国古人根据四年一闰的自然现象,将一个圆等分为365.25份,其中的一份定义为1古度.1古度约为现在的0.985 6度.作者表达了对古人的敬佩之情,体会到做学问要实事求是.

案例20 不能虚推古人

这堂课我们学习了正切,从古代计时方法——“立杆见影”开始,将杆高、影长和地面组成的图形抽象成一个三角形,当其中一个锐角固定时,我们发现:杆高与影长的比值不变.也就是说,如果直角三角形的一个锐角的大小确定,那么这个锐角的对边与邻边的比值也就确定了.

我们把直角三角形中锐角A的对边a与邻边b的比值叫做$\angle A$的正切.这节课让我印象最深刻的是计算$\tan 45^\circ$.这个问题很简单,$\tan 45^\circ=1$.但是在古人一行的正切函数表中,45°角的正切值不是1而是0.977 67,我猜测是一行在测量时出现了误差,所以才得到0.977 67.后来经过老师的点拨我才知道事实并非如此,是因为一行采用的是古度(一古度约为现在的0.985 6度),这才是一行所得数据与我们不同的真正原因.这让我明白了不虚推古人的道理.

这节课穿插了不少数学史,生动有趣,激起了我学习数学的兴趣.

点评:作者解释了正切的概念和研究历程,还解释了一行的正切函数表中45°角的正切值不为1的原因,体会到不能虚推古人的道理.作者还指出数学史生动有趣,激发了自己学习数学的兴趣.

5. 切线

在苏科版初中数学教材九年级上册"轴对称图形——圆"一章中,我们探究了直线和圆的位置关系,根据交点个数引出了切线的定义,并进一步探究了直线和圆相切的条件.在教学中,我除了让学生探索了解圆的切线的概念外,还拓展了一些切线的其他知识,加深学生对切线的理解.

案例21 切线定义的历史

在初中数学学习中,我们经常会遇到与切线相关的问题,所以我对切线有十分深刻的印象.圆有切线和割线,圆的割线必须与圆交于两点,切线与圆有且仅有一个交点.九年级上册的教科书中对于圆的切线的定义是:经过半径的外端并且垂直于这条半径的直线是圆的切线.当然切线并不仅存于圆中,因此我和很多人一样对于切线的理解是"只有一个交点".于是有人根据这种理解提出关于切线的一种定义:切线是一条与曲线接触但不切割曲线的直线.这是切线的许多定义中流传最广的一种.

关于切线的这种定义一直被广泛接受,直到1828年有人提出:一条切线应该只与切线上一个点关联,而不必管它是否在别的位置切割曲线.如果按这种说法,图4-5中的直线也应该是曲线的切线.也就是说对曲线有转向的情况,因为无法避免直线与曲线切割,这种定义无法给出切线.

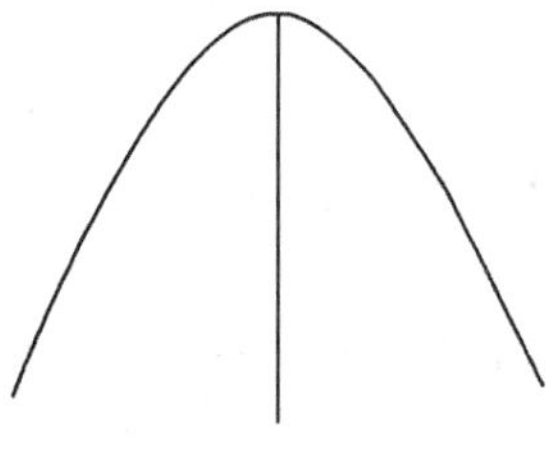

图 4-5

所以,1828年以后,这种频繁出现在各种词典中的定义被正式废弃了.之后,词典里对切线给出的定义是:切线指的是一条刚好触碰到曲线上某一点的直线."切线"一词的英文是"tangent",源自拉丁语"to touch",表示接触的意思.

历史上，古希腊数学家欧几里得和阿基米德，比牛顿稍早的法国数学家费马以及牛顿本人等，都对切线做过研究. 其中令我印象最深刻的定义，也是现代被广泛接受的切线定义，源于德国伟大的数学家莱布尼兹，他给出的定义是：切线就是曲线上的割线在两个交点无限接近时所对应的那条直线. 所以切线就是割线的交点无限靠近时的极限.

由此看来，切线的定义并非一帆风顺，数学中的定义大多是这样产生的，通过不断研究、探索、定义、推翻、再探究，这也体现了数学的演进性，并且定义往往不是唯一的，所表达的意思都是一样的. 但数学总是追求精简，所以越是精炼的定义越能被广为流传. 我们在学习数学时要追求严谨、精简，这样才能提升数学素养.

点评： 作者在学习圆的切线之后对切线的历史产生兴趣并进行了相关研究，将研究成果撰写成文. 在文章中，作者解释了切线定义的历史演变过程，也谈了自己对这些定义的看法，体会到数学具有演进性、简洁性和严谨性.

（二）几何术语

几何学起源于古代埃及的土地测量问题，因此几何与生活关系较为密切. 生活中的许多测量问题都要用到几何学的知识，在生活中也产生了许多相关的几何术语. 对这些术语的研究与解释是几何学习的一种重要方式，也为学生的解释性写作提供了丰厚的土壤.

1. 重差术

重差术是我国古代测量中的一个术语，是中华优秀传统数学文化的重要内容之一.《周髀算经》中的日高术可视为重差术的源头，三国时期吴国数学家赵爽曾经给出解释，魏晋时期的刘徽在为《九章算术》作注释时以测量海岛高度为例再次解释重差术，南宋数学家杨辉用“勾中容横，股中容直原理”重新证明了重差术，近代吴文俊院士用“出入相补原理”再次解释重差术. 重差术历史悠久，是测量不可到达的物体高度的计算公式. 需要指出的是，与西方数学家用相似三角形的性质计算不同，我国古代数学家主要是用面积的出入相补思想得出这一公式，并运用公式计算高度. 在教学相似三角形的应用时，我补充了重差术的相关内容，学生对此很感兴趣，他们认真钻研，撰写文章，解释重差术. 文化自信、文化自觉在这一内容中得到了极好的体现.

案例 22　解释重差术

重差术在我国历史悠久.魏晋时期数学家刘徽在其著作《海岛算经》中具体、详细地提到过,甚至还画出了类似现代几何的图示.

《海岛算经》主要讲述了如何计算海岛的高度.我国古代主要用面积法来计算,虽然这种算法我到现在还没熟练掌握,但当时这个计算公式$\left(岛高=\dfrac{表高\times表间}{景差}+表高\right)$可谓是很先进的了.我觉得这不仅仅是一个公式,更是一种研究、解决问题的方法,可用该方法测量山高、旗杆高、树高等.

其实,最关键的还是自己努力推理的过程,如果我们也像刘徽一样忘我地钻研,还有什么困难能阻挡我们呢?

点评: 作者给出了重差术公式,并对公式的应用价值及背后蕴含的人文精神进行了评价,流露出向古代数学家学习的意愿.

2. 反证法

初中阶段对"反证法"的教学要求是:通过实例体会反证法的含义.因此,在教学时,一般不作较高的教学要求,只要学生能了解即可.

案例 23　反证法

今天我翻阅了欧几里得《几何原本》中有关"两直线平行,同位角相等"的证明,但神奇的是,这个证明不像其他证明那样一步一步地用公理、公设、定义和命题来推理,而是先假设"两直线平行,同位角相等"是不对的,再推出矛盾,最后从反面证出原命题成立.后来经过查证,我了解到这种方法叫反证法.原来小小的证明方法也有大学问呢!

点评: 在证明中有"正难则反"的说法,反证法在现行的苏科版初中数学教材中要求较低,以阅读材料的形式呈现.作者自行阅读《几何原本》中用反证法证明相关命题的内容,解释了反证法的三个步骤:反设、归谬、结论.当他了解到不一样的证明方法后体会到证明也是大有学问的.教师可以从中了解到学生对于反证法是可以理解和接受的.

三、统计与概率领域

（一）方差

方差是数理统计中的一个重要内容，用以培养学生的数据分析观念，使学生学会通过分析做出判断和决策. 在进行教学时，我注重以实际问题为例分析数据，让学生体会方差在实际生活中的应用，加深对概念的理解. 学生能够举一反三，结合自身实际，进行分析和总结.

案例 24　方差的应用

统计学中，方差反映了样本的离散程度，方差越小，样本越稳定；反之，方差越大，样本越不稳定. 既然如此，我试着用方差算算自己几次考试成绩年级排名是否稳定. 计算方差需要四个步骤：计算平均数，将每个数与平均数作差，将这些差平方，再计算这些平方的平均数.

先算出几次考试年级名次的平均数：

$$\bar{x}=\frac{21+22+31+19+19+67+59+41}{8}\approx 37,$$

再计算方差：

$$s^2=\frac{(21-37)^2+(22-37)^2+(31-37)^2+2\times(19-37)^2+(67-37)^2+(59-37)^2+(41-37)^2}{8}\approx 321.$$

可见我的成绩排名十分不稳定.

老师在看完这篇随笔后，写了四个字的评语：有何对策？ 这引起我的思考. 在通过计算方差意识到自己的年级名次高低不定后，我开始重新规划自己的学习任务，在弱势学科英语、历史、政治上多花功夫. 经过努力，在九年级上学期的期末考试中，我取得了很大进步.

如果你认为学习数学只是为了应付考试，那你就目光短浅了. 将数学知识应用于实际，你会发现数学带来的无尽乐趣.

点评： 方差是初中统计部分较为复杂的一个概念，主要是因为它的计算步骤较多，不少学生对方差概念的掌握不扎实. 作者将方差的计算步骤拆分为四步，说明他已经掌握了方差概念的本质. 更难能可贵的是，他还学以致用，运用方差判断自己进入初中以来的成绩排名是否稳定，进而找到努力的方向，并最终通过努力取得进步，真切感悟到数学的实际应用价值.

第二节 解释问题解决的策略

问题解决是数学学习的重要组成部分，也是数学写作的重要素材. 在这类写作中，学生经常会解释问题解决的过程及策略. 借助这类写作，教师可以了解学生对问题解决的理解程度及不同解法背后蕴含的思维方式.

一、数与代数领域

好的解题方法可以让数学的学习事半功倍. 学生在解题过程中将同类型问题加以比较分析，思考总结，提炼出一般的解题策略，并用自己的语言进行表述，梳理成文，生动有趣.

案例 25 因式分解策略

在学因式分解之前，我对这部分内容一直很恐惧. 不过，学完之后我才发现因式分解并不可怕，解决因式分解问题需要三种能力：一是敏锐的洞察力，能够发现隐藏在式子中的种种分解；二是清晰的判断力，能够判断它属于哪种公式；三是超强的记忆力，能记住公式. 熟练掌握这三种能力，是解题的关键.

举个简单的例子：$9y^2+x^2-6xy$. 首先，可以看出 x^2 和 $-6xy$ 应该换一下位置，也就是 $9y^2-6xy+x^2$. 其次，你会发现 $3y\times x\times 2=6xy$. 这就是一个完全平方公式啊！最后，由完全平方公式 $a^2-2ab+b^2=(a-b)^2$ 可知，这道题的结果就是 $(3y-x)^2$. 哈哈，轻松搞定. 种种恐惧，都源于未知. 学习中遇到困难，我们要仔细研究，找出解决办法，就可以攻克它们. 现在回过头来看，那些曾经让我感到困难的问题，经过我的努力钻研，现在也只是一个“小土坡”罢了.

点评： 作者经过思考，提出解决因式分解问题需要三种能力，并举例说明，最后体会到学习需要不断努力、刻苦钻研.

案例 26 构建目标函数解决问题

本周我学会了用新建目标函数的方法来解决问题，主要用于求线段的长度和图形的面积. 求线段的长度时，先将两个端点的坐标表示出来，若在同一水平线或铅垂线上，则可以用作差法来解决；若不在，则可以通过作垂线，构造直角三角形，利用勾股定理来求解.

求图形的面积时，以四边形为例，将四边形分割成两个三角形，如果三角形有两个顶点的横坐标或纵坐标相同，可以直接用“底×高×$\frac{1}{2}$”计算面积. 若三角形顶点的横、纵坐标都不相同，则采用“宽高公式”，引入变量，构建目标函数，通过函数的性质来解决问题.

点评：作者介绍了通过引入变量，借助点的位置关系或面积公式构造目标函数，利用函数的性质解决问题的策略，这种策略体现了函数的应用价值. 从文字中可以看出作者对这种方法的认可.

二、图形与几何领域

解决几何问题要仔细分析题目所给的条件，充分发挥每个条件的作用，寻找复杂图形中的基本模型，通过模型连接条件与问题. 不同的解题方法及多样的模型给学生提供了丰富的创作空间.

案例 27 将军饮马：利用轴对称解决最值问题

数学试卷中选择题或填空题的压轴题常常考查最值问题，这类题型比较灵活，让许多同学头疼不已，无从下手. 其实这类题并没有那么难，只要辅助线作对了，答案也基本呼之欲出. “将军饮马”就是其中一个典型的例子，核心就是轴对称.

下面我归纳几个模型，与大家共享.

模型一：如图 4-8，已知直线 l，点 A、点 B 在直线 l 的两侧，在 l 上找一点 P，使 $PA+PB$ 最小. 这类题很简单，连接 AB，AB 与 l 的交点即为点 P. 利用的原理是两点之间线段最短.

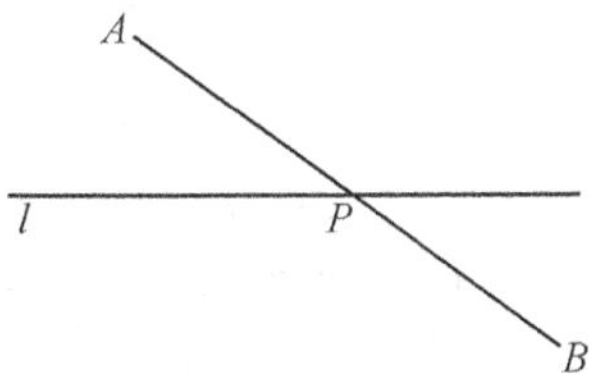

图 4-8

模型二：如图 4-9，已知直线 l，点 A、点 B 在直线 l 的同侧，在 l 上找一点 P，使 $PA+PB$ 最小. 这就是典型的“将军饮马”问题，解决的关键是作其中一点关于直线 l 的对称点，如作点 B 的对称点 B'，连接 AB'，则 AB'与 l 的交点即为点 P.

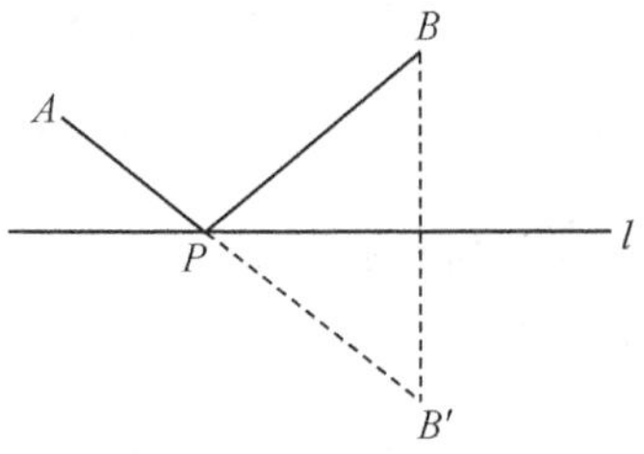

图 4-9

模型三：如图 4-10，已知$\angle A$内部有一点P，在$\angle A$的两边上分别找点M、点N使$\triangle PMN$的周长最小. 解决此类问题的关键在于作点P关于$\angle A$两边的对称点，连接两个对称点与两条边相交，交点即为所求.

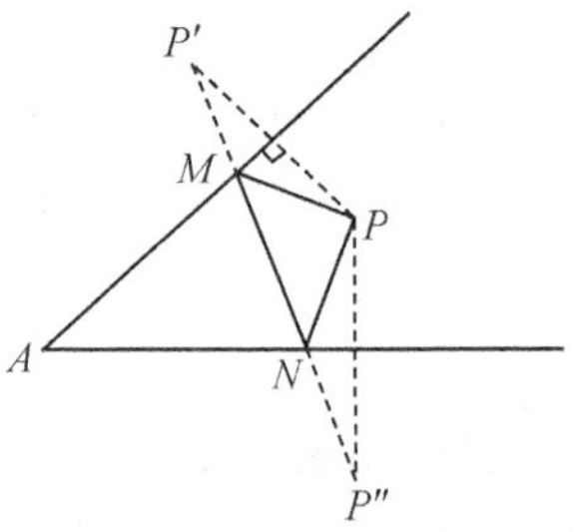

图 4-10

模型四：如图 4-11，已知Q,P两点在$\angle A$的内部，在$\angle A$的两边上分别找点M、点N使四边形$QPMN$的周长最小. 此题是作点P、点Q关于离自己最近的那条边的对称点，连接这两个对称点，与$\angle A$两边的交点即为所求.

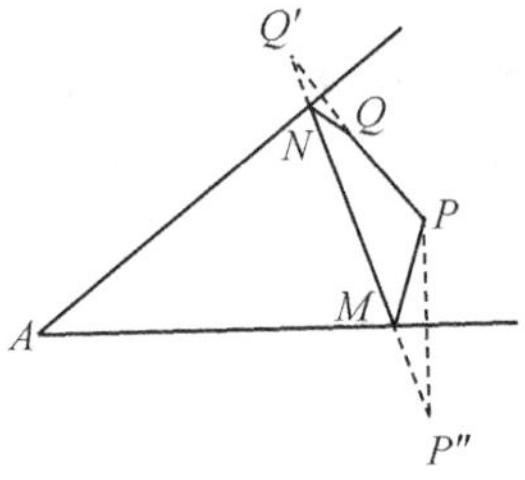

图 4-11

此类问题的变式还有很多，但只要掌握其辅助线作法，便可一招制胜.

点评：作者总结了运用两点之间线段最短解决线段和最小问题的模型，给出四种类型的问题及解决方案，由浅入深，逻辑清晰.

案例 28　基本图形的应用问题

近来，我发现很多复杂的图形都是由基本图形得到的，做题的关键就是识别出基本图形.

如图 4-12,已知正方形 $ABDC$ 和正方形 $BEFG$,连接 AG 和 DE,问 ED 和 AG 满足什么关系?其实这道题可以运用“手拉手”模型来解决.$\triangle BED$ 和 $\triangle BGA$ 就是“手拉手”模型的基本图形,由“手拉手”模型的结论即可得出 $ED \perp AG$ 且 $ED=AG$.

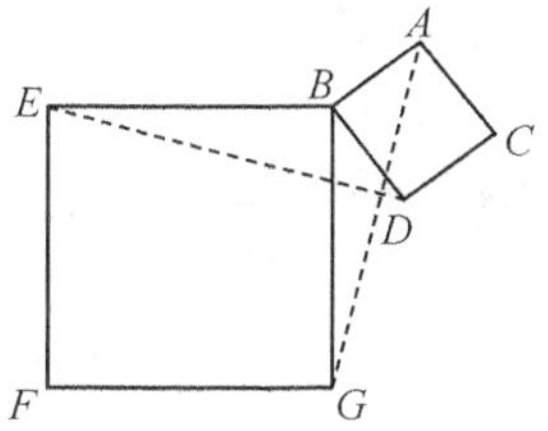

图 4-12

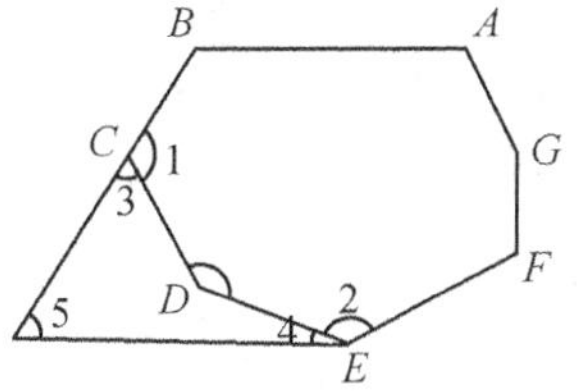

图 4-13

“燕尾”模型一般出现在多边形中.如图 4-13,已知 $\angle A+\angle B+\angle G+\angle F+\angle 1+\angle 2=800^\circ$,$\angle 3+\angle 4=60^\circ$,求 $\angle 5$.这道题就是“燕尾”模型的应用问题,根据结论 $\angle 3+\angle 4+\angle 5=\angle D$,即可得到 $\angle 5=40^\circ$.

点评: 作者总结了一些基本模型,如“手拉手”模型、“燕尾”模型等,以及这些基本模型中蕴含的基本结论,这些结论可以称为二级结论.在解决问题时寻找基本模型后利用其基本结论可以快速找到解题方向.数学中二级结论的推导与使用是数学学习的重要内容.

案例 29　一题多解

原题呈现:如图 4-14,凹五边形 $BAMCD$ 中,$\angle B+\angle D=150^\circ$,$\angle AMC=\alpha$,试探究 $\angle A$ 与 $\angle C$ 的数量关系,并说明理由.

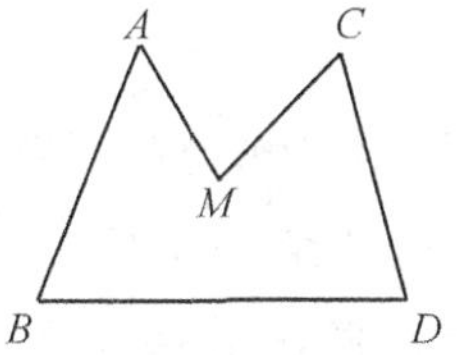

图 4-14

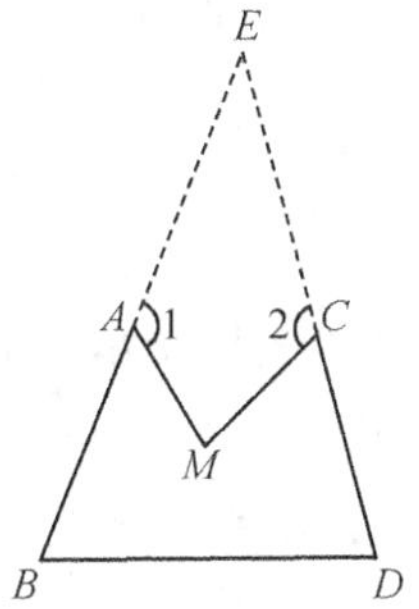

图 4-15

方法一:如图 4-15,延长 BA,DC 交于点 E,因为 $\angle B+\angle D=150^\circ$,所以 $\angle E=180^\circ-150^\circ=30^\circ$.因为 $\angle E+\angle 1+\angle M+\angle 2=360^\circ$,所以 $30^\circ+$

$180^\circ-\angle BAM+\alpha+180^\circ-\angle DCM=360^\circ$，所以$\angle BAM+\angle DCM=30^\circ+\alpha$.

这里用了$\triangle EBD$和四边形$EAMC$的内角和完成证明，$\angle 1$和$\angle 2$则利用平角转换成$\angle BAM$和$\angle DCM$.

方法二：如图4-16，延长AM，CM分别交BD于点F，E，易得$\angle 1+\angle 2=180^\circ-\angle C-\angle D+180^\circ-\angle A-\angle B$. 因为$\angle 4=\alpha$，所以$\angle 3=\alpha$. 所以$\angle 1+\angle 2=180^\circ-\alpha$，所以$180^\circ-\alpha=180^\circ+180^\circ-\angle C-\angle A-(\angle D+\angle B)$. 因为$\angle D+\angle B=150^\circ$，所以$\angle A+\angle C=30^\circ+\alpha$.

这里把五边形$BAMCD$分成两个三角形($\triangle ABF$和$\triangle CDE$)，再利用三角形的内角和计算.

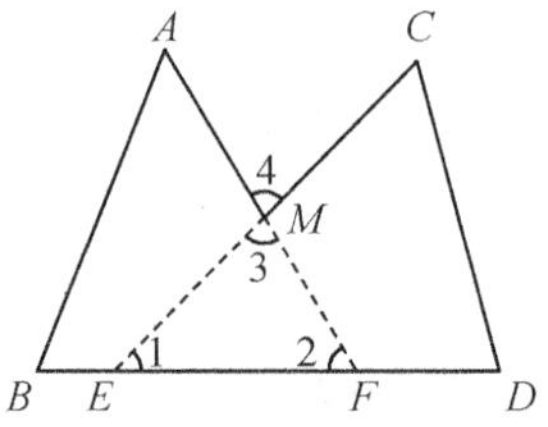

图 4-16

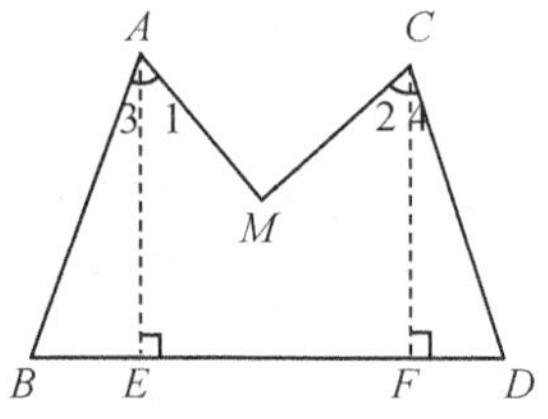

图 4-17

方法三：如图4-17，过A，C分别作$AE\perp BD$，$CF\perp BD$于点E，F，则$AE/\!/CF$，所以$\angle 1+\angle 2=\alpha$. 所以$\angle 3+\angle 4=180^\circ\times 2-90^\circ-90^\circ-\angle B-\angle D=180^\circ-150^\circ=30^\circ$，所以$\angle 1+\angle 2+\angle 3+\angle 4=\alpha+30^\circ$，即$\angle BAM+\angle DCM=30^\circ+\alpha$.

这里用了“垂直于同一条线段的两条直线互相平行”的定理.

方法四：因为五边形$BAMCD$，所以$\angle B+\angle D+\angle A+\angle C+360^\circ-\alpha=540^\circ$，所以$\angle A+\angle C=30^\circ+\alpha$.

我们学习的多边形的内角和是关于凸多边形的，其实对凹多边形也同样适用，通过将凹多边形分割成三角形即可证明. 同一问题可以有多种解法，数学真是神奇啊！

点评：一题多解体现了求异思维，是培养创新能力的一种重要方法. 作者对一道问题给出四种解法，最后总结出发现这些解法都用到了多边形的内角和的知识，这其实是对多解的再思考，寻找不同解法的共同之处是更高层次思维的体现.

案例30 一道典型例题的从“误”到“悟”

题目：如图4-18，边长为10的等边三角形OAB位于平面直角坐标系第一象限中，OA 落在 x 轴正半轴上，C 是 AB 边上的动点(不与端点 A 重合)，作 $CD\perp OB$ 于点 D. 若点 C，D 都在双曲线 $y=\dfrac{k}{x}(k>0,x>0)$ 上，则 k 的值为______.

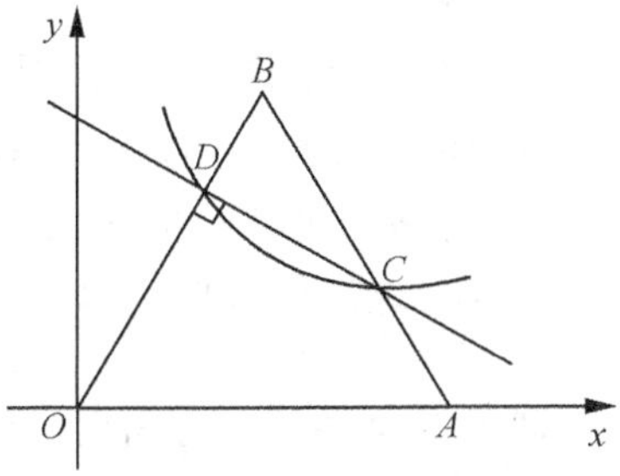

图 4-18

刚看到这个题目，我没有任何头绪，后来经过自己反复研究及同学的点拨，我最终找到了解决方法：设未知数列方程求解. 根据等边三角形三个内角均为 60°，分别作直角三角形，根据 60°角的直角三角形中短直角边为斜边一半的定理，用字母表示数，列出方程即可成功解决. 方法如下：

如图 4-19，作 $DE\perp OA$ 于点 E，$CF\perp OA$ 于点 F，设 $OE=\alpha$. 因为$\triangle ODE$ 为直角三角形，$\angle EOD=60^\circ$，$\angle ODE=30^\circ$，所以 $OD=2OE$. 因为 $OB=10$，所以 $BD=10-2\alpha$. 因为$\triangle BDC$ 为直角三角形，$\angle B=60^\circ$，$\angle BCD=30^\circ$，所以 $BC=2BD$，所以 $BC=20-4\alpha$，所以 $CA=4\alpha-10$. 因为$\triangle CAF$ 为直角三角形，所以 $CA=2AF$. 由勾股定理有 $CF^2=CA^2-AF^2=(4\alpha-10)^2-(2\alpha-5)^2$，所以 $CF=\sqrt{3}(2\alpha-5)$，所以 $D(\alpha,\sqrt{3}\alpha)$，$C(15-2\alpha,\sqrt{3}(2\alpha-5))$. 把 $x=\alpha$，$y=\sqrt{3}\alpha$，$x=15-2\alpha$，$y=\sqrt{3}(2\alpha-5)$代入 $y=\dfrac{k}{x}$，可得 $\alpha_1=3$，$\alpha_2=5$(舍)，所以 $k=9\sqrt{3}$.

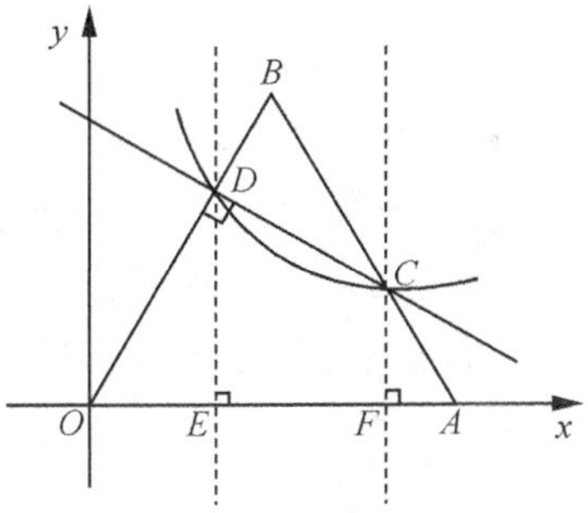

图 4-19

通过这道题我体会到了在思考问题时，不能被题目的表面所迷惑，也不能半途而废，一定要深入理解题目所给的每一个条件，这样才会得到正确的解决方案.

点评：美国数学教育家 G. 波利亚在他的《怎样解题》一书中提出解决问题的四个步骤：审题、拟订方案、执行方案、检查. 这篇习作生动地记述了作者面对一道难题时的思考过程，由于他没有充分审题，导致第一次未能成功解决问题，后来经过独立思考及同伴的点拨，发现了 60°这个条件，想到构造直角三角形，最后成功解决问题. 在最后的感悟中，他意识到认真审题的重要性.

案例 31　一道染色面积问题的多种解法与思考①

（1） **原题呈现**

如图 4-20，在 Rt$\triangle ABC$ 中，$\angle C=90°$，$AC=9$，$BC=12$. 在 Rt$\triangle DEF$ 中，$\angle F=90°$，$DF=3$，$EF=4$. 用一根始终绷直的弹性染色线连接 CF，Rt$\triangle DEF$ 从起始位置出发（点 D 与点 B 重合）平移到终止位置（点 E 与点 A 重合），且斜边 DE 始终在线段 AB 上，则 Rt$\triangle ABC$ 外部被染色的区域面积是多少？

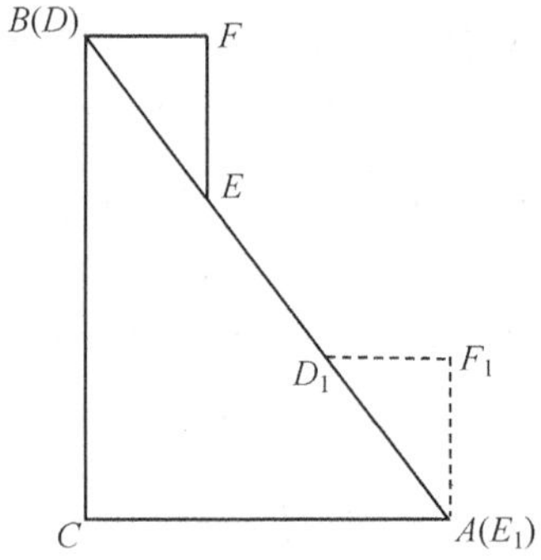

图 4-20

（2） **解法探究**

这道题第一眼看上去感觉很简单，但仔细研究发现并非如此. 连接 CF，CF_1，在图上标出后发现要求的图形面积是一个梯形的面积.

方法一：可设终止位置为 Rt$\triangle D_1F_1A$，如图 4-21，连接 CF 与 AB 交于点 G，连接 CF_1 与 AB 交于点 H，连接 FF_1，延长 BF，AF_1 交于点 M，作 $FI\perp AB$，交 AB 于点 I. 外部的染色区域即为四边形 $HGFF_1$. 因为 $AC:BC=3:4=$

① 郝宇轩，胡永强. 一道染色面积问题的多种解法与思考[J]. 中学生数学，2023(14)：27－28.

$DF:EF$，$\angle BCA=\angle DFE=90°$，所以$\triangle ABC\backsim\triangle DEF$，所以$\angle BAC=\angle EDF$，所以$BF/\!/AC$，所以四边形$ACBM$为矩形，所以$BM=AC=9$，$AM=BC=12$. 因为$\angle ACB=90°$，所以利用勾股定理得$AB=15$. 因为$DF=3$，$AF_1=AF=4$，所以$MF=6$，$MF_1=8$. 利用勾股定理得$FF_1=10$. 因为$BF/\!/AC$，所以$\triangle BFG\backsim\triangle ACG$，所以$FG:CG=BF:AC=1:3$，所以$CG:CF=3:4$. 同理可得$CH:CF_1=3:4$. 又因为$\angle GCH=\angle FCF_1$，所以$\triangle GCH\backsim\triangle FCF_1$，所以$GH:FF_1=CH:CF_1=3:4$，所以$GH=7.5$. 因为$S_{\triangle DEF}=S_{\triangle DEF}$，所以$FI\times BE=BF\times EF$，所以$FI=2.4$. 所以$S_{四边形GFF_1H}=0.5\times(10+7.5)\times 2.4=21$.

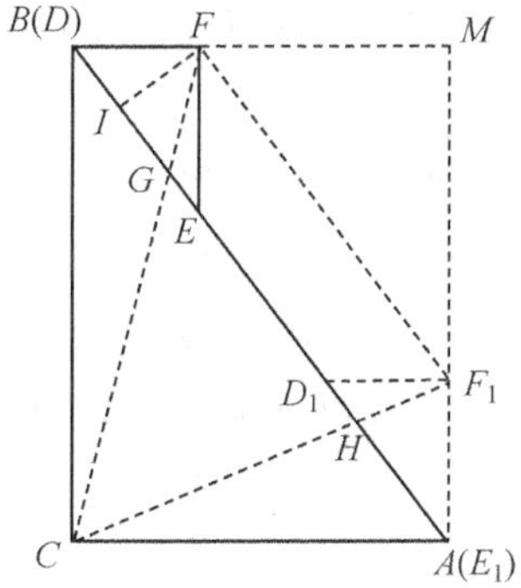

图 4-21

第一种方法是最容易想到的，也是一般的解题思路. 这个方法运用了梯形的面积计算公式，是一种较为简单的方法. 那么还有其他方法吗?

在初中，除了用底乘高等类似的方法计算图形面积外，我们还学了相似，通过相似就能得出面积比，只要其中一个面积算出来了，另一个面积也就算出来了.

方法二：可以设终止位置为$Rt\triangle D_1F_1A$，如图4-22，连接CF与AB交于点G，连接CF_1与AB交于点H，连接FF_1，延长BF，AF_1交于点M. $\triangle ABC$外部的染色区域即为四边形GHF_1F. 因为$AC:BC=3:4=DF:EF$，$\angle BCA=\angle DFE=90°$，所以$\triangle ABC\backsim\triangle DEF$，所以$\angle BAC=\angle EDF$，所以$BF/\!/AC$，所以四边形$ACBM$为矩形，所以$BM=9$，$AM=12$，$AB=15$，所以$MF=6$，$MF_1=8$，所以$S_{\triangle CFF_1}=S_{\square ACBM}-S_{\triangle CBF}-S_{\triangle ACF_1}-S_{\triangle MFF_1}=9\times 12-0.5\times 3\times 12-0.5\times 6\times 8-0.5\times 4\times 9=48$. 因为$BF/\!/AC$，所以$\triangle BFG\backsim\triangle ACG$，所以$FG:CG=BF:AC=1:3$，所以$CG:CF=3:4$. 同理可得$CH:CF_1=3:4$. 又因为$\angle GCH=\angle FCF_1$，所以$\triangle GCH\backsim\triangle FCF_1$，所以$S_{\triangle CGH}:S_{\triangle CFF_1}=9:16$，所以$S_{\triangle CGH}=27$，所以$S_{四边形GFF_1H}=S_{\triangle CFF_1}-S_{\triangle CGH}=21$.

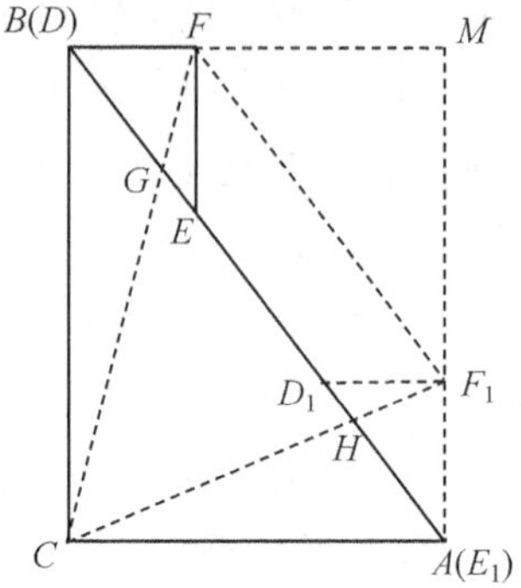

图 4-22

第二种方法运用了相似三角形的性质，通过面积比算出染色区域的面积. 这个方法比第一种方法更简单，但更难想到.

最近刚刚学了二次函数，所以我就想能不能用函数知识解决. 如果可求出 G，H 的坐标，那么 GH 的长就得到了，进而可算出面积.

方法三：如图 4-23，以 C 为原点，CA 为 x 轴正半轴，CB 为 y 轴正半轴建立直角坐标系. 设终止位置为 $\mathrm{Rt}\triangle D_1F_1A$，连接 CF 与 AB 交于点 G，连接 CF_1 与 AB 交于点 H. 由题意得 $A(9,0)$，$B(0,12)$，$C(0,0)$，$F(3,12)$，$F_1(9,4)$. 所以直线 AB 的表达式为 $y=-\dfrac{4}{3}x+12$，直线 CF 的表达式为 $y=4x$，直线 CF_1 的表达式为 $y=\dfrac{4}{9}x$，联立直线 AB 和直线 CF 的表达式得 $G\left(\dfrac{9}{4},9\right)$，同理可得 $H\left(\dfrac{27}{4},3\right)$. 所以 $FF_1=10$，$GH=7.5$.

设 $\triangle DEF$ 的边 DE 上的高为 h，则 $h=2.4$，所以 $S_{四边形GHF_1F}=0.5\times(10+7.5)\times2.4=21$.

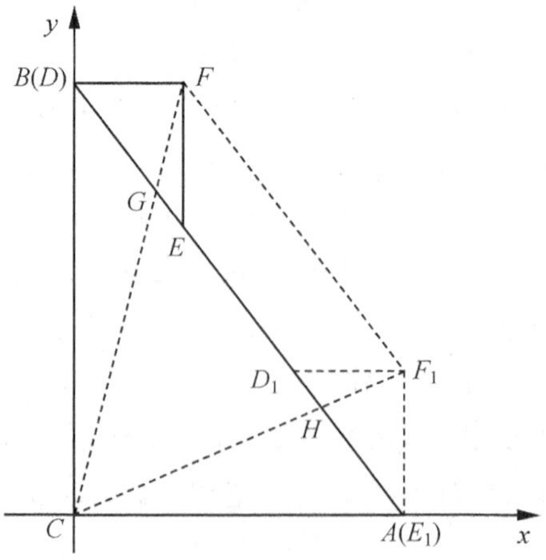

图 4-23

（3） 小结与思考

综上，对于同一个问题，从不同的角度思考，使用不同的数学知识与方法可以获得不同的解题思路及解决方法，但都指向最终的目标，这也许就是所谓的“殊途同归”吧. 但是，我们应当对这些方法进行思辨，对比各个方法的优点和不足，从中寻找最佳方案. 只要在解题过程中善于思考，我们就会有更多的收获.

点评： 作者从3个角度分析一道问题，给出解决这道问题的3种方法，体现了一题多解和创新精神. 更为可贵的是，作者在解释3种方法时介绍了自己的想法，并对这几种方法加以对比分析，这种学习方法是难能可贵的.

第三节 解释程序过程的推理

严谨性是数学的特征之一. 数学问题解决的过程或程序的推理具有逻辑性，“是什么”和“为什么”是数学研究的重要内容，同时这些推理是怎么想到的也是一个值得研究的问题. 学生的写作中呈现出许多对过程与程序推理的解释，我们可以通过这些解释了解学生是如何思考、分析并解决这些问题的，以及他们对这些问题所持有的想法.

一、数与代数领域

（一）无限小数

历史上，人们对无穷的认识存在重重困难. 古希腊人对数学的研究可谓造诣颇深，许多学者很早就关注到无穷的问题，还产生了诸如“飞矢不动”“阿基里斯追不上乌龟”等著名悖论. 我国古代也有相关记载，《庄子 · 天下》记载：“一尺之棰，日取其半，万世不竭.”意思是一尺长的棍棒，每日截取它的一半，永远截不完. 这些都是古人研究与记载无穷的案例. 事实上，无穷分为实无穷和潜无穷，古希腊亚里士多德是历史上明确区分实无穷和潜无穷的第一人. 潜无穷是指无限，是一种永无终止的过程，比如“一尺之棰，日取其半”问题；实无穷是指某个集合中包含无穷个元素，比如一条线段包括无穷个点. 古希腊人接受潜无穷，不接受实无穷.

历史相似性原理在教学中常常会出现. 在教学无限循环小数可化为分数及无理数是无限不循环小数时，学生接受起来存在诸多困难. 他们将自己的想法以数学写作的方式记录下来,给教师提供了很好的研究素材.

案例 32　令人无法接受的等式

今天我在课外书上看到了一个等式:$0.\dot{9}=1$.我以为写错了,好胜心强的我想要做第一个发现这个错误的人,但是理智迫使我冷静下来:如果我的发现是错误的,那岂不是极度尴尬?我便继续看下去,直到看到书中的解释:因为 $0.\dot{9}=3\times0.\dot{3}$,$0.\dot{3}=\frac{1}{3}$,所以 $0.\dot{9}=3\times\frac{1}{3}$,所以 $0.\dot{9}=1$.

这个过程直接把我整蒙了.仔细研究这个推理过程,一点问题也没有,但是这两个是意义完全不相同的数字呀,为什么就相等呢?对此,我无法理解,等待着日后去证明.

点评: 本文陈述了作者内心深处不接受 $0.\dot{9}=1$ 的故事,虽然这不是严格意义上的证明,但文章很好地体现了作者对数学问题质疑的过程.

案例 33　出乎意料的数学

今天是 9 月 12 日,新学期第二周,这周的数学课令我印象最深的是 $0.\dot{9}=1$.之前一位学姐跟我说 $0.\dot{9}=1$,我感到非常不可思议,不可置信地看着她,一度认为是她错了.这周,听老师讲 $0.\dot{9}$ 竟然真的等于 1,这确实颠覆了我的认知.可老师说得好有道理,我有点奇怪又有点迷惑.

课堂上我们一起想了一系列验证方法.比如,方法一:$0.\dot{3}=\frac{1}{3}$,$\frac{1}{3}\times3=1$,$0.\dot{3}\times3=0.\dot{9}$,$0.\dot{9}=1$;方法二:令 $0.\dot{9}=a$,所以 $9.\dot{9}-0.\dot{9}=9$,$9.\dot{9}=10a$,又因为 $9.\dot{9}-0.\dot{9}=9$,$10a-a=9a$,$9=9a$,所以 $a=1$,得出结论 $0.\dot{9}=1$.

真奇怪,就像同学们说的"这是什么迷惑行为",虽然迷惑,但我还是相信了,毕竟事实摆在眼前,也挑不出毛病来.数学就是这么奇妙,出乎意料,这让我对接下来的数学课更加期待了.

点评: 文章记述了作者对 $0.\dot{9}=1$ 从不接受到接受的过程,给出两种解释方法.作者的内心深处是不愿意接受这个结论的,但在事实面前又找不出问题,于是不情愿地接受了.这对作者的冲击很大,也让他感受到数学的奇妙,并表达出对未知领域的期待.

（二）圆周率的推算方法

我国古人在圆周率的推算方面曾经取得过领先世界的成就，祖冲之将圆周率推算到小数点后第 7 位，这是学生所熟知的. 但是圆周率是怎么推算的呢？许多学生并不知晓. 在学习圆与正多边形的内容之后，我补充了我国魏晋时期数学家刘徽的割圆术，组织学生研究用割圆术推算圆周率. 许多学生对此很感兴趣，对相关推算过程加以解释.

案例 34　π 的前世今生

圆是最简单而又最美丽的几何图形，在这个简单的图形中，却隐藏着一个神秘的数：圆周率“π”. 在小学我们就认识了“π”，知道它就是圆周率，可是书上没有说“π”是如何求得的. 这个星期，我查阅了有关“π”的资料，得知古人是如何推算 π 的.

在我国最早的几部数学著作中，凡遇到圆的计算都采用“径一周三”的方法，即把圆的周长看作是直径的 3 倍，相当于取 π 值为 3. 不同地区的人认为“π”的值各不相同. 古希腊著名数学家阿基米德求出“π”的值约为3.14. 后来我国数学家刘徽用“割圆术”来推算圆周率. 所谓“割圆术”，是用圆内接正多边形的周长去无限逼近圆周长并以此求取圆周率的方法. 这个方法是刘徽在批判并总结了数学史上各种旧的计算方法之后，经过深思熟虑才创造出来的. 如图 4-24，刘徽画了一个大圆，然后在圆里面画了一个内接正六边形，发现正六边形的周长正好是直径的 3 倍. 他又在圆里面画出内接正十二边形、正二十四边形、正四十八边形……他惊喜地发现，圆的内接正多边形的边数越多，它的周长就和圆的周长越接近，进而可以推算出圆周率. 他把这种推算圆周率的方法称为“割圆术”，从而得到较为精确的圆周率的近似值：π≈3.141 6.

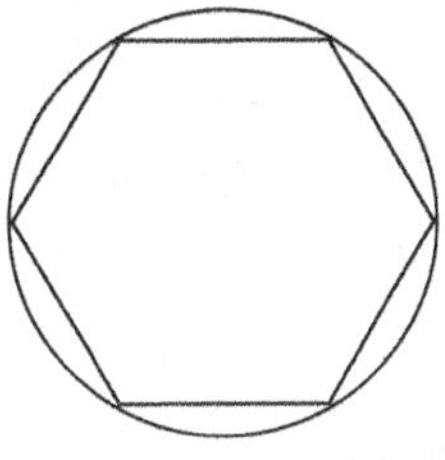

图 4-24

后来，祖冲之利用割圆术把圆周率推算到 3.141 592 6 至 3.141 592 7 之间. 在这以后，还有很多数学家推算出“π”的近似值. π 这个小小的符号，让人们为它花费了很多时间，真是一个神奇的数.

点评：作者叙述了自己很早就了解圆周率的近似值，却不知这一数值是如何推算出来的. 在好奇心的驱使下他查阅资料，并结合自己的理解向我们介绍了圆周率研究的相关情况，解释了圆周率的推算方法，特别提到我国魏晋时期数学家刘徽用割圆术推算圆周率，这也是人们推算圆周率最古老的方法. 最后作者表达了自己对这一数值感到很神奇.

（三）代数问题的解决过程

解决代数问题通常是根据代数关系和已知条件，运用代数技巧和思维，逐步推导和求解，核心是找准关键条件，紧扣所求问题. 学生在解题过程中将自己的所思所想、解题思路记录下来能够加深对问题的理解.

案例 35　对一道考题的深度思考

如图 4-25，$\triangle ABC$ 的边 BC 在 x 轴上，且 $\angle ACB=90°$. 反比例函数 $y=\frac{k}{x}(x>0)$ 的图像经过 AB 边的中点 D，且与 AC 边相交于点 E，连接 CD. 已知 $BC=2OB$，$\triangle BCD$ 的面积为 6.

(1) 求 k 的值；

(2) 若 $AE=BC$，求点 A 的坐标.

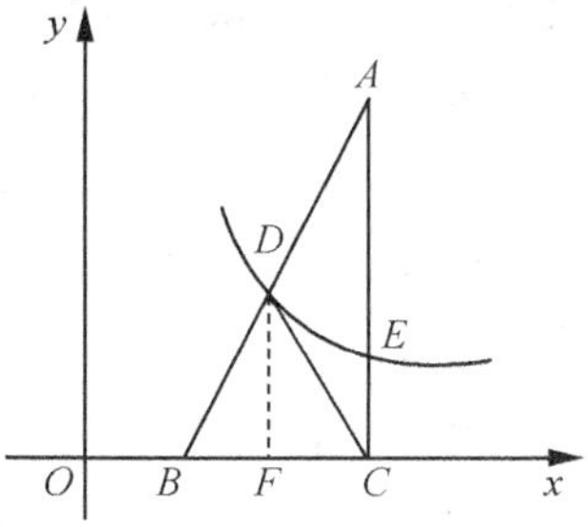

图 4-25

这道题让我印象深刻，看到 $\angle ACB=90°$，AB 的中点 D，立马想到 $AD=DB=DC$. 然后我想求出 BC 与 DF，这时 $S_{\triangle BCD}=6$，$BC=2OB$ 还没有用上，我想了好久也没有想出来，于是就去做后面的题了. 等我回过头再思考时，我想到了反比例函数的几何意义，这样就可以用到面积了，于是我豁然开朗. 没多久就做出了第(1)问，但也感叹一开始怎么没想到呢，浪费了这么多时间. 第(2)问是我后来订正时才弄明白的，关键是建立方程. 设 $OB=BF=FC=x$，然后表示出点 D 和点 E 的坐标，求出 DF，EC，再由中位线得到 $AC=2DF$. 因为 $AE=BC$，所以 $AC=2x+EC$，所以 $2x+EC=2DF$. 然后解出方程中的 x，舍去“-2”，再把 x 代入 $AC=2DF$，求得 AC，由 $3x=OC$ 求得点 A 的坐标，即为 $(3x, 2DF)$.

做完这道题我有很多体会：做题时要尽量用上所给条件；不会时要多想别的办法；函数题要找等量关系，列方程；要用字母表示线段长度，数形结合.

点评：作者记述了自己思考这一问题的过程，运用朴实的语言解释了这道题的推理过程，以及见到条件想到相关结论的程序，如见到直角三角形斜边的中点想到斜边的中线等于斜边的一半等. 最后还写出了解决这类问题的体会与建议，表明自己对代数思维的认可.

案例 36　如何利用配方法求代数式的最值?

对于一些求最值的问题,题目中通常会有二次项及一次项,需要再配上常数项.例如,求代数式 $a^2-4a+4b+b^2+18$ 的最值.题目中出现的 a^2 和 $-4a$ 很重要,只要再配一个常数就可以组成完全平方式.但要怎么得到这个常数呢?我们先来看看几组完全平方式的各项系数:$1,1,\frac{1}{4}$;$1,2,1$;$1,3,\frac{9}{4}$;$1,4,4$;$1,5,\frac{25}{4}$;$1,6,9$.

这些数之间都有一定的规律,二次项系数是1,常数是一次项系数的一半的平方,即"减半平方".一个完全平方式可以表示为 $x^2\pm ax+\left(\frac{a}{2}\right)^2$.由此可得,原式 $=(a^2-4a+4)+(b^2+4b+4)-4-4+18=(a-2)^2+(b+2)^2+10$.因为 $(a-2)^2\geqslant0$,$(b+2)^2\geqslant0$,所以 $(a-2)^2+(b+2)^2+10\geqslant10$,原式的最小值为10,问题得解.

需要注意的是,在配方时加上的常数要在后面减去,这就是恒等变形.

点评:配方是一种程序化的操作.作者先提出一个问题,指出解决这类问题的大致思路是配方,然后由一组完全平方项的系数寻找规律,找到配方的公式,再解决所提出的问题,前后逻辑严密,对解决问题的程序的叙述可圈可点,体现了从特殊到一般再到特殊的研究思路.作者最后还友情提醒配方的注意事项,颇具匠心.

二、图形与几何领域

(一)公理化思想

公理化思想是人应具备的基本素养之一,如何培养学生的公理化思想呢?学习几何是培养学生公理化思想的重要途径.初中的平面几何是以《几何原本》为代表的欧氏几何.我在教学中根据学生的情况,适当补充了《几何原本》的相关内容,以帮助学生更好地形成公理化思想.不少学生在阅读《几何原本》的过程中逐步体会到公理化思想,并将自己的体会诉诸笔端,解释推理的依据和过程.

案例37 《几何原本》中的公理化思想

今天阅读了古希腊伟大数学家欧几里得写的《几何原本》，深有感触.

《几何原本》传入我国并不是一帆风顺的，前前后后经历了三四个朝代，历时600多年，涉及人物众多，从秦九昭、札马鲁丁到徐光启和李善兰，十几个人物.它的翻译过程也不是一蹴而就的，先翻译了前六卷，然后过了250年才有了后九卷.

《几何原本》的行文十分规范，先是定义，再是公设、公理，最后是命题.前面的定义、公设和公理，都是做题的基础.《几何原本》的推理非常严谨，步步有据.后面证明用到的条件都是之前证过的结论或已有的定义、公设和公理，绝不会用到后面的结论.这为我的几何学习提供了参考.

点评：作者首先简要叙述了《几何原本》传入我国的过程，然后介绍了自己的阅读心得，发现《几何原本》行文规范，推理严密，步步有据，不断演绎，逐步发展.这些都是公理化的基本特征，这些内容的获得对作者后续的几何学习必将产生深远影响，对公理化思想的形成也将产生重大影响.

案例38 关于推理的一些想法

胡老师很幽默，他在给我们讲推理时，提出推理由三部分组成：大前提、小前提、结论.为了方便我们理解，胡老师举了个例子：大前提——人都会老，小前提——小张是人，结论——小张会老.由此，我发现推理只要大小前提成立，结论必然成立.

推理涉及一个本源性的概念，也就是出发点的问题.例如，加法交换律$a+b=b+a$无法进行证明.我想了想，好像确实是这样，这样的证明也没有什么意义.因为如果人类一直向前追问，那一定是没有尽头的，人应该基于一些事实向后探索，所以就可以把最根本的事物定义为“本源”，作为推理的起点.

点评：作者解释了推理的组成部分，并借助一个例子解释自己深刻体会到推理成立的条件.同时还对推理的本源进行了深入思考，指出不要一直向前追问，要以一些事实作为出发点，往后推理发展学问.这些都是难能可贵的想法.

（二）解释几何问题的程序推理

几何中的一些基本图形蕴含着特殊的结论.如果学生能够对其加以探究，就会在处理这类问题时直接调用相关结论解决问题，节约二次思考时间.这一般可以视作是程序化的操作，也称作模式识别，即先研究基本图形得出基本结论，然后在新问题中识别基本图形，利用原有结论解决新问题.

案例 39　小模型，大用处

模型能很好地帮助我们解决数学问题，掌握一些模型后，有些难题便会迎刃而解.

① "K"字型. 这个模型还有个名字叫"一线三等角"，顾名思义，这个模型中有三个角相等. 那么这个模型具体是如何使用的呢？

如图 4-26，$\angle BAC=\angle BCD=\angle DEC$，$DC=BC$，则$\triangle DCE\cong\triangle CBA$. 因为$\angle DEC+\angle D=\angle BCD+\angle BCA$，所以$\angle D=\angle BCA$，根据"角角边"可证$\triangle DCE\cong\triangle CBA$. 如果 $DC\neq BC$ 呢？即为图 4-27，则$\triangle DCE\backsim\triangle CBA$. 这种题常见的考法如图 4-28，在已知$\angle DCB=90^\circ$的情况下，作两条垂线段来证明两个三角形相似或全等，进而得到对应量分别相等.

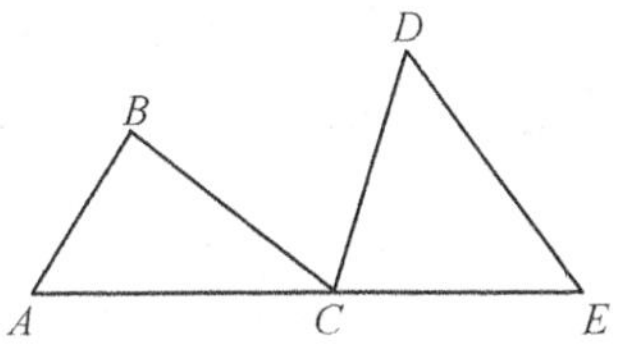

图 4-26

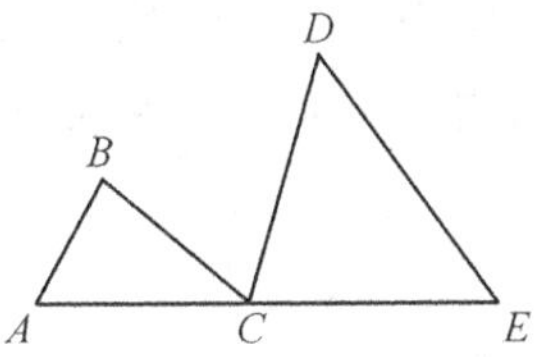

图 4-27

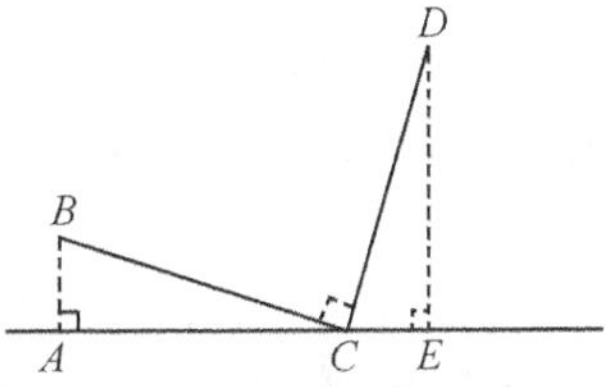

图 4-28

② "手拉手"模型. 这个模型一般是由两个相似的等腰三角形组成的，如图 4-29，$AB=AC$，$AD=AE$，$\angle BAC=\angle EAD$，可以用"边角边"证$\triangle BAE\cong\triangle CAD$. 于是 $BE=CD$.

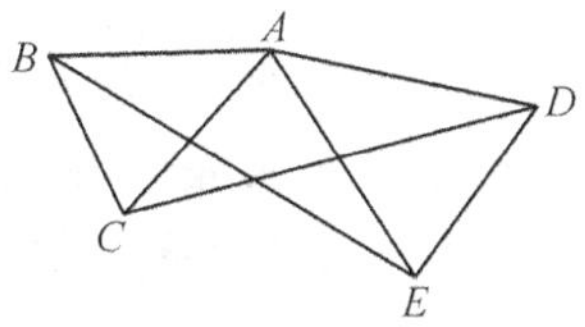

图 4-29

理解这些基本模型，做题时灵活运用，就一定会收到意想不到的神奇效果！

点评：作者介绍了自己总结的两个基本模型，并解释了使用程序，提取模型的特征、建立知识点之间的关联是解题的关键. 最后作者体会到这种模式识别带来的神奇效果.

第四节 解释数学知识的关系

初中数学知识点涉及较多领域,许多知识之间具有关联,学生通过对一些重要知识点进行分析和比较,可以更深入地了解知识点的性质、差异与联系,建立完整的知识体系.

一、图形与几何领域

(一)相关概念辨析

几何中有一些概念的名称相似,但意义不同,教学时要引导学生深入思考并加以辨析,这样才能真正理解和掌握这些概念.

1. 轴对称

轴对称、对称轴、轴对称图形,以及中心对称、对称中心、中心对称图形等几何概念的名称相似,但意义不同,对这些概念及其关系加以辨析是非常有必要的.

案例 40 轴对称中的概念辨析

我们生活在一个充满对称的世界中,轴对称是现实世界中广泛存在的一种现象,正如一位数学家所言:对称是一种思想,通过它,人们毕生追求,并创造次序、美丽.

轴对称和对称轴有什么关系呢?要研究这个问题,我们需要从相同点与不同点两个方面去思考.通过思考与探究,我发现它们的不同点是:对称轴是一条直线,轴对称是指某两个图形关于某条直线成轴对称关系.当然,它们之间也是有联系的,如果两个图形关于某条直线轴对称,那么对称轴是任何一对对应点所连线段的垂直平分线.

教材中第二章的“主角”是轴对称图形,那么问题来了,它与轴对称、对称轴之间又有什么关系呢?按照前面的思路去思考,可以得到答案.区别:(1)轴对称是指两个图形之间的位置关系,轴对称图形是指一个具有特殊性质的图形;(2)轴对称涉及两个图形,轴对称图形是一个图形.联系:(1)都有一条直线;(2)如果把轴对称图形沿对称轴分成两个图形,那么这两个图形关于这条直线轴对称.

只要用心观察，以轴对称的眼光去研究数学问题，就可以得到许多有趣的发现.

点评： 作者对轴对称和对称轴及轴对称和轴对称图形这两组概念进行辨析，从区别和联系两个角度解释这些概念的关系，可见作者的思路清晰、思维缜密，研究问题既有方向也有方法.

2. 中点

中点是几何中一个十分重要的概念，由中点可以推出数量上的倍半关系，可以构造中位线、全等三角形等基本图形，得出一些新的结论. 因此，教学中点概念时可安排一些探究活动，组织和引导学生对中点进行探究.

案例41　由中点想到什么

线段的中点是一个十分特殊的点，它与三角形的中线、直角三角形斜边的中线、中心对称图形、三角形的中位线、梯形的中位线等内容有关. 那么，由中点可以想到什么？常见的思路是倍长中线、作直角三角形斜边的中线、构造中位线等.

“倍长中线”我们之前就接触过，把三角形的中线延长一倍，再连接相应点构造全等三角形.

中位线与相似三角形有关，这是一种倍分问题. 例如，常见的“A 字形”模型. 如图 4-30，D 是 AB 的中点，E 是 AC 的中点，根据相似三角形的判定定理可得$\triangle ADE\backsim\triangle ABC$，$DE=\frac{1}{2}BC$，且 $DE /\!/ BC$.

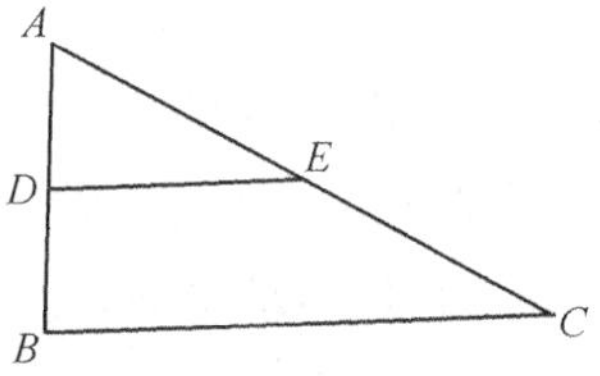

图 4-30

直角三角形斜边上的中线等于斜边的一半，这对于解决中点问题也有很大作用.

点评： 作者解释了中点及其相关内容，概括了用“倍长中线”法构造全等三角形、中位线和直角三角形斜边中线的性质三大内容，体现了作者的联想和推理能力.

（二）不同证明方法辨析

当前，培养创新型人才已经成为全社会的普遍共识. 在解决数学问题的过程中需要引导学生对一些经典问题进行深入思考，提出不同的解决方法，并对这些不同的方法加以讨论和辨析，找出各自的优缺点. 引导学生学会按照这样的方式进行自主学习和探究，这是培养创新人才的一条重要途径. 勾股定理被誉为千古第一定理，从古至今吸引了无数数学爱好者对其加以研究和证明，目前勾股定理的证明方法已经有 400 多种. 课堂上我带领学生一起研究了勾股定理及其证明方法，课后学生对此兴趣盎然，跃跃欲试，都想找到自己的证明方法.

案例 42　勾股定理证法辨析

这个星期，我们学习了勾股定理. 已经上了两节课，第一节课我们学习了勾股定理的内容，第二节课我们探究了勾股定理的证明.

老师带领我们学习了四种证明勾股定理的方法，分别是毕达哥拉斯证法、欧几里得证法、赵爽弦图证法和总统证法. 我认为，这四种证法可以分为两类. 第一类证法是等面积法，第二类证法是面积转化法. 毕达哥拉斯证法、赵爽弦图证法和总统证法属于等面积法. 毕达哥拉斯证法、赵爽弦图证法都是由四个全等直角三角形的面积加上一个小正方形的面积等于一个大正方形的面积推导出来的，而总统证法是由三个小三角形的面积加在一起等于一个大梯形的面积推导出来的. 欧几里得证法属于面积转化法. 这种证明方法的关键是运用面积转化的方法，以三角形面积作为中介，将两个小正方形装入大正方形，从而实现证明.

两类方法各有不同，但相同的是它们的证明都蕴含数形结合思想.

点评： 文章讲述了四种证明勾股定理的方法，并对这四种证明方法加以比较. 按照面积计算的途径分为两类，一类是直接计算面积，另一类是进行面积转化. 可见作者具有独立思考的习惯，给出的分类也有道理.

由本章可以发现，学生的解释性写作以解释数学概念及解释问题解决的策略居多，解释程序过程的推理及解释数学知识间的联系与区别偏少. 这与学生对知识的学习偏好有关，他们对新的知识比较感兴趣，而对蕴含在知识背后的原理及其区别和联系的思考较少. 从学生的作品中可以看出，解释性数学写作能加深学生对数学概念、定理、公式、法则等知识的理解，建立新旧知识之间的联系，也能为学习和探究新的知识提供机会. 通过学生的作品，教师可以充分了解学生对所学知识的理解和掌握情况，以及他们的兴趣所在，为师生交流打开了一扇窗.

第五章　反思性数学写作

反思是学习的一个重要环节,对知识的进一步理解和掌握、技能的增长与熟练、思想方法的感知与领悟、认知结构的构建与完善等诸多方面均有重要意义和价值.反思性数学写作是将反思与感悟等内容进一步整理和提炼并以文字形式记录下来的写作方式,在反思性数学写作中可以构建论点,也可以批判推理,还可以对自身的学习情况加以回顾与再认识.反思性数学写作可分为以下三类:第一类是解决问题并分析论证答案;第二类是分析与论证给定答案;第三类是对自身数学学习情况的回顾与反思.本章将以案例形式对这三类反思性数学写作加以介绍.

第一节　解决问题并分析论证答案

解决问题是数学学习的一项重要任务,也是学生每天必修的数学功课,它对理解知识、形成技能、总结思想方法、训练和提升数学核心素养具有不可替代的作用.不少学生在数学写作中记述了解决问题的内容,但又不限于只撰写解决问题的过程,他们还会对自己如何分析问题、寻找思路加以介绍,也会对解题过程及答案加以分析和论证.

一、数与代数领域

(一)数与式的运算

数与式是初中代数的基础,包括概念、运算、代数推理等内容.式的学习可以类比数进行.所谓数式通性,是指在教学式的相关内容时,教师可以引导学生类比数学习式,并组织讨论与交流,寻找数与式之间的区别和联系.这些都为学生的反思性写作提供了素材.

案例1　二次根式的运算

本周五我们学习了二次根式的运算，按以往的学习规律，应该先学加减，再学乘除. 可二次根式却先学乘除，再学加减，这是为什么呢？

一开始我的想法是乘除简单，所以先学. 实则不然，实际是因为加减要用到乘除. 例如计算$\sqrt{2}+\sqrt{18}$，需要先将$\sqrt{18}$化简成最简二次根式$3\sqrt{2}$，于是原式$=\sqrt{2}+3\sqrt{2}$，这个转化过程用到了二次根式的乘法法则. 这两个式子怎样相加呢？类比我们之前学过的合并同类项的知识，$\sqrt{2}$和$3\sqrt{2}$叫做同类二次根式，合并同类二次根式与合并同类项道理相同，都是乘法分配律的逆运用. 所以说数学学习是建立在之前学过知识的基础上的层层递进、环环相扣，有着明显的先后顺序，不会出现“先穿鞋子再穿袜子”的现象.

点评：作者发现二次根式的四则运算与之前学习的数式运算先加减后乘除的学习顺序不同，而是先学乘除后学加减. 提出问题之后作者结合一道例题加以分析，发现加减运算中需要用到乘法，于是心中的疑问得以解答. 紧接着介绍了使用类比思想得出同类二次根式与合并同类二次根式的概念与法则. 在提出问题、分析与解决问题、类比学习之后得出数学学习是有逻辑顺序的结论，领悟到数学具有严谨性.

（二）方程与不等式

学生在小学阶段已经学过简易方程，进入初中后要系统学习一元一次方程、二元一次方程(组)、分式方程、一元二次方程的概念、解法和应用. 与小学阶段解简易方程相比，初中的解方程更注重程序化，一元一次方程的解法是基础，分式方程通常转化为整式方程来求解，在转化过程中会出现增根、失根等问题，因此需要验根. 教学中，要围绕这些内容组织学生思考与交流，这些内容都将会成为学生的写作对象.

案例2　烦琐却严谨的初中解方程

在学完一元一次方程后，我更深刻地感受到初中数学相比于小学数学更科学严谨，如下题：

解方程 $3x=8x-6+3$.

小学时的解法：

$3x=8x-6+3$

解　$3x=8x-3$

初中时的解法：

$3x=8x-6+3$

解　移项，得 $3x-8x=-6+3$

$8x-3x=3$　　　　　　　　合并同类项，得 $-5x=-3$

$x=\frac{3}{5}$　　　　　　　　系数化为 1，得 $x=\frac{3}{5}$

我计算过，用小学学过的方法解这道题只用了 15 秒，而用初中学的方法用了 40 秒，写出每一步的名称不正体现了初中数学的严谨性吗？我觉得这样做题虽然有一点麻烦，但这让我知道了做任何事都要规范、严谨、认真、细心！

点评：在七年级上学期教学解一元一次方程时，要求学生写出方程每一步变形的名称. 在小学解简易方程时没有书写这些文字的要求，加上文字更烦琐，通常会受到学生的“抵制”. 作者将两种解法加以对照，用时相差较大，从中体会到初中解法的规范、严谨，从而接受新的解法.

案例 3　分式方程有增根与无解相同吗？

这一周我们学习了分式方程，教材中给出的解法是把分式方程两边乘上最简公分母转化成整式方程来求解. 由于在去分母的过程中，未知数的取值范围被扩大了，所以就有可能出现增根. 增根能使整式方程成立，而代入分式方程中分母为零，这样分式无意义，所以原来的分式方程无解.

从近期的学习中我发现，分式方程无解包括有增根和解不出两种情况. 因此无解和有增根不能画等号. 例如，已知分式方程 $\frac{2}{x-1}+\frac{mx}{(x-1)(x+2)}=\frac{1}{x+2}$ 无解，求 m 的值. 去分母得 $(m+1)x=-5$ ①，显然 $x=1$ 或 -2 是原分式方程的增根，可将它们分别代入①式求出两个 m 的值. 但还有一种情况，当 $m+1=0$ 时，$0\neq-5$，这就是解不出. 综上，$m=-6$ 或 1.5 或 -1. 需要指出的是，还有一种类型的分式方程虽然有增根，但是它依然有解，如 $\frac{x^2-2x-3}{x+1}=0$，去分母得 $x^2-2x-3=0$，$(x+1)(x-3)=0$，$x_1=-1$，$x_2=3$. x_1 显然是增根，舍去，但 x_2 是方程的根. 因此，分式方程有增根时不一定无解，只要方程还有其他的根不是增根即可. 分式方程无解时也不一定有增根，当方程的根只有增根时，增根才等于无解.

点评：这篇文章是作者在学习分式方程之后撰写的，文章分析了用去分母法解分式方程产生增根的原因，在此基础上提出分式方程有增根和无解之间的区别与联系，并通过一道例题对自己的观点进行论证. 最后得出结论，分式方程有增根与无解是两个不同的概念，需要具体问题具体分析. 这篇文章讲述的是作者对问题独立思考分析及论证的过程.

（三）函数

函数是初中代数的核心内容，也是学生普遍感到难的知识. 在教学中教师可以围绕函数的概念、图像、性质等内容组织学生进行学习、思考、交流和反思，提出一些供学生研究的内容或方向，这样可以促进学生更好地理解函数的相关内容，体会函数的思想，最终掌握函数.

案例 4　二次函数的图像与性质

最近学习了二次函数，了解了二次函数的图像和性质等内容. 我们可以通过研究二次函数的“一个中心，三个基本点”，也就是顶点和图像与两条坐标轴的交点来理解和掌握二次函数图像与性质的相关知识. 二次函数 $y=ax^2+bx+c$（a,b,c 为常数，$a\neq0$）的图像与 x 轴可以有两个交点、一个交点或没有交点，对应着一元二次方程 $ax^2+bx+c=0$（a,b,c 为常数，$a\neq0$）有两个不相同的实数根、有两个相同的实数根或无实数根这三种情况，所以二次函数与一元二次方程有着紧密的联系.

我常常在画图时有这样的顾虑，先经过 x 轴，再经过 y 轴；还是先经过 y 轴，再经过 x 轴；抑或是经过原点？其实我忽略了一点：一次函数 $y=kx+b$（k,b 为常数，$k\neq0$）的图像与 y 轴交于点 $(0,b)$. 类似地，$y=ax^2+bx+c$ 的图像与 y 轴交于点 $(0,c)$. 精准地画图是做题的基础，有时候画好图，答案都可以看出来了.

点评： 文章叙述了二次函数的图像与性质之间的关系，重点分析了二次函数的图像与 x 轴的交点坐标与相应的一元二次方程的根之间的关系，发现二次函数与一元二次方程联系紧密. 进而介绍了类比一次函数图像与 y 轴的交点坐标得出二次函数图像与 y 轴交点坐标的过程，并提及作图对发现结论的价值. 从这篇反思性写作中我发现学生在绘制二次函数图像时会感到困难，不知从哪里下笔，在后续的教学中要给予适当指导.

案例 5　二次函数图像信息题的破解策略

最近做了许多二次函数图像的信息题，这是基于图像及一些特殊点解决问题的题型，一般涉及以下几种类型.

① a,b,c 的正负性判断，要抓住抛物线开口方向（判断 a）、对称轴位置（判断 b）和抛物线与 y 轴的交点位置（判断 c）. 通过对称轴判断 a,b 要遵循“左同

右异中间0”的原则，即可快速准确解决.

② $a+b\leqslant m(am+b)$. 此时 $x=1$ 会是二次函数 $y=ax^2+bx+c$ 的顶点的横坐标，这样 $a+b+c$ 即为最小值，自然对任意的 $x=m$，总有 $am^2+bm+c\geqslant a+b+c$.

③ $ax^2+bx+c=0$，这是利用二次函数与一元二次方程的联系. 令 $y=0$，看直线 $y=0$ 与抛物线的交点. 此外，有些题目还会令方程的两个解为 x_1,x_2，那么 x_1,x_2 关于对称轴对称，则 $x_1+x_2=-\dfrac{b}{a}$. 与一元二次方程有关的还有 b^2-4ac 的判断，这要看抛物线与 x 轴的交点个数.

④ 图像给出抛物线与 x 轴的一个交点及对称轴，判断另一个交点的位置，需要根据对称性求解. 有时仅给出交点所在的范围，那么还要利用对称性判断另一个交点的位置.

⑤ 增减性的判断. 判断某一范围内 y 随 x 增大而增大还是减小，这种类型的题目看图像就可以解决.

……

来看一道题：如图5-1所示是二次函数 $y=ax^2+bx+c$ 图像的一部分，函数图像经过点 $(-2,0)$，对称轴为直线 $x=-\dfrac{1}{2}$. 给出下列结论：① $abc<0$；② $b^2-4ac>0$；③ $a+b+c=0$；④ $am^2+bm<\dfrac{1}{4}(a-2b)\left(m\neq-\dfrac{1}{2}\right)$；⑤ 若 $A(x_1,y_1)$ 和 $B(x_2,y_2)$ 两点均在该函数图像上，且 $x_1>x_2>1$，则 $y_1>y_2$. 求其中正确结论的个数. 首先，根据抛物线的开口朝下可以推出 $a<0$，对称轴在 y 轴左侧，所以 a,b 同号，故 $b<0$. 因为图像与 y 轴的交点在正半轴上，所以 $c>0$，所以 $abc>0$，故①错误；因为抛物线与 x 轴有两个交点，所以 $b^2-4ac>0$，故②正确；根据抛物线的对称性，可知图像与 x 轴的另一个交点为 $(1,0)$，代入二次函数表达式得 $a+b+c=0$，故③正确；判断④是否正确，可以在不等式两边同时加上 c，就会发现右边是当 $x=-\dfrac{1}{2}$ 时所对应的函数值，观察图像可知，此时的函数值是最大值. 因为 $m\neq-\dfrac{1}{2}$，所以总有 $am^2+bm+c<\dfrac{1}{4}a-\dfrac{1}{2}b+c$，故④正确；当 $x>1$ 时，y 随 x 增大而减小，所以 $x_1>x_2>1$，有 $y_1<y_2$，故⑤错误. 综上所述，正确的

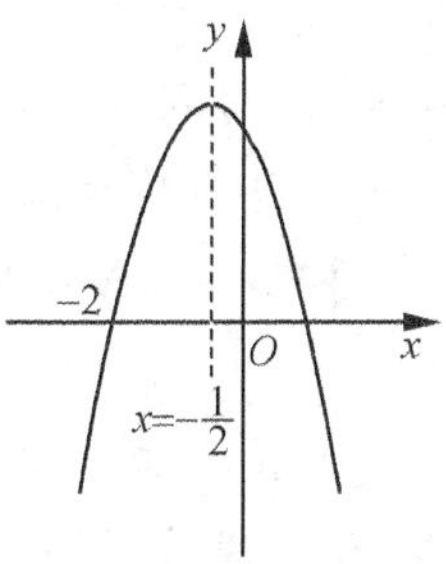

图 5-1

结论有 3 个.

综上,借助图像破解图像信息题可以收到事半功倍的效果.

点评:二次函数图像信息题对于初学二次函数的学生来说比较难,因为这类问题种类繁多,需要对二次函数的图像和性质透彻理解后才能正确解决.作者首先整理出 5 类问题的破解策略,再以一道例题解释相关策略,对所给问题进行了细致的分析和论证.相信通过这样的反思性写作,作者对二次函数的相关内容的理解更深入,掌握得更熟练.

案例 6　构建目标函数解决问题

本周我学会了通过构建目标函数来解决问题,当要求的量无法直接求出时,我们可以采取这个方法.如何构建目标函数是一个值得深思的问题.我们遇到的可用此法解决的问题,要么是求线段的长度,要么就是求图形的面积.对于线段的长度,我们先将这两个点的坐标表示出来,若在同一水平线或铅垂线上,则可以通过作差法解决;否则可以通过作垂直构造直角三角形,进而通过相似三角形的性质加以解决.若是求面积,可以利用面积公式建立目标函数.下面举例说明.

例 1　如图 5-2,抛物线 $y=-\frac{1}{2}x^2+\frac{5}{2}x-2$ 与 x 轴交于点 A,B,与 y 轴交于点 C,点 P 在直线 AC 上方的抛物线上,过点 P 作 PQ 垂直于 x 轴,交直线 AC 于点 Q,求线段 PQ 的最大值.

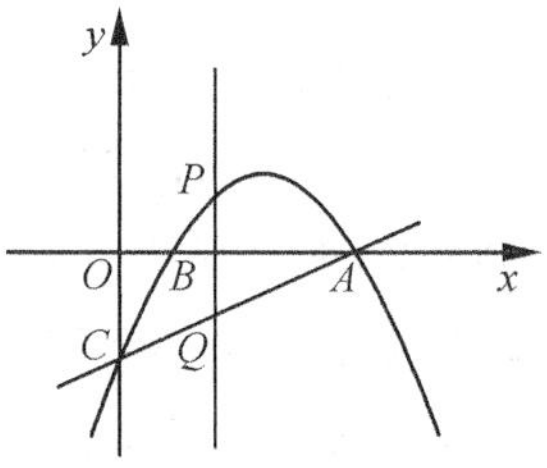

图 5-2

分析　本题中求线段的最大值,我们可以尝试构建目标函数加以解决.由于二次函数的表达式是已知的,可以表示出点 P 的坐标.由于点 Q 在直线 AC 上,于是也可以表示出点 Q 的坐标.由于 P,Q 两点的横坐标相同,于是就可以用点 P 的纵坐标减去点 Q 的纵坐标,得到一个二次函数,利用顶点坐标公式即可求出 PQ 的最大值.

例 2　在例 1 的基础上,求 $\triangle ACP$ 的面积的最大值.

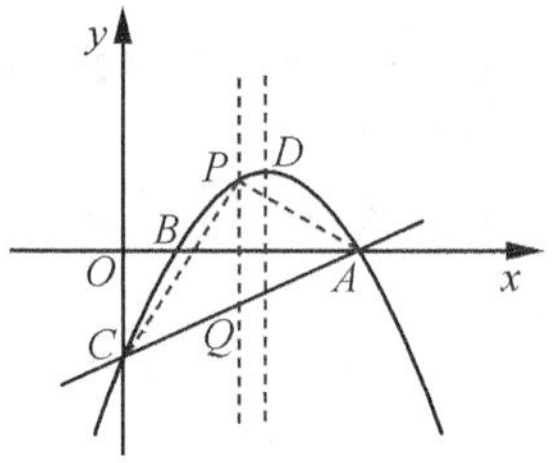

图 5-3

分析　由于这个三角形是一个不规则的三角形,可以使用"宽高公式"进行计算,点 A 到点 C 的水平距离是一个定值,$\triangle ACP$ 的面积的最大值对应

着 PQ 的最大值. 利用例 1 得到的结论即可解决.

点评：作者已经意识到函数是解决问题的工具，提出通过建立目标函数的方法解决线段长度或图形面积问题. 通过两个联系紧密的例题具体解释了如何建立目标函数解决问题，由此让读者体会到建立目标函数解决相关问题是一条有效路径.

案例 7　二次函数平移规律及其证明

之前我们研究过一次函数图像的平移规律是“上加下减常数项，左加右减自变量”. 那么对于二次函数图像的平移，这两条规律还成立吗？通过研究，我发现这两条规律依然成立.

设任意二次函数 $y_1=ax^2+bx+c$，将其向右平移 n 个单位长度，得到一个新的二次函数. 设新二次函数图像上的任意一点为 (x_0, y_0)，由于该点是由原二次函数图像上的一个点右移 n 个单位长度所得，所以原来的那个点便是 (x_0-n, y_0). 因为这个点在 $y_1=ax^2+bx+c$ 的图像上，所以将其代入便可得到 $y_0=a(x_0-n)^2+b(x_0-n)+c$. 由于在平移过程中取的是任意一点，那么对于二次函数图像上的任意一点都是成立的，也就是说二次函数符合这个平移规律，那么 $y_0=a(x_0-n)^2+b(x_0-n)+c$ 就是平移后二次函数的表达式.

在研究了向右平移之后，我们再来思考向左平移的情况，原理与向右平移相同，不再赘述.

接着，我们继续思考向上或向下平移，这就不涉及自变量的问题，在平移的过程中只对点的纵坐标进行加减，于是向上平移就在 c 上加，向下平移就是在 c 上减. 我们发现“左加右减自变量，上加下减常数项”这两条平移规律在二次函数图像的平移中依然适用.

点评：作者由一次函数图像的平移规律类比发现二次函数图像的平移规律，并尝试借助字母给出解释. 这体现数学研究的一条重要路径，那就是通过类比已有结论提出猜想后再证明. 掌握这种思考问题的方法对后续的数学研究必将产生深远的影响.

（四）代数几何

代数与几何是初中数学的核心内容，几何问题通过数形结合以代数法来研究是常用方法，代数与几何两者紧密联系. 这个学习过程有助于学生建立几何直观思维，提升抽象能力和推理能力.

案例8　对一道试题的深入思考

原题呈现：如图5-4，边长为10的等边三角形OAB位于平面直角坐标系的第一象限内，OA落在x轴正半轴上，C是AB边上的动点（不与端点A，B重合）．作$CD\perp OB$于点D，若点C，D都在双曲线$y=\frac{k}{x}(k>0, x>0)$上，则k的值为________.

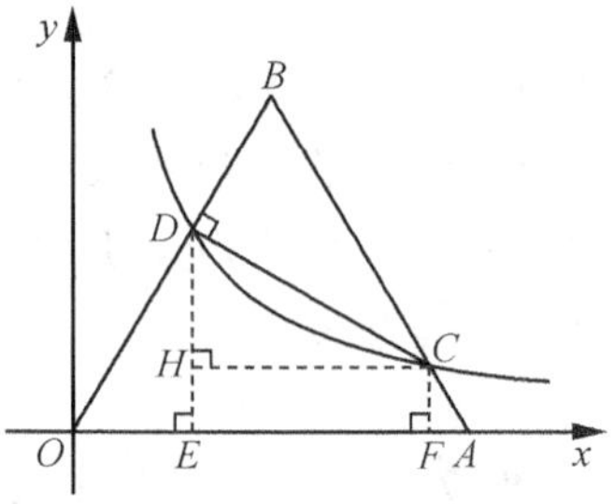

图5-4

分析　由$y=\frac{k}{x}$及C，D两点可知，算出其中一个点的坐标即可．由等边三角形可以得到60°的条件，作垂线，就可以获得含60°角的直角三角形，这种三角形的三边长之比为$1:\sqrt{3}:2$．想到这里，就要表示D点或C点的坐标，但或许你会发现一个点不够用，这时候就要用到方程思想了．显然$k=x_D\cdot y_D=x_C\cdot y_C$.

接下来就要运用含60°角的直角三角形的三边数量关系来列方程．我一开始选择了一个相对麻烦的设法，设$BC=2a$，这样就得到了一些分数，这是我犯的一个错误．还有在算OF的长度时，本可以用$OA=10$减去$AF=5-a$直接得出，但我却在$\mathrm{Rt}\triangle CHD$中用三边关系去算．先看一下“错误示范”：$DH=DE-CF=\sqrt{3}\left(5-\frac{a}{2}\right)-\sqrt{3}(5-a)=\frac{\sqrt{3}}{2}a$，$EF=CH=\sqrt{3}DH=\sqrt{3}\times\frac{\sqrt{3}}{2}a=\frac{3}{2}a$，$OF=OE+EF=\frac{3}{2}a+\left(5-\frac{a}{2}\right)=5+a$．这样容易算错．

还是设$OE=a$简单，得$D(a,\sqrt{3}a)$，$C(15-2a, 2\sqrt{3}a-5\sqrt{3})$，所以$\sqrt{3}a^2=\sqrt{3}(15-2a)(2a-5)$，解得$a_1=3$，$a_2=5$．最后至关重要的是，当$a_2=5$时，$D$与$B$重合，不合题意，舍去，于是$k=a\cdot\sqrt{3}a=3\times3\sqrt{3}=9\sqrt{3}$，问题得解．

该题先要表示出两点的坐标，然后用双曲线上的点的性质去列方程．找到一个好的设法可以事半功倍．数学追求简洁，计算也应力求简洁．

点评：作者以一道函数与几何融合的问题为背景介绍了分析与解决过程，并对自己的方法进行了优化，最终体会到解决这类问题需要恰当地设未知数，利用函数和几何图形的性质解决问题．文章叙议结合，富含自我批判精神，是反思性数学写作的佳作．

案例9 对一道题的深度思考

解决与反比例相关的问题，可通过设参求值，根据已知信息列方程，最后解出方程.

如图5-5，已知 $OB=2BC$，B，C 为 x 轴上的两点，D，E 分别为 AB，AC 与反比例函数图像的交点，$\angle ACB=90°$，$AE=BC$，D 为 AB 的中点，$S_{\triangle BDC}=6$，求反比例函数 $y=\dfrac{k}{x}$ 的表达式.

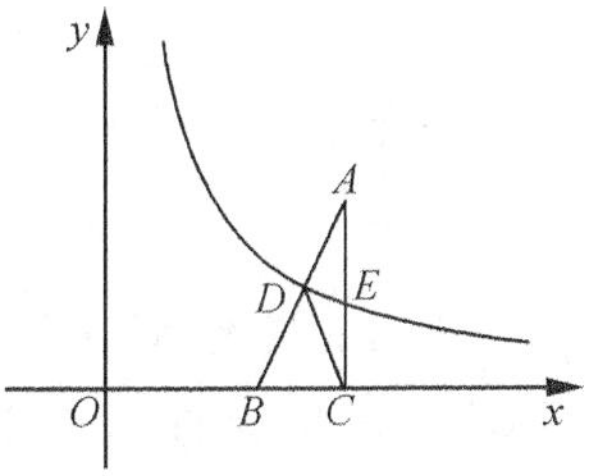

图 5-5

分析 首先审视一下条件，D 为 AB 的中点，则表明 A 点的纵坐标为 D 点的纵坐标的2倍，$\angle ACB=90°$ 表明 A，E，C 三点在同一条直线上，它们的横坐标相同. 还有 $OB=2BC$，这么多条件足够我们设未知数列方程了. 所以先设 $OB=2a$，那么 $BC=a$，再结合面积条件便可把每个点的横、纵坐标用含 a 的代数式表示出来. 最后还有一个条件没有用，即 $AE=BC$，这是列出方程的关键一步. 因为 A，E 点的纵坐标已经表示出来了，所以可以让它们相减得出 AE 的长，再把它和 BC 的长画等号即可得出方程，解出方程即可求出反比例函数中 k 的值.

从这道题我们不难看出，求反比例函数这类题目其实不难，只要找出题目中各个量之间的关系，列出方程，就可以轻松解决.

点评：方程是解决问题的工具，对于函数问题更是如此. 作者以一道反比例函数与直角三角形结合的问题为例，介绍了如何设未知数、列代数式，最后结合已知条件列出方程解决问题的过程. 作者将自己的思考过程清晰地记述下来，逻辑清晰，总结和反思到位，给出的破解办法也是有效的.

二、图形与几何领域

（一）阅读反思

阅读反思、写出感悟是培养学生反思和质疑能力、提高数学学习能力的一种方式. 通过这种方式，学生可以将陌生的数学知识内化，深刻理解，开阔眼界.

案例10 读《几何原本》有感

经过一个半月的时间，我读完了《几何原本》的前两卷，无奈第三卷过于复杂，暂时只能先读第四卷，第四卷的第一个命题就让我心生疑惑.

已知⊙A与线段a，在⊙A中作一线段，使其长度等于a.

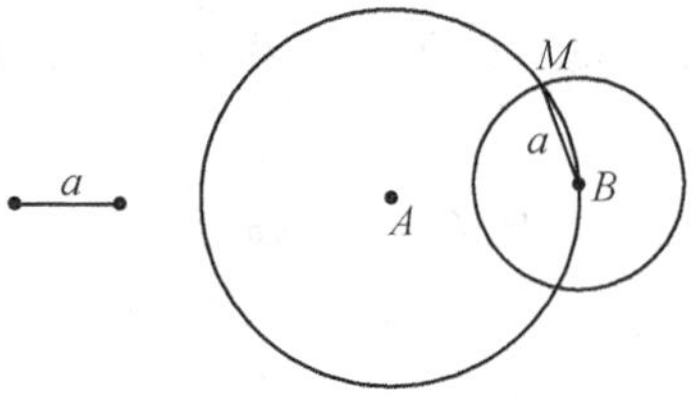

图 5-6

欧几里得的作法是用圆规截一条长为a的半径，在⊙A上任意取一点为圆心，画⊙B，两圆的交点与点B的连线即为所求作的线段.

看完这一方法后再反观题目：在⊙A内作. 我不禁思考，题中并没有要求线段的两个交点一定要在圆上，因此直接用圆规在⊙A内找出一长为a的线段同样可行. 这样也不违背题目要求.

点评：作者在课外坚持阅读《几何原本》并对其中的命题进行思考，结合自己的理解提出意见与建议，这种与古人对话的学习方式可以促使其加深对数学知识的理解，提高对数学的兴趣.

（二）模型应用

几何模型是初中数学的重要组成部分，通过几何模型的学习与研究可以提升学生的学习兴趣，借助反思性写作可以加深学生对基本图形与结论的认识.

案例 11 “手拉手”模型

“手拉手”模型是一个重要模型，不同形状的“手”得出的性质不一样. 我们来看一道题目：如图 5-7，$\triangle ACB$ 和 $\triangle DCE$ 为等腰直角三角形，$\angle ACB=\angle DCE=90°$. 连接$AE$，$BD$交于点$O$，试判断$AE$，$BD$之间的关系，并说明理由.

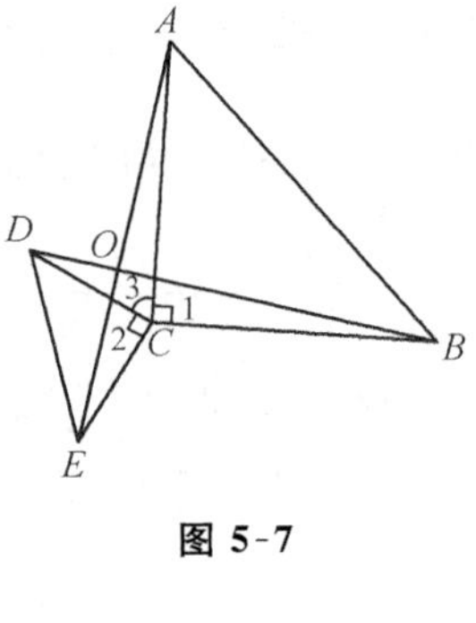

图 5-7

分析 由“SAS”可证$\triangle ECA\cong\triangle DCB$，根据全等三角形的性质得$\angle EAC=\angle DBC$，$AE=BD$. 再利用“8 字去顶和相等”的结论，可证$AE\perp BD$.

解 因为$\angle 1=\angle 2=90°$，所以$\angle 1+\angle 3=\angle 2+\angle 3$，即$\angle DCB=\angle ECA$. 在$\triangle ECA$和$\triangle DCB$中，因为$AC=BC$，$\angle ECA=\angle DCB$，$CE=CD$，所以$\triangle ECA\cong\triangle DCB$，所以$\angle EAC=\angle DBC$，$AE=BD$. 因为$\angle AOB+\angle EAC=$

$\angle ACB+\angle DBC$，所以$\angle AOB=\angle ACB=90°$，所以$AE\perp BD$且$AE=BD$.

反思 这实则是等腰直角三角形的"手拉手"模型，若$\triangle ACB$固定，$\triangle DCE$绕点C旋转（线段CE与线段CA不在一条直线上），永远有$AE\perp BD$且$AE=BD$.

这种题目还可以进行变式，把等腰直角三角形一般化为等腰三角形. 如图5-8，$\triangle ADC$和$\triangle ABE$为等腰三角形，$\angle DAC=\angle BAE$. 又有什么结论呢？同理可得$BD=CE$，$\angle 5=\angle 6$，那么就有$\angle 1=\angle 2$. 又因为$\angle 2=\angle 4$，$\angle 1=\angle 3$，所以$\angle 1$，$\angle 2$，$\angle 3$，$\angle 4$这四个角都相等.

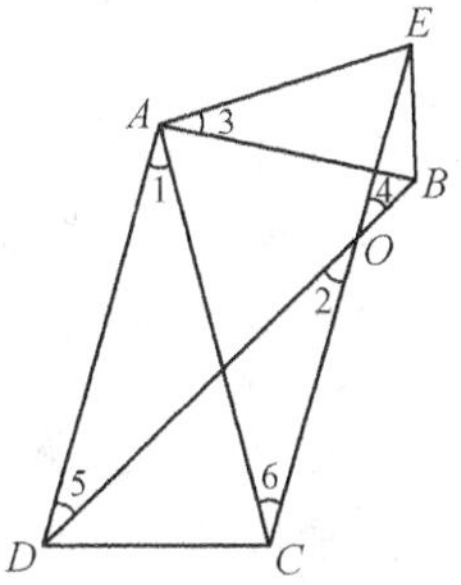

图 5-8

点评：作者在学习过程中总结了一些基本图形及结论，在解决问题时可以快速判断问题是否属于这些基本图形. 如果属于，就使用相关结论加以解决. 本文介绍了"手拉手"模型，通过模型介绍、模型应用与模型变式的相关叙述，向读者展示了如何使用基本模型解决问题.

（三）图形性质

初中阶段图形与几何领域包括"图形的性质""图形的变化""图形与坐标"三个主题，主要侧重对图形概念的理解，以及对基于概念的图形的性质、关系、变化规律的理解，借助图形性质解决问题可以成为写作素材.

案例 12 蜂巢问题

在上周的数学史社团课上我们一起研究了蜂巢问题. 至于蜜蜂为什么将蜂巢设计成正六边形，我想自有它的道理. 有位同学说这是经济问题. 我想那时我已经知道答案了，因为正六边形的重合度高，简单来说就是用最少的材料做最多、最优的东西. 不得不承认，动物很聪明.

对于如何计算正六边形的面积，假设它的周长为12，我们在课堂上仍然没能算出. 回家后，我作了许多辅助线，却无一成功. 为计算它的面积几乎用了1小时，就当我正要放弃时，思路一下打开了.

如图5-9，设正六边形$ABCDEF$的周长为12，所以$AB=BC=CD=DE=EF=AF=2$，$\angle A=\angle B=\angle C=\angle D=\angle E=\angle F=120°$. 连接对角线，可将正六边形分割成6个全等的等边三角形. 因为$AO=AF=OF=2$，过点O作$OH\perp AF$于点H，所以OH平分$\angle AOF$，点H是AF的中点，所以$AH=FH=1$. 因为

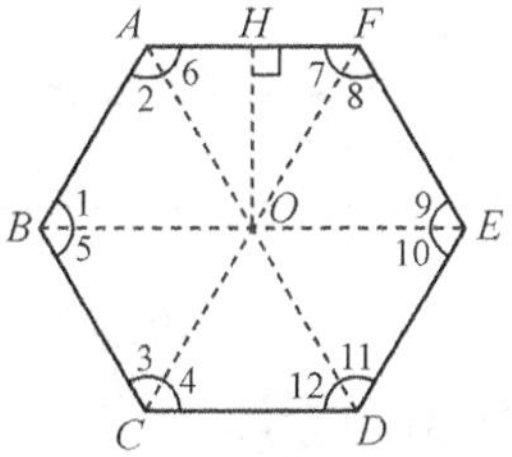

图 5-9

$\angle OHA=90°$，$OA=2$，所以 $OH=\sqrt{3}$. 因为 $S_{\triangle OHA}=1\times\sqrt{3}\times\frac{1}{2}=\frac{\sqrt{3}}{2}$，所以 $S_{\triangle OAF}=2S_{\triangle OHA}=\sqrt{3}$，所以 $S_{六边形ABCDEF}=6S_{\triangle OAF}=6\sqrt{3}$.

于是，周长为 12 的正六边形的面积为 $6\sqrt{3}$，其他周长的正六边形的面积可按此法计算. 我们可以借助数学发现大自然的奥秘.

点评：本文作者在社团课上了解到蜂巢问题，并对此产生了兴趣，课后花时间加以研究，通过自己的努力，最后找到了破解的思路，并最终解决问题. 文章记述了作者的思考过程，也给出了解决问题的过程，并总结出通过正六边形的周长计算正六边形的面积的问题可以如法炮制到其他正多边形.

（四）公式推导

推理包括代数推理与几何推理两个方面. 公式推导对于提升学生的代数推理能力具有重要意义，是学好数学的必经之路.

案例 13　神奇三角形，多法求面积

三角形毋庸置疑是最特殊的平面图形. 三角形的求积方法从古至今有多种.

方法一：底乘高除以 2，这也是古往今来最简单的一种求积公式.

方法二：我国宋代数学家秦九韶的三角形求积公式.

$$S=\sqrt{\frac{1}{4}\left[c^2a^2-\left(\frac{c^2+a^2+b^2}{2}\right)\right]},$$

这个公式只要知道三角形的三边长即可. 无独有偶，古希腊数学家海伦也给出过类似公式. 设三角形各边为 a,b,c，$p=\frac{1}{2}(a+b+c)$，则

$$S=\sqrt{p(p-a)(p-b)(p-c)}.$$

方法三：这种方法只适用于正三角形. 设正三角形的边长为 a，则面积 $S=\frac{\sqrt{3}}{4}a^2$.

以上就是我整理的三角形求积公式，与三角形有关的公式和定理还有许多，我发现三角形是最神奇的图形.

点评：三角形是平面几何中最基本的图形，与三角形相关的结论十分丰富. 作者对三角形的面积计算进行专题研究，整理出三种计算三角形的面积的公式，并对这些公式进行分析和点评，提出自己的观点，最终感悟到三角形的

神奇.

（五）几何问题解决中的思想方法

初中数学常见的数学思想方法有分类讨论、数形结合等. 数学思想方法的渗透与理解是学好数学的关键,问题中的数学思想方法可以成为写作的素材.

案例14 用转化与化归思想解决动点问题

初一时,已经研究了单、双动点的问题,随着学习的深入,动点问题也在不断演进,从在数轴上运动变为在三角形甚至多边形上运动,动点的个数也逐渐增多. 多动点问题讲究化动为静,化繁为简. 下面看一道例题.

如图5-10,在$\triangle ABC$中,小羊从路边AB任意一点出发到水沟AC边喝水,然后到BC边吃草,再回到出发点,怎样才能使所走路程最短?

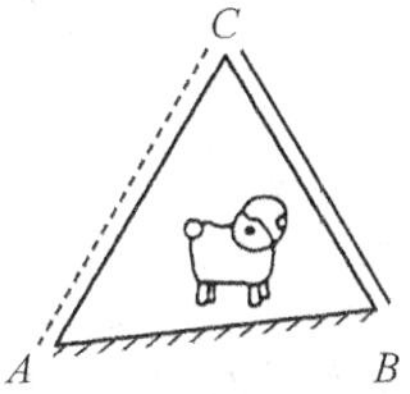

图 5-10

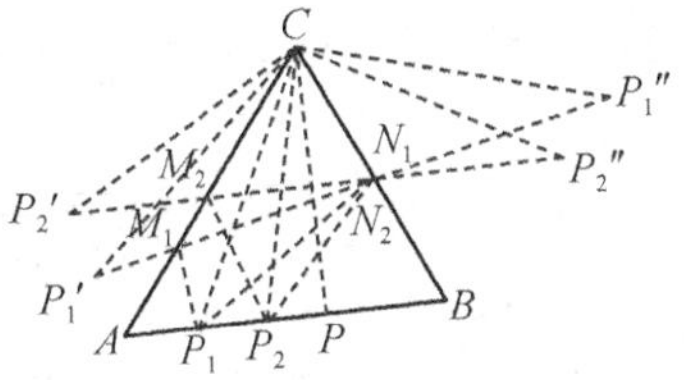

图 5-11

分析 如图5-11,在AB上任取一点P_1,然后将此问题转化为"双动点模型"下的最短距离$P_1'P_1''$问题. 在AB上任取一点P_2,同理得到$P_2'P_2''$.

比较$P_1'P_1''$和$P_2'P_2''$的长短,它们分别是$\triangle CP_1'P_1''$和$\triangle CP_2'P_2''$的底边. 不难发现,这两个三角形的顶角都是原来三角形的顶角的2倍,因此这两个顶角相等. 又因为它们都是等腰三角形,所以它们相似. 于是,问题转化为求这两个三角形的最短腰长.

可知当$CP\perp AB$时,小羊所走路程最短.

可见,转化是解决这类问题的基本思想方法.

点评: 作者对动点问题加以反思和总结,随着动点个数的不断增加,问题的难度随之上升,这些问题有没有好的解决方法呢? 作者对一道例题加以分析,并对解题过程的合理性加以论证,概括出解决这类问题需要使用转化思想.

案例 15 特殊化思想

这周五我遇到这样一道题：若边长为 2 的正 n 边形 $A_1A_2\cdots A_n$ 内部任意一点 P 到各边的距离分别为 $r_1, r_2, \cdots, r_n$，请问 $r_1+r_2+\cdots+r_n$ 是否为定值？如果是，用含 n 的式子表示这个定值；如果不是，请说明理由.

看到“距离”，我想这道题可能会用等面积法解决. 一开始我就想到了特殊化，假设点 P 为正 n 边形的中心，即正 n 边形外接圆的圆心. 这样 $r_1=r_2=r_3=\cdots=r_n$，只要算出一个边心距再乘 n 即可.

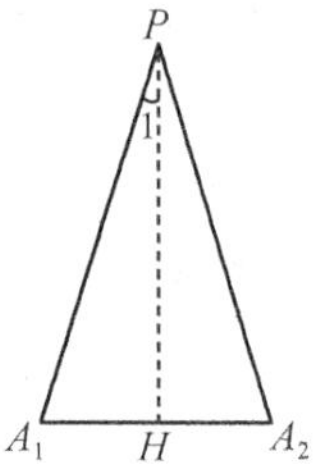

图 5-12

先把圆内接正 n 边形的“一块”抠下来，如图 5-12，A_1A_2 为正 n 边形的一边，$PA_1=PA_2$，过点 P 作 $PH\perp A_1A_2$ 于点 H，PH 的长即为 r_n. $A_1H=\frac{1}{2}A_1A_2=1$，$\angle 1=\frac{1}{2}\angle A_1PA_2$. 因为 $\angle A_1PA_2=\frac{360^\circ}{n}$，所以 $\angle 1=\frac{180^\circ}{n}$. $\tan\angle 1=\frac{A_1H}{PH}$，$PH=\frac{1}{\tan\frac{180^\circ}{n}}$，所以 $r_1+r_2+r_3+\cdots+r_n=\frac{n}{\tan\frac{180^\circ}{n}}$，问题得解.

如果这道题不进行特殊化处理，则比较麻烦，可见特殊化的方便之处. 但特殊化不能代表一般情况，最终可以通过特殊化找到解决问题的思路，再由此思路进行一般化解决.

点评：作者提出一个问题，通过特殊化的方法加以解决，最后对用特殊化解决的方法加以反思，提出特殊化的方法得出的结论不一定正确，但是通过特殊化方法可以找到解题思路和方向，进而可以对原问题进行一般化处理. 这其实是数学中解决问题的一种常见思路. 从本文中我们可以发现作者已经掌握了从特殊到一般的数学思想方法.

（六）触类旁通

触类旁通可以解决一类问题，通过对一道母题的分析与理解，掌握做一类题的方法. 总结方法和经验是反思性写作的良好素材.

案例 16 掌握一道题会做一类题

新学期我们学习了“圆”这一章，其中与圆有关的最值问题比较难，但是只要我们下定决心，努力钻研，就一定能够攻克这些难关.

下面选取课后练习中的两道典型例题介绍我的解决方法，与大家共勉.

例 1 如图 5-13，$\odot M$ 的半径为 2，圆心 M 的坐标为 $(3,4)$，点 P 是 $\odot M$

上的任意一点，$PA\perp PB$，且 PA，PB 与 x 轴分别交于 A，B 两点. 若点 A 和点 B 关于原点 O 对称，则 AB 的最大值为(　　).

A. 3　　B. 14　　C. 6　　D. 8

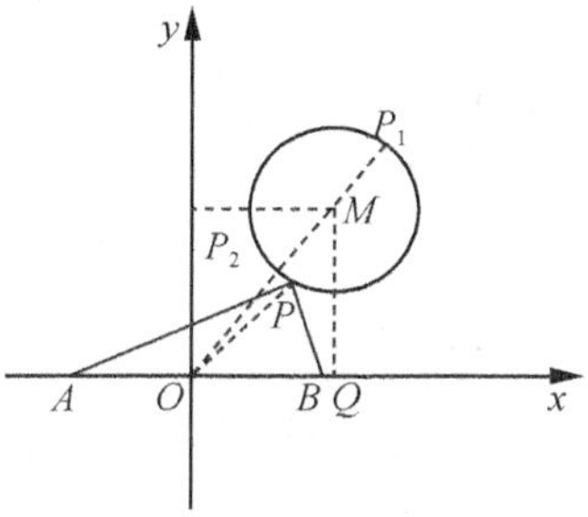

图 5-13

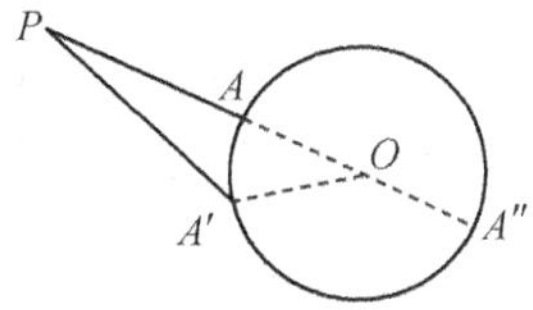

图 5-14

这是一道与圆有关的最值问题，我们首先要研究一个基本模型.

如图 5-14，在⊙O 外有一点 P，什么情况下点 P 到⊙O 上任意一点 A 的距离最大？什么情况下最小呢？

如图 5-14，当 PA 的延长线过圆心 O 时，PA 最小.

证明　在⊙O 上取任意一点 A'，连接 PA'，$A'O$，得$\triangle PA'O$. 因为 $PA'+A'O>PO$，所以 $PA'+A'O>PA+AO$. 因为 $OA=OA'$，所以 $PA'>PA$，所以 PA 最小.

设 PA 的延长线与⊙O 的另一交点为点 A''，同理可得 PA''最大.

有了这个模型后我们就可以解这道题了.

分析　如图 5-13，连接 OP，由上述模型可知当 OP_1 过圆心 M 时，OP_1 最大，根据直角三角形斜边的中线等于斜边的一半得 $AB=2OP$，可以求出 AB 的最大值.

解　因为 $PA\perp PB$，所以$\angle APB=90°$. 因为点 A 与点 B 关于原点 O 对称，所以 $AO=BO$，$AB=2OP$. 若要 AB 最大，则 OP 需最大. 连接 OM 并延长交⊙M 于点 P_1，过 M 作 $MQ\perp x$ 轴于点 Q. 因为点 M 的坐标为(3,4)，所以 $OQ=3$，$MQ=4$. 在 $\mathrm{Rt}\triangle MOQ$ 中，由勾股定理可得 $OM=\sqrt{OQ^2+MQ^2}=\sqrt{9+16}=5$. 因为⊙$M$ 的半径为 2，所以 $OP_1=MP_1+OM=2+5=7$，所以 $AB=2OP_1=2\times7=14$，选 B.

例 2　如图 5-15，在平面直角坐标系中，⊙A 的半径为 2，圆心 A 的坐标为(4,0)，y 轴上有一点 $B(0,3)$，点 C 是⊙A 上的动点，点 P 是 BC 的中点，则 OP 的范围是(　　).

A. $\frac{3}{2}\leqslant OP\leqslant\frac{7}{2}$　　　　B. $2\leqslant OP\leqslant 4$

C. $\frac{5}{2}\leqslant OP\leqslant\frac{9}{2}$　　　　D. $3\leqslant OP\leqslant 4$

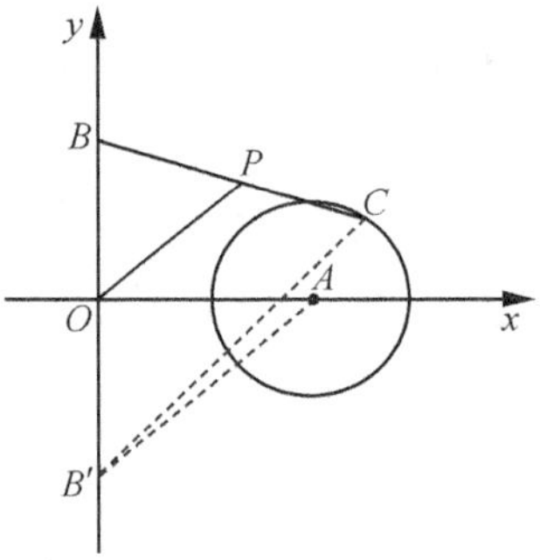

图 5-15

这道题与上一题用的模型是一样的，但这道题用的是三角形中位线定理.

分析　如图 5-15，作点 B 关于 x 轴的对称点 B'，连接 $B'C$. 因为点 P 为 BC 的中点，所以 $B'C=2OP$，这样问题变为求 $B'C$ 的范围.

解　如图 5-15，在 y 轴上取点 $B'(0,-3)$，连接 $B'C$，$B'A$. 因为点 $B(0,3)$，点 $B'(0,-3)$，点 $A(4,0)$，所以 $OB=OB'=3$，$OA=4$，所以 $B'A=\sqrt{OA^2+BO^2}=\sqrt{9+16}=5$. 因为点 P 为 BC 的中点，所以 $B'C=2OP$. 当点 C 在 $B'A$ 上时，$B'C_{\min}=5-2=3$；当点 C 在 $B'A$ 的延长线上时，$B'C_{\max}=5+2=7$. 所以 $\frac{3}{2}\leqslant OP\leqslant\frac{7}{2}$，选 A.

这两道题有共性：用到的基本模型相同，都用到了转化的思想. 二者也有着明显的差别：第一题利用直角三角形斜边中线的性质；第二题则利用了中位线的性质. 在学习数学时找到几个问题的共性，有利于解决同一类问题，而找到各题的差别才能明辨是非，避免思维定式带来的错误.

点评：作者对圆中的最值问题进行了专题研究，首先出示问题，随后对解决问题需要使用的结论进行单独研究与论证，接着使用已经得出的结论对两道例题加以分析与解答. 最为可贵的是，作者在完成解答之后，对这两道问题进行了对比分析，寻找二者的共同点和不同点，并有针对性地提出建议.

第二节　分析与论证给定答案

和小学数学相比，初中数学更侧重于对概念的理解及对性质的认识. 要求学生在思考和解决问题时要有合理的推理与论证过程. 有时还会要求学生对给定的答案加以分析和论证，因为这样才能证实结论的可靠性.

一、数与代数

数与代数是数学知识体系的基础之一，是认知数量关系、探索数学规律、建立数学模型的基础. 课本中给出的数或字母的表示都是简化后便于学习的形式，并未提及其发展历程. 我在教学中常常补充相关内容，启发和引导学生对数的表示进行探索，以加深学生对数的理解，促使学生反思.

案例 17　π 的其他表示方式

不久前，我在数学报上看到一则数学故事，讲的是著名数学家 A. 塞尔伯格的故事. 我对故事中的一个知识点产生了疑问.

一个美妙的公式激发了塞尔伯格对数学的热爱，那就是 $\frac{\pi}{4}=1-\frac{1}{3}+\frac{1}{5}-\frac{1}{7}\cdots$. 可是我却有个疑惑：数学是追求简洁的，两边乘 4 不是更好吗？乘 4 之后 π 的系数不就变成 1 了吗？

经过分析后，我才慢慢发现了端倪. 按我的设想，这个式子就会变成 $\pi=4-\frac{4}{3}+\frac{4}{5}-\frac{4}{7}\cdots$. 就是把原来分子上的 1 都变成 4. 这样就失去原有的美感和简洁的感觉. 再说，π 只是一个数，而等号右边可是有无限个数呀！所以，怎么可以舍大取小呢. 在此，我深深佩服写出这个式子的人：这个式子简洁、美观.

塞尔伯格提出：初中数学，应多设置一些能让学生有发现和产生惊喜的点，这样才能促使学生对数学感兴趣. 我觉得，这实乃良言！

点评： 作者对数学家 A. 塞尔伯格给出的表示圆周率的方式加以分析，先是对 A. 塞尔伯格给出的表示公式两边乘 4，目的是让左边的 π 的系数变为 1，接着通过自己的分析发现这样改动之后破坏了原来的美感，而且使原来的式子变得复杂了，最后提出初中数学应当设置一些让学生发现并产生惊喜的内容.

案例 18 毕达哥拉斯与$\sqrt{2}$

近来,我对数学有了新的认识,例如毕达哥拉斯与$\sqrt{2}$的故事.

毕达哥拉斯是一位著名的数学家,他提出过"万物皆数",意思是宇宙间所有事物都可以用数字来解读,而他理解的数字仅为整数或整数的比.直到一位学生提出这样一个问题:边长为 1 的正方形的对角线也可以用整数或整数之比来表示吗?

当然我们现在知道对角线的长是$\sqrt{2}$,但在当时,所有数学家都傻眼了.面对这个闻所未闻的问题,他们不知所措.在数学界引起了很大的轰动,史称"第一次数学危机".

至于为什么要提出$\sqrt{2}$,我有个看法.因为数学作为一门学问,就需要有人为之不断探索,这样才能推动数学不断向前发展.

点评: 作者从历史上发现 $\sqrt{2}$ 的故事中体会到因为有人不断提出新的问题,并为之不断探索才推动了数学不断向前发展,从文字中体会到作者对探索精神的认可.

案例 19 一次函数的图像为什么是一条直线?

大家都知道一次函数的图像是一条直线,但是它为什么是一条直线呢?很多人看到这个问题,第一个反应是惊讶,可能有人会说这不是明摆的事实吗,有什么好证明的?也可能有人会回过神来说,用待定系数法通过两点确定一条直线,再验证其他点在这条直线上,这显然没有证明结论.因为特例是不能用来证明的,哪怕举再多的特例也不是证明,除非你能举出所有的情况,这个问题是无法列举所有情况的.

对此我想出两种说理的方法.第一种方法是:一次函数 $y=kx+b$,y 每次变化的幅度是 x 的 k 倍加上一个 b,每个 y 都是按照这个幅度变化的,所以应为一条直线.第二种方法是:通过画图验证,如图 5-16 所示是随机画的一个一次函数的图像,不难发现图中有许多全等三角形,进一步可得$\angle ABE+\angle CBH=90°$.又因为$\angle EBH=90°$,所以$\angle ABC=180°$,所以 A,B,C 三点共线.同理可得这条直线上所有点是共线的,所以一次函数的图像是一条直线.

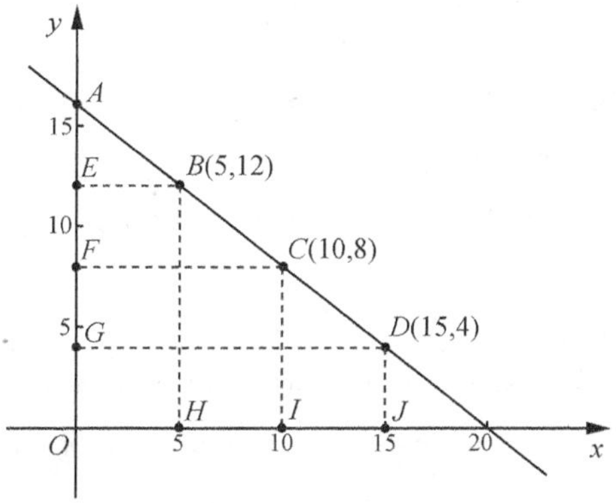

图 5-16

点评：作者对“一次函数的图像是一条直线”这个已知结论提出疑问，并想了两种方法加以“证明”，一种是从关系式上加以说明，另一种是通过全等三角形的性质加以说明. 这两种解释都体现了作者的质疑精神和坚持求真的理性精神，这也是学生需要养成的重要数学素养.

二、图形与几何

（一）对几何推理的认识

几何推理是数学学习的重要内容，在几何推理过程中可以理解几何基本事实的意义，感悟数学论证的逻辑性，体会数学的严谨性，形成推理能力和重事实、讲道理的科学精神.

案例 20　说理的价值

这周我们学习了许多基本事实，也学习了垂直、平行等概念，让我更深入地了解数学. 课后检测是学习新知识后必不可少的，我觉得最烦琐、最耗时的便是证明题，因为它既考验我们对图形的认识和知识的运用，也考验我们的语言表达能力，要做到步步有据. 这也说明我要在这方面加强训练.

证明两条直线是否平行很难一下子看出题目证明过程中需要用到的角. 我们需要步步为营地加以分析才能解决问题. 最重要的是要牢记各种角及证明平行的依据，这样才能保证证明时不会“牛头不对马嘴”. 在证明时还要写清楚哪些是条件，哪些是结论，这样才能保证准确性及完整性.

做题目时不能太死板，要学会灵活变通，这样才能不断创新，这也凸显了数学的灵活性. 数学是一门思维创新的学科，它能够训练人的思维，使思维能力不断突破原有水平，达到新的高度和新的境界！

点评：几何推理的起步阶段是非常关键的，教师要耐心细致地引导. 在这一阶段，教学要做到慢、细、实，让学生深刻理解每一个几何概念、每一步推理的条件和结论，正像作者在文章中所写的那样，要步步为营，有理有据.

案例21　眼见不一定为实

老师在讲“说理”这一节时，给我们讲过一些“眼见不一定为实”的图形. 我也从中知道眼睛看到的不一定可靠，证明才能让人信服. 近期的数学报上也刊登了一些“不可能图形”，我对这类神奇的图形产生了兴趣.

彭罗斯三角形，这个我盯着就会犯晕的图形，无时无刻不在向我们透露着它的神秘. 我最感兴趣的还是彭罗斯阶梯，如果你把笔杆放在它上面的任意一个位置，顺着它向下滑动，会发现一直“向下滑动”. 但当一圈滑完，你就会发现，你的笔杆竟然还在原处. 我尝试用很多方法来揭开谜底，但都未能成功，最后我查资料了解到它是利用透视原理和视觉的惯性思维来描绘的，这在三维世界里不可能实现. 不知在《三体》所描绘的四维、五维世界里，这种图形是否存在. 我想，如果有人研究出了这种图形，那么对于数学界来说肯定是一个重大突破. 我相信这个问题一定会被解决，毕竟，许多前人看来不可能的事情都被我们变为可能，而我们现在认为不可能的事情，也一定会被后人攻克. 进步是永恒的主题.

点评：研究任何问题前需要弄清楚为什么要研究. 学习几何证明也不例外，首先要让学生弄明白为什么要学习证明. 考虑到七年级的学生对于几何推理的了解几乎是一片空白，所以我们可以通过一些眼见不一定为实的图片启发学生思考，仅凭眼睛看到的东西往往是不可靠的，那什么才是最可靠的？在数学中，证明才是最令人信服的. 事实证明这样的引导是有效的. 作者介绍了自己研究不可能图形的历程，最后得到一段富含哲理的反思，和王羲之在《兰亭序》中提到的“后之视今亦犹今之视昔”有异曲同工之妙.

（二）对公式的再认识

数学公式的表达形式往往不是唯一的，在不同情境下可以有不同的表达形式. 引导学生总结公式表达形式的多样性，有助于加深对知识的理解，这也可以作为写作的良好素材.

案例 22　多种方法求三角形面积

本周，我对求三角形面积的方法进行了总结，具体如下：

① 知道三角形的底和高. 这是最常见的方法，面积为底×高÷2.

② 知道三角形的水平宽和铅垂高. 这是第一种方法的进阶版，面积即为水平宽×铅垂高÷2.

③ 知道三角形的三边长. 此时可以利用海伦公式

$$S=\sqrt{p(p-a)(p-b)(p-c)},$$

其中 p 表示三角形周长的一半，a,b,c 分别为三角形的三边长.

④ 在平面直角坐标系中，一个三角形的一顶点过原点，知道三角形另外两顶点的坐标(图 5-17). 这种情况可以用两种方法求面积：一是将它补成一个长方形，然后用长方形的面积减去补上的小三角形的面积；二是利用公式 $|ad-bc|\div 2$ 即可算出三角形面积. 如果三角形的三个顶点中没有一个点在原点上，那么可以移动三角形任意一个顶点至原点，然后再使用上述方法.

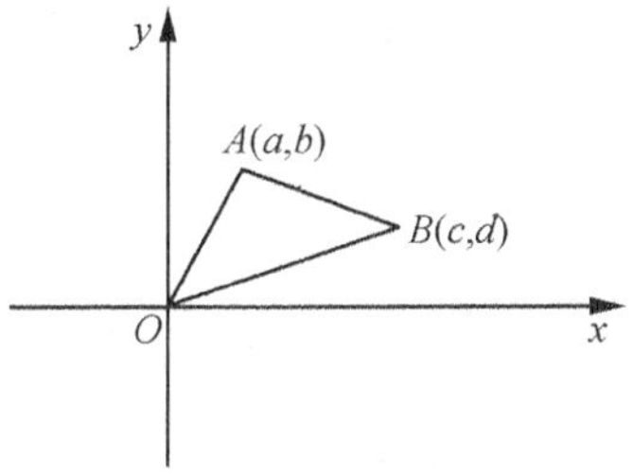

图 5-17

⑤ 数点法. 当一个三角形在格点中时，可以利用皮克公式 $S=a+\frac{b}{2}-1$，其中 a 为三角形内部格点数，b 为三角形三边经过的格点数.

以上是我现在想到的方法. 总结归纳和拓展思路很重要，能在学习中起到至关重要的作用.

点评：作者对三角形面积公式进行了总结梳理，并介绍了每一个公式适用的情况，其中第 4 种方法的解释体现了数学中的转化思想，先研究顶点在原点的特殊情况，再将其他情况通过平移转化成已知情况，作者交代得非常清楚，表明他具有很好的数学研究素养. 在文章的结尾部分，作者谈到总结数学公式的意义，认为这样的努力对学习很有帮助，说明作者有积极向上的学习态度.

（三）轨迹问题

通解、通法是解决一类问题的关键. 轨迹问题是初中数学的难点，如何找到一般的解决方法是解题的关键.

案例 23　用轨迹法解决圆中的极值计算问题

在圆中往往会遇到计算极值的问题. 对于这类问题,我们可以先找出通法,再运用通法解决这类问题,这里的通法便是轨迹法.

我们知道,斜边固定的直角三角形的直角顶点的轨迹为圆. 下面来看一道例题.

如图 5-18,已知在平面直角坐标系中,点 $A(-2,0)$,$B(2,0)$,$C(4,3)$,$\odot B$ 的半径为 2,点 P 是 $\odot B$ 上的一个动点,连接 AP 交 $\odot B$ 于点 Q,取 QP 的中点 E,连接 CE,求 CE 的最小值.

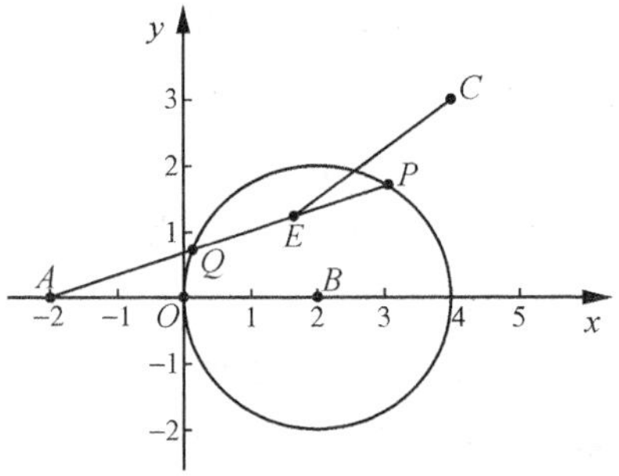

图 5-18

分析　如图 5-19,连接 BE,根据垂径定理的推论可知 $BE\perp AE$,这样 $\mathrm{Rt}\triangle AEB$ 出现了. 由于 AB 为定长,所以点 E 的轨迹是以 AB 为直径的 $\odot O$,这样 CE 的最小值就迎刃而解了.

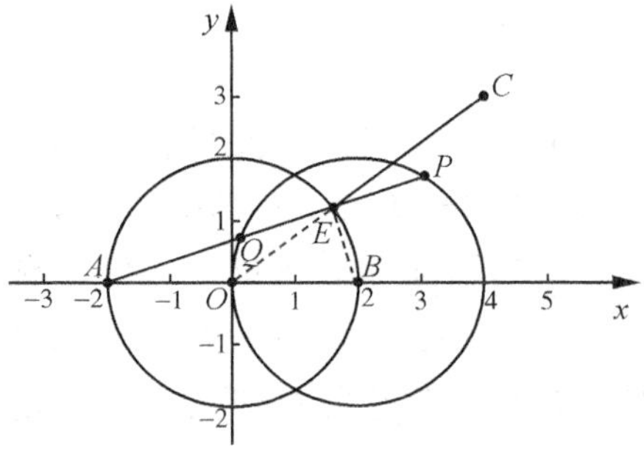

图 5-19

解　连接 BE,OE. 因为 E 为弦 QP 的中点,所以 $BE\perp QP$,所以 $\angle BEQ=90^\circ$,所以点 E 在以 AB 为直径的圆上. 连接 OC,当点 O,E,C 共线时,CE 最小,因为 $C(4,3)$,易求得 $OC=5$. 因为 $AO=2$,所以 $OE=2$,所以 $CE_{\min}=3$. 最后,我们可以总结一下解决这类问题的步骤:定轨迹、连线段、作加减.

点评:轨迹法是解决动点问题比较有效的方法,作者以一道具体的问题为例介绍了用斜边固定的直角三角形确定圆的轨迹并解决问题的过程，总结运用轨迹法解决类似问题的一般步骤：定轨迹、连线段，作加减. 作者的分析有理，论证有力，结论可行.

（四）定理再创造

将已有的模型进行转化，可以解决新问题.

案例 24　运用“小旗图”，解决新问题

我最近在整理错题时，遇到一道有趣的题目，重新对它进行思考，发现运用之前学习的“小旗图”可以快速破解.

如图 5-20，一个三角形的两条直角边经过另一个三角形的两个顶点 B，C，$\angle A=30^\circ$，改变 $\triangle XYZ$ 的位置，问 $\angle ABX+\angle ACX$ 的度数是否有变化？如果不变，求出度数；如果变化，说明理由.

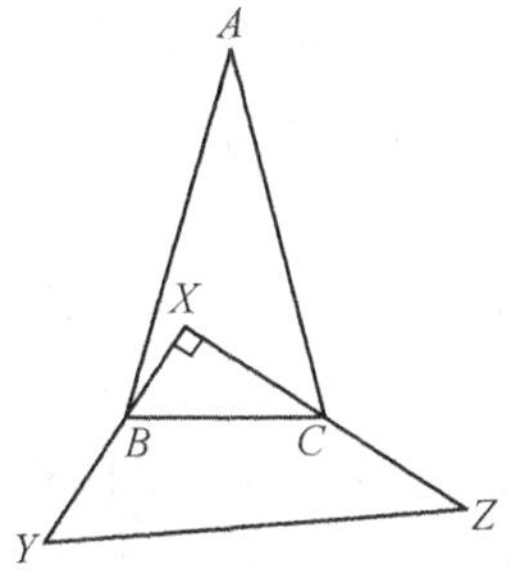

图 5-20

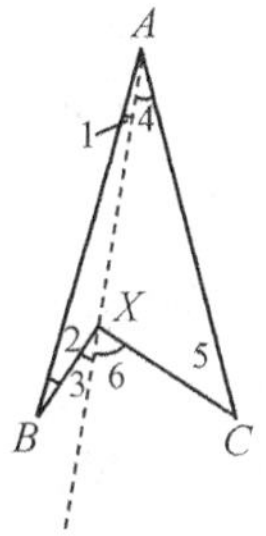

图 5-21

这道题可以转化为一个基本模型——“小旗图”. 如图 5-21，作射线 AX，四边形 $ABXC$ 被分成两面“小旗”，根据“小旗图”的结论可得 $\angle 1+\angle 2=\angle 3$ ①，$\angle 4+\angle 5=\angle 6$ ②，①＋②得 $\angle ABX+\angle ACX+\angle BAC=\angle BXC$. 由 $\angle A=30^\circ$，$\angle BXC=90^\circ$ 可得 $\angle ABX+\angle ACX=60^\circ$. 这又获得了一个新结论：$\angle BXC=\angle B+\angle C+\angle BAC$. 这个图像飞镖，我们可称其为“飞镖图”.

对于“小旗图”，我研究过一个结论：三角形的一个外角等于与它不相邻的两个内角之和. “飞镖图”是“小旗图”的一个应用，当然，由它还可以组合、推导出很多基础图形，如“8”字形等，这些新的图形可以转化为“小旗图”来解决.

点评： 作者给三角形内角和定理的推论“三角形的一个外角等于和它不相邻的两个内角的和”的模型起了一个形象的名字——“小旗图”. 文章介绍了作者使用“小旗图”快速破解一道之前的错题并获得一个新的图形的过程，从中体会到“小旗图”的应用价值及数学中的转化思想.

（五）感悟数学之美

当前，数学的美育价值越来越受到重视. 数学美育是将数学美渗透到数学教育的各个环节，让学生在数学知识的探索与学习中发现美、感受美、欣赏美和创造美，以提高学生的审美能力.

案例 25　学以致用——感悟轴对称之美、之用

本章我们学习了轴对称和轴对称图形的知识. 在学习过程中我不但领略到自然与生活中许多轴对称图形之美，而且学会了用轴对称的思想方法解决一些数学问题.

在大自然中，轴对称图形随处可见，比如蝴蝶、雪花、人的躯体等. 在生活中，也有许多轴对称图形，如京剧脸谱、飞机、天安门城楼等. 这些都展示出轴对称图形之美.

在数学中，我们常利用轴对称的性质解决一些问题. 例如：如图 5-22，在直线 l 的同一侧有 A，B 两点，在直线 l 上找一点 C，使 A，B，C 三点组成的三角形周长最短.

分析　因为 AB 的长度是固定的，所以只要 $AC+BC$ 最短即可. 如图 5-23，可以把 AC 翻折到 l 的另一侧，得到 $A'C$. 根据轴对称的性质可知 $AC=A'C$，所以 $AC+BC=A'C+BC$. 根据“两点之间线段最短”这一基本事实可知，当 A'，C，B 三点共线时，$A'C+BC$ 最短，问题得解. 在解决这个问题时，主要利用了“线段轴对称的性质”和“两点之间线段最短”的基本事实.

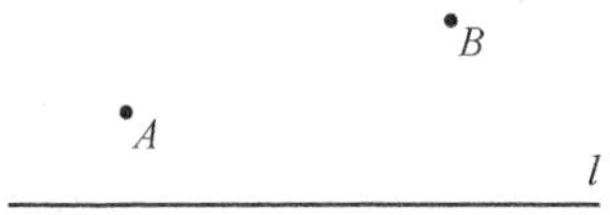

图 5-22

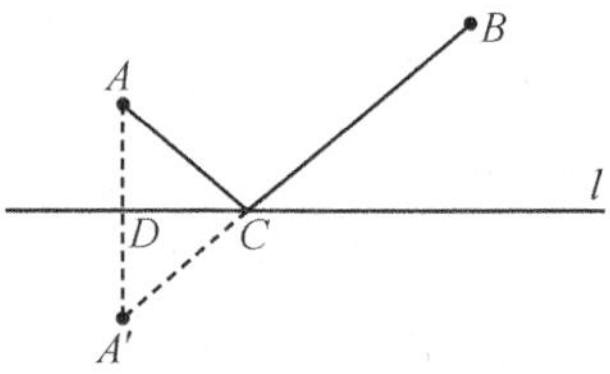

图 5-23

历史上有一个著名的“将军饮马”问题就是利用上述原理解决的. 公元 1 世纪，亚历山大城里住着一位名叫海伦的数学家，有一天，一位将军向他请教了一个问题：如图 5-22，从 A 地出发到河边 l 饮马，然后再到 B 地，如何确定饮马点才能使马儿跑的路程最短？据说海伦当年就是用了图 5-23 所示的方法帮助将军找到最佳饮马点的.

在学习和研究本章知识的过程中，我懂得了只要用心观察，就能发现数学之美；只要认真学好数学知识，就能够应用它解决生活中的许多问题.

点评： 在本章，同学们学习了轴对称与轴对称图形的相关概念和几种简单轴对称图形的性质. 大家通过观察轴对称图案感悟到数学之美，通过研究轴对称的概念及简单轴对称图形的性质，掌握了相关数学知识及研究经验，为后续学习积累了许多宝贵财富. 作者重点介绍了利用轴对称性等知识解决一道经典数学问题的方法及原理，并感悟到数学中的对称美.

（六）“圆”来如此

圆既是轴对称图形也是中心对称图形，具有很多性质. 将圆与其他图形结合，可以借助圆的相关性质解决问题，发现圆在解决问题中的重要价值. 这些是反思性写作的素材之一.

案例 26　圆只是一个辅助

最近我发现有关圆的题目的难点并不在圆上，而在与其他几何知识的综合运用上. 比如有直径，一定会有直角，那就可以结合勾股定理，计算线段的长、图形的面积等. 有时运用同弧所对的角相等，就可以证明两个三角形相似. 其实还有很多这样的例子，下面这道题就很好地把圆和其他知识点结合在一起.

如图 5-24，$\odot O$ 是 $\triangle ABC$ 的内切圆，切点分别为点 D,E,P，$AB=6$，$AC=5$，$BC=7$，求 DE 的长.

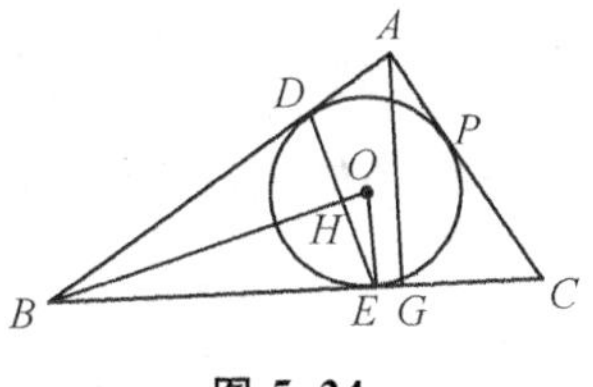

图 5-24

一开始看到这道题时，我有些无从下手，但直觉告诉我从同一点引出的两条切线就会出现切线长定理. 设 $BE=x$，则 $BD=x$，$AD=AP=6-x$，$CE=CP=7-x$，所以 $AP+CP=6-x+7-x=5$，得 $x=4$，所以 $BE=4$. 连接 OB 交 DE 于点 H，由切线长定理知 $BD=BE$，$OH\perp DE$，所以 $DH=EH$，所以只要能求出 DH 或 EH 就能算出 DE. 连接 OE，因为 BC 为切线，所以 $\angle OEB=90°$，用面积法可得 $EH=\dfrac{OE\cdot BE}{OB}$，只要算出 OE，OB 即可. $OE=\dfrac{S_{\triangle ABC}\times 2}{C_{\triangle ABC}}$，要想知道 $S_{\triangle ABC}$，就要知道 BC 边上的高，作 $AG\perp BC$ 于点 G，设 $BG=y$，$CG=7-y$，由勾股定理得 $AB^2-BG^2=AC^2-CG^2$，易得 $y=\dfrac{30}{7}$. 再次用勾股定理算得 AG 的

长度为$\frac{12\sqrt{6}}{7}$，所以$S_{\triangle ABC}=7\times\frac{12\sqrt{6}}{7}\times\frac{1}{2}=6\sqrt{6}$，$C_{\triangle ABC}=18$，所以$OE=\frac{2\sqrt{6}}{3}$.

在$\triangle OEB$中用勾股定理算出$OB=\frac{2\sqrt{42}}{3}$，所以$HE=\frac{4\sqrt{7}}{7}$，$DE=2HE=\frac{8\sqrt{7}}{7}$.

从这道题我们不难发现，圆中的知识仅起了辅助作用，更多的是要通过条件找到解题思路和方法.

点评：圆被誉为最美丽的平面图形，其中蕴含着丰富的性质和结论，是平面几何的集大成者. 学生之前学习的平面几何知识几乎都可以融入圆中，因此，圆的问题具有较强的综合性. 在分析和解决与圆相关的问题时，可以通过已知条件和圆的性质去思考相关结论，寻找解题思路. 作者通过一道例题介绍了自己分析和解决与圆有关问题的过程，发现这类问题中圆只是一个背景而已，解决问题的关键是把每一个条件能够推出的结论想清楚.

（七）含参最值问题的破解

含参最值问题是考试的难点，如何将复杂问题简单化是需要重点研究的，研究过程是学生反思性数学写作的良好素材.

案例 27 “$PA=kPB$”的最值问题

近来我经常碰到“$PA+kPB$”的最值问题，下面举例说明.

如图 5-25，在$\triangle ABC$中，$\angle ACB=90°$，$BC=8$，$AC=6$，以点C为圆心、4为半径的圆上有一个动点D，连接AD，BD，CD，求$\frac{1}{2}BD+AD$的最小值.

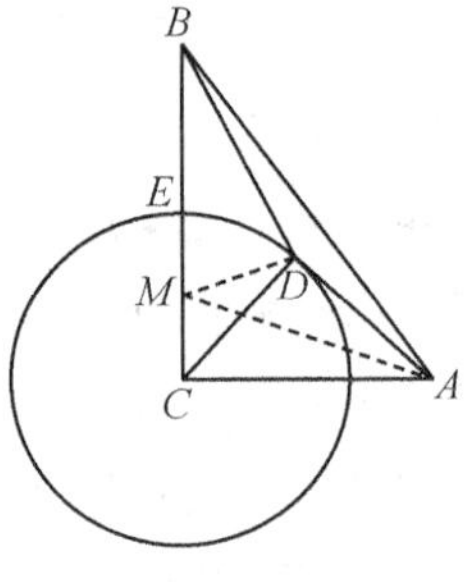

图 5-25

分析　解决该题要将$\frac{1}{2}BD$转换成另一条线段，由$\frac{CD}{CB}=\frac{4}{8}=\frac{1}{2}$，想到可以构造两个相似三角形使$BD$所对应的边为$\frac{1}{2}BD$，取$CE$的中点$M$，连接$MD$.

易证$\triangle CDM \backsim \triangle CBD$，所以$\frac{BD}{DM}=\frac{CD}{CM}=2$，$\frac{1}{2}BD=DM$，$\frac{1}{2}BD+AD=DM+AD$，$D$为圆上一点，当$M,D,A$三点共线时，$(DM+AD)_{\min}=2\sqrt{10}$.

通过本题我们可以发现解决这类问题的关键是利用相似三角形的性质进行线段的转换，从而达到解决问题的目的，这里体现了转化的思想方法.

点评： 作者开篇提出一类计算含参最值问题，接着以一道具体问题为例谈了如何将系数不为1的情况通过构造相似三角形转化为系数为1的线段加以解决，最后通过反思发现转化是问题解决的指导性思想.

案例28 “胡不归”问题的探究及应用

(1) 何谓“胡不归”问题

关于胡不归问题，曾有个悲伤的故事：有个小伙子外出求学，有一天他得知老父亲病危的消息，便心急火燎地往家中赶去. 他和家之间的地形如下：如图5-26，直线MN是一条驿道，宽阔无阻，驿道旁边是一片砂石地，干燥难行，在驿道上行走的速度是在砂石地上行走速度的k倍. 设小伙子所在的位置是A，家的位置是B，按照两点之间线段最短的原则，他义无反顾地踏上了线段AB这条道路. 当他回到家中，父亲刚刚去世. 去世前，父亲口中一直念叨：“胡不归？胡不归……”也就是“为什么还不回来”的意思.

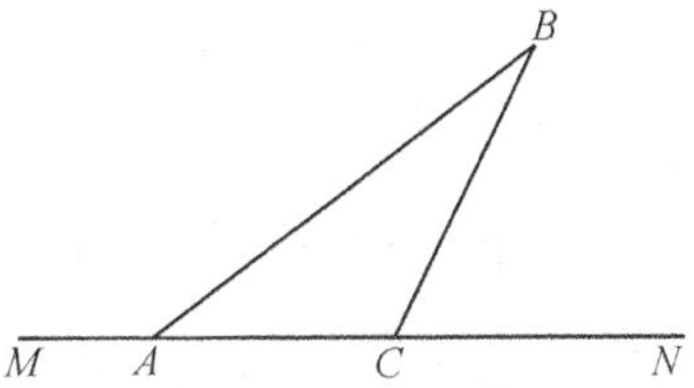

图 5-26

在为这对父子感到惋惜的同时，我们也要思考：小伙子是否有更快的回家方案？我们知道在驿道上行走的速度比在砂石地上行走的速度要快，假如他先走一段驿道AC，再走一段砂石地CB，是否有机会见到父亲最后一面？如果是，那么点C在何处用时最短？换言之，就是求$CB+kCA$(k取不为1的正数)的最小值. 这就是所谓的“胡不归”问题.

(2) “胡不归”问题的破解

“胡不归”问题的解答，往往需要将$CB+kCA$转化成另一条线段，进而求这条线段的最小值，也就是要把“k”消去，将kCA转化成另一条线段，再求它与CB之和的最小值. 如图5-27，以AC为底，作射线AD，作$CG\perp AD$，垂足为点

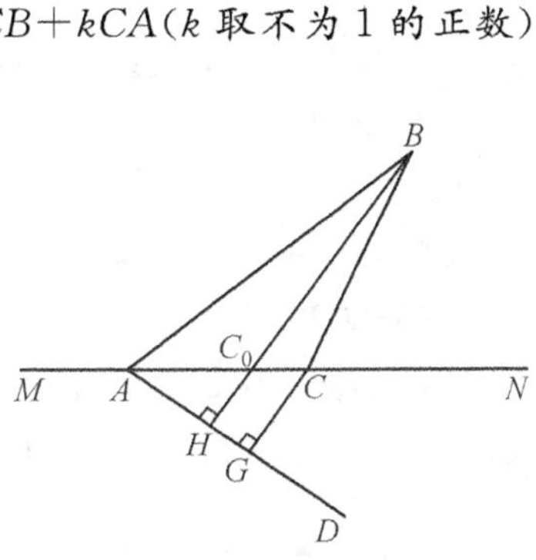

图 5-27

G，使 $\sin\angle CAD=k$，即 $\frac{CG}{AC}=k$，$kAC=CG$，于是 $CB+kAC=CB+CG$. 作 $BH\perp AD$ 于点 H，BH 与 MN 交于点 C_0，则点 C_0 就是用时最短的点.

(3) “胡不归”问题的应用

“胡不归”问题常常出现在二次函数的图像题中. 如图 5-28，在平面直角坐标系中，二次函数 $y=ax^2-2x+c$ 的图像与 x 轴交于 A，C 两点，与 y 轴交于点 B，点 $C(3,0)$，$B(0,-3)$. 若点 P 是 x 轴上的一动点，点 $D(0,1)$，连接 PD，求 $PC+\sqrt{2}PD$ 的最小值.

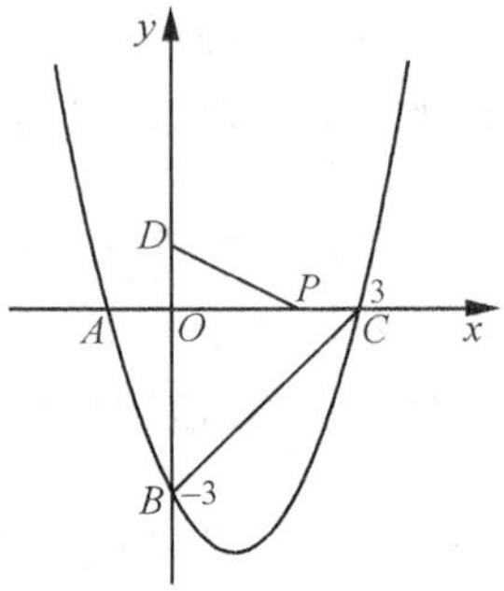

图 5-28

分析 由 $C(3,0)$，$B(0,-3)$，可以得出 $\angle BCO=\angle CBO=45°$. 由于 $\sin45°=\frac{\sqrt{2}}{2}$，所以可将 $\sqrt{2}PD+PC$ 转化为 $\sqrt{2}\left(PD+\frac{\sqrt{2}}{2}PC\right)$.

如图 5-29，作 $PM\perp BC$ 于点 M. 因为 $\sin\angle MCP=\frac{PM}{PC}$，所以 $PM=\frac{\sqrt{2}}{2}PC$. 作 $DN\perp BC$ 于点 N，则 $PD+\frac{\sqrt{2}}{2}PC$ 的最小值就是 DN. 在 $\text{Rt}\triangle BDN$ 中，$DB=4$，$\sin\angle DBN=\frac{\sqrt{2}}{2}$，所以 $\frac{DN}{BD}=\frac{\sqrt{2}}{2}$，则 $\frac{DN}{4}=\frac{\sqrt{2}}{2}$，$DN=2\sqrt{2}$. 所以 $PD+\frac{\sqrt{2}}{2}PC=2\sqrt{2}$，所以 $\sqrt{2}PD+PC$ 的最小值是 4.

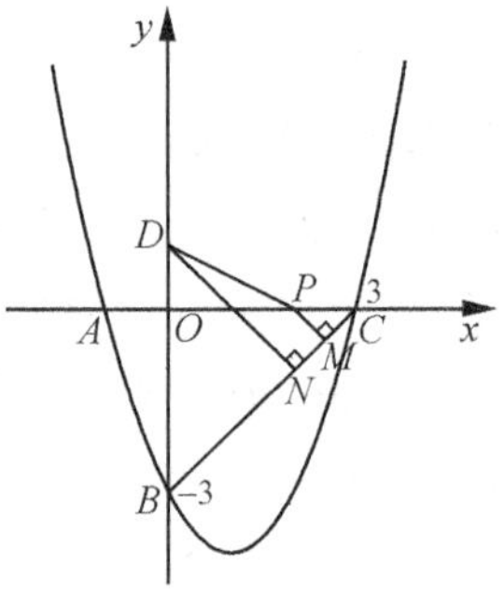

图 5-29

这道题的有趣之处在于：它不仅考查了“胡不归”问题，还考查了提取 $\sqrt{2}$ 的思想，将 $\sqrt{2}PD+PC$ 转化为 $PD+\frac{\sqrt{2}}{2}PC$，把系数 k 由一条线段成功地转移到另一条线段，这种转化让我们体会到了数学的魅力. 这也提醒我们在做题时，要根据题目特点灵活应对.

(4) 结语

“胡不归”问题既有趣又有用，其中多处体现了转化思想. 我们要对它进行深入研究，在理解的基础上把握解决这类问题的关键步骤与核心思想.

点评： 作者对一道数学问题进行深入研究，从何谓“胡不归”问题引出话题，然后研究出这类问题的一般破解办法，再运用研究得出的方法解决与之相关的问题，最后总结出其中蕴含的转化思想. 作者经历了一个较为完整的数学问题的研究过程，为我们树立了钻研问题的好榜样.

案例 29　对一道期末试题的深度思考①

上学期数学期末考试最后一道题的第 3 问，我被扣了一半的分数，对此我十分不理解. 为什么我答出来了，还要被扣分？下面就来说说这道题.

如图 5-30，在 $\triangle ABC$ 中，点 D 是 BC 的中点，分别以 AB，AC 为直角边向 $\triangle ABC$ 外作 $Rt\triangle ABM$ 和 $Rt\triangle ACN$，其中 $\angle BAM=\angle NAC=90°$，$AB=AM$，$AC=AN$，连接 MN，探索 AD 与 MN 的关系，并说明理由. （前两问讲的是倍长中线的方法，限于篇幅，未列出）

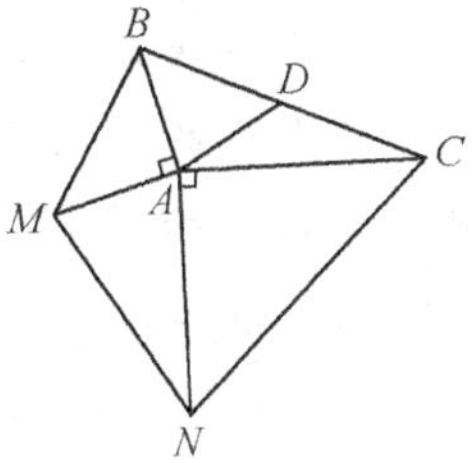

图 5-30

看到这幅图，相信大家都很熟悉，因为这里有两个含 45° 角的直角三角形. 直到老师讲评试卷的时候，我才明白原来"关系"包括位置关系和数量关系. 而我只写了数量关系. 但是我发现 AD 和 MN 没有相交，怎么会垂直呢？正当我疑惑的时候，同学告诉我，可以延长 DA，我才恍然大悟.

运用分类讨论思想，将关系分两类来研究.

分析　第一类关系是数量关系.

根据图形，我直观猜想 $2AD=MN$. 这道题的前两问讲的是倍长中线，所以我就顺着倍长中线的思路往下走.

如图 5-31，延长 AD 到点 F，使 $AD=DF$，连接 BF. 作完辅助线之后，不难发现 $\triangle BAF$ 和 $\triangle MAN$ 有点像全等三角形. 现在的目标是：找到两者全等的条件. 任何情况下要证明全等都需要一条边. 正好题目中给出条件 $AB=AM$，除去"HL"外，还有"SAS""AAS""ASA"三种情况. 从"SAS"角度分析，现在还差一个角和一条边，题目中和边相关的条件只有 $AC=AN$，这个条件中的 AN 是和目标有关的，那么如何让另一边 AC 和目标相关呢？再看 AC，这个长度和画出来的 BF 差不多，如果能证出 $BF=AC$ 就好了. 证线段相等的最好方法还是全等，把 BF 放到 $\triangle BDF$ 中，把 AC 放到 $\triangle CDA$ 中，因为

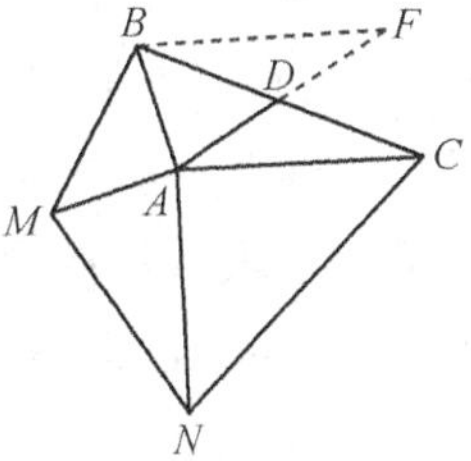

图 5-31

① 郝宇轩，胡永强. 对一道期末试题的深度思考[J]. 中学生数学，2022(22)：33－34.

$\angle BDF$和$\angle ADC$是对顶角，故相等，点D是BC的中点，所以用“SAS”就可以证出$BF=AC$. 因为$BF=AC$，$AC=AN$，所以$BF=AN$. 两条边都有了，就差一个角了，这个角就是$\angle MAN$和$\angle ABF$. 因为$\angle MAB=\angle NAC=90°$，所以$\angle MAN+\angle BAC=180°$. 因为$\triangle BDF\cong\triangle CDA$，所以$\angle F=\angle DAC$，所以$BF/\!/AC$，所以$\angle FBA+\angle BAC=180°$，所以$\angle MAN=\angle ABF$. 现在判定两个三角形全等的三个条件都有了，数量上的2倍关系也就解决了.（从“AAS”“ASA”角度分析留给大家思考）

第二类关系是位置关系.

平面内两条直线的特殊位置关系包括平行和垂直. 观察题目所给图形，像是垂直. 如图5-32，延长DA与MN交于点E，只要证明$\angle AEM=90°$即可. 作$BG\perp AD$于点G，可转化为证明$\triangle BAG\cong\triangle AME$. 现有$AB=AM$，可以推出$\angle MAE=\angle ABG$，再证出$BG=AE$即可，这个条件可以通过证明$\triangle BFG\cong\triangle ANE$获得.（具体过程大家可以尝试完成）

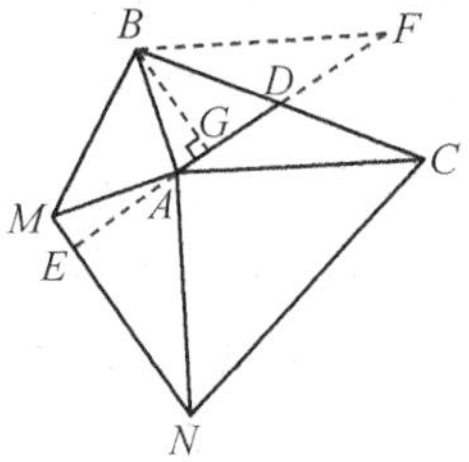

图 5-32

至此问题得以解决. 在研究本题的过程中我有以下收获：对于一般难度的题目，我们从已知条件出发就可以找到答案，这叫“执因索果”；但对于一些难题，我们可以从结论出发，根据结论寻找条件，再结合之前学过的知识和数学思想方法分析问题，并予以解决，这叫“执果索因”. 其实我们还可以将以上两种方法结合起来使用，通常会更快地找到问题的破解之道.

点评：作者善于钻研，对一道数学期末考试试题进行了深入的研究和思考. 通过研究本题，他深刻地体会到分类讨论等数学思想的价值，并总结出分析数学问题的基本方法，如“执因索果”“执果索因”及两者相结合等. 这些方法也是数学家常用的思考和分析数学问题的方法. 相信他的相关思考会促进其进步，也会给读者带来共鸣.

三、对学习材料的反思

学习材料包括教材、教辅资料等. 这些材料是学生数学学习的重要资源，学生常常会在研究的基础上对这些资源的内容、编排顺序等进行反思，也会提出自己的观点，并通过数学写作的方式加以表达，这里面不乏独立思考和批判性思维的火花. 我们从这类反思性写作中可以了解到学生对这些学习材料的认识和理解情况.

数学教材学习的顺序是编写者精心安排的,符合学生的认知规律.

案例30 勾股定理与平方根运算的顺序问题

在学完勾股定理之后,我们学习了平方根.然而,平方根一定要在勾股定理之后学吗?我查阅了其他版本的教材和一些教辅资料,发现绝大多数都是先学平方根,再学勾股定理,这两者有什么区别吗?

先学平方根,再学勾股定理:这样在已知直角三角形和两条边的情况下,就不会出现列出方程而不会解的尴尬情况,通过勾股定理得到代数关系后,就可以直接通过算术平方根求出结果.同时,在编制勾股定理的应用题时,老师也不用刻意地去想勾股数了,可以把题目出得更多样化.

先学勾股定理,再学平方根:这样在学平方根时我们就不仅仅想要去学一种与平方互逆的运算了,而是在运用勾股定理时,有些无法求的平方根,我们想要找一种新的表示方法.同时,由于先学了勾股定理,我们能更好地厘清平方根与算术平方根之间的联系.

所以这两种编排顺序各有优缺点,我的观点是两种编排顺序都可以接受.然而对一些涉及推理的内容,比如线段和三角形等内容的编排顺序是绝对不能颠倒的,因为它们之间有先后推导关系,否则就会出现“先穿鞋子后穿袜子”的现象.

点评:胡适说:“读书要在无疑处生疑.”作者对使用的数学教材的编排顺序加以研究与反思,查阅了一些其他版本的教材,发现哪个内容在前并没有统一的结论.随后作者根据自己的思考对两种编排顺序的优缺点进行了分析,得出结论:两种编排顺序均可接受.作者在最后提醒读者,有些内容是不能随意调换顺序的,比如涉及推理顺序的内容就需要按照公理化的思想加以编排.

第三节　对自身学习情况的反思

学生的学习过程不仅包括新知的接受与理解、问题的解决与反思，还包括在学习过程中对自身学习情况的反思. 只有清醒地认识自身的学习状态，不断调整与改进，才能使学习事半功倍.

一、学习方法反思

（一）数学笔记

数学笔记是数学学习的见证，是对学习过程的记录，也是学生后续复习的重要资料和反思自身学习情况的重要素材. 认真做好数学笔记对学生的数学学习可以产生正向的作用.

案例 31　读书笔记正确做，预习复习好处多

每天清晨，我总会看到一个熟悉的身影坐在教室的角落里“啃”书，这就是胡老师. 每次晨读，他总会抱着一本比自己手掌还大的书，站在教室后一个小地方专心致志地读. 有次我路过偷偷看了一眼，发现这本书少说也有 700 多页，令我惊讶的是其中那密密麻麻的读书笔记.

是的，现在做笔记的学生并不多，但这并不意味着读书笔记不重要，其实读书笔记是我们的财富，笔记除了总结归纳某一阶段的学习成果外，还有着许多其他作用. 大多喜欢做笔记的同学会比不做笔记的同学逻辑思维更敏捷，能灵活运用三色笔、书写格式工整的同学更是如此，并且记笔记也有助于我们理解知识，提高后续复习的效率.

都说“好记性不如烂笔头”，因此，不仅在数学方面，在其他学科的学习中，我们都应该认真做好读书笔记，这样才有利于我们的学习.

点评： 作者介绍自己看到老师阅读时所做的笔记，由此联想到自己的学习也要做笔记，并谈了做笔记的方法及其对学习的好处，做笔记可以促进知识的理解，利于复习.

（二）合作学习

小组合作学习是一种新的学习方式，通过小组合作学习，同学们互相分享观点与方法，思维碰撞，可以提升学生的学习能力，促进全组学生共同进步.

案例 32　合作学习对数学学习的重要性

学习能够让我们获取知识，还能点亮心中的明灯，激发我们前进. 但如何才能学会学习呢？学习不仅要保持对学习的兴趣，掌握科学的学习方法，还要能吸收采纳别人的建议.

数学是一门深奥的学科，有的题目可以一题多解，部分学生会考虑问题不严谨、不周全. 古人云："独学则无友，则孤陋而寡闻."我们可以与同学合作学习，在讨论交流中解决学习中遇到的困难. 这样既能减轻每个同学的负担，也可以共同钻研学习，找到更多的方法，这就是小组合作学习的重要性. 在学习中，我们可以相互传授经验，互相取长补短，共同进步.

所以，我认为合作学习对数学学习十分重要.

点评：合作是 21 世纪公民必备的素养，交流是学习的一种重要方式，可以加深对知识的理解、产生新的想法. 作者结合自身经历加以反思，指出合作学习成就自我的同时也帮助了他人，可谓一举两得.

（三）解题方法

学生的数学学习都离不开问题解决，每一个问题的解决都有对应的途径与方法，对方法的总结与反思是数学写作的重要素材.

案例 33　几何方法一定比代数方法简单吗？

对于一些综合性较强的数学问题，往往可以使用代数方法和几何方法求解. 一些同学认为几何方法比代数方法简单，而我却不这么认为. 初二时，或多或少厌倦了代数方法的烦琐，憧憬着学到相似三角形的那一天，用几何方法解决问题. 然而真正学了相似三角形之后，我发现还是要根据题目的特点选择方法，有些时候代数方法也会是捷径. 代数方法的优势主要有以下几个方面：当题目的图不是十分精准，无法看出几何关系时，我们可以考虑找出蕴含其中的代数关系；一道题有多个问题，用几何方法要画多个图形，比较麻烦，仅用一个代数关系便能够做到以不变应万变，求出问题的答案. 可见，任何问题都不能绝对化，至于选用哪种方法解决问题，还要具体问题具体分析，根据题目的特点选用合适的方法.

点评：在初中阶段，随着知识的积累，一些问题的解决方案不再唯一，一些综合性问题可以用几何知识解决，也可以用代数知识解决，通常是"两条腿"都能走路. 作者在文章中生动地写出了在初二时渴望学习相似三角形知识，迫切希望用相似三角形的性质解决问题，但是后来却发现并非如此，解决问题并没有标准的方法，需要结合题目的特点选择恰当的方法.

案例 34 从角的表示方法说开去

每次做证明题时我总会遇到一点“麻烦”，那便是在证明题中我总是会用原题所给的字母如$\angle ABC$，$\angle ACB$这样去标记角并解题. 虽然每次写完都会有一种成就感，但随之而来的问题是，当我做错需要订正时，我会对自己的烦琐的过程感到害怕，也丝毫没有了订正的欲望.

追求简洁是数学的精神之一，因此老师建议我们用一个数字或一个希腊字母表示单一角，这样既省力又易懂. 在做数学题时要学会将过程最简化. 举个例子，每次上数学课遇到与证明相关的问题时，我都格外认真地看着老师在黑板上将$\angle ABC$，$\angle ACB$分别标上$\angle 1$，$\angle 2$，因为一旦不注意，等写到最关键的步骤时，还得对着字母找图上的角呢，所以我们要遵循追求简洁的精神，主动使用一些简便的方法，这样可以帮助我们更高效地学习数学.

点评：角的表示方法是一个比较简单的内容，作者却从中体会到不同表示方法带来的不同效果，最后上升到数学求简精神的高度，小中见大，体现出作者对数学的思想、方法和精神的深刻领悟.

案例 35 要主动使用新知识解决问题

本周，我们学习了与线段、角的轴对称性相关的四条定理. 其中两条是关于线段轴对称性的，两条是关于角的轴对称性的. 做有关线段的轴对称性的问题时，看到“垂直平分线”就立刻想到这条垂直平分线上的点到线段两端的距离相等，反过来也一样. 做有关角的轴对称性的题时，看到“角平分线”就想到这条角平分线上的点到角两边的距离相等，反过来也一样. 做熟练后竟形成了“条件反射”，只要这么一想总能找到正确思路，这种感觉很舒服. 可是也有例外，有时要求两条线段或两个角相等，我总是先想到用全等三角形来证明. 实际上，用新学的轴对称性来做会更简便. 由此我认识到解决问题时要善于运用新学的知识.

点评：知识的学习、理解和应用需要一个过程，学生对新学习的知识开始较为陌生，应用也不太熟练. 作者针对这一现象提出建议，要大胆、主动地运用新知识解决问题，因为使用新知识会给解决问题带来便捷.

案例36　浅谈解题要点

今天，我要谈一谈做数学题的一些注意点.

① 仔细读题：在做题前一定要仔细读题，把关键的条件圈画出来，有时条件很长，我们就要从中找出关键信息，去除无用信息.

② 对于有多个问题的大题，要联系上面的小题，因为上下两小题之间总是有联系的，要么提供结论，要么提供思路，我们在做题时要善于运用上一问得出的结论.

③ 在做几何题时，要寻找复杂图形中包含的基本图形，这有助于我们使用基本图形中的相关结论，快速解决问题.

④ 在做题时我们要大胆引入未知数，并去找等量关系，这样我们就可以用方程来解题了.

⑤ 做完题之后要检查.

点评：美国数学教育家G.波利亚在《怎样解题》一书中指出解决数学问题通常包括四步：审题、制订方案、实施方案、检查. 作者结合自身的数学学习经验给出五条做数学题的建议，每一条建议都凝聚了作者的思考，是对解题的反思和提炼. 相信这样的反思，一定会帮助作者取得丰硕的成果.

案例37　严谨的数学

从小学到现在，我学过的所有学科中，最严谨的就是数学.

我上小学的时候，答句总是不写完整，常常被扣分，当时不知道为什么一定要写完整，不写完整读上去也能讲通呀！如今上了初中，我就明白当初为什么被扣分了. 例如，一个题的问句是：小明买了几千克肉？答：小明买了1千克. 这就是一个有漏洞的答句，如果不加上“肉”这个字，这个答句就可以被看成一个错的答句，老师也有充分的理由把答句的分扣掉.

点评：抽象性、严谨性和应用的广泛性是数学的三大基本特征. 作者进入初中后，对数学的严谨性有了更为深刻的认识，并以答句的完整性为例向读者解释为什么少了一个“肉”字是不严谨的. 相信经过这样的反思，作者今后做事一定会更加严谨规范、一丝不苟.

案例38　对解数学题的六点看法

回想自己的学习过程，有以下六点经验：① 上课的时候一定要认真听，不然，在写作业的时候就会有很多不会做的题，会浪费很多时间；② 在写作业前最好先回顾当天所学的内容；③ 在写作业时要认真审题，以免写错后再去订正；④ 有不会做的题很正常，我们应当多思考，试着把它写出来，如果实在不会就去问老师或同学，总之要把它学会；⑤ 老师批改作业后，要认真订正和整理错题；⑥ 要把重点题型记在笔记本上，这样方便日后复习. 我认为这六点中最重要的就是写错题集，如果错过的题不去搞懂，那么做数学题的意义也就没有了.

点评：解题是数学学习的一项重要内容，如何才能把解题做得更加出色、更加富有实效呢？作者反思自己的解题，总结出六条经验. 我们可以看出这六条经验很在理，而且这六条经验是按照时间顺序写的，可见作者逻辑清晰.

（四）学习状态

对学习状态的及时反思有助于学生及时调整学习状态，提高学习效率.

案例 39　反思与改进

在开学的这几天里，我发现自己的学习有许多需要改进的地方.

在审题方面要加强，例如在画轴对称图形的对称轴时，我按照以往的思维将对称轴画成点划线，后来我发现对称轴的定义是一条直线，而不是点划线，所以说做事不能完全根据以往的经验，要先认真思考，仔细观察，阅读相关资料后再做出最终判断.

本周五，我上台为同学们讲解一道题目，本以为简要地讲一下解题思路，大家就能听懂了，但最后只有少数几个同学听懂了. 对此，我开始反思，回忆我上课的样子，发现讲题的时候，我总是挡住一部分屏幕，导致一些同学因为没有看到关键部分而听不懂. 我准备下一次讲题的时候侧着身子，讲的时候要换边站，不然有一侧的人会看不到，不能讲得太快，要把每一步都讲清楚. 另外，在讲题的时候还可以运用比喻等方法，让语言更生动，也能使同学们记得更牢固，更好地理解我所讲的内容.

点评：作者对自己过去一周的学习情况进行了反思，并在此基础上提出可行的改进方案. 最为生动有趣的是介绍自己为同学们讲题的场景，体现了作者心中有他人、善于换位思考的良好品质.

二、与考试相关的反思

（一）期中考试反思

期中考试是对学生半个学期学习情况的检测，学生在考试后会结合自己的考试情况对自己的学习情况加以反思，找出问题并加以改进.

案例40 反思

转眼间这学期已经过去一半了，周一、周二进行了期中考试. 通过这半个学期的学习，我发现自己最大的问题是做题慢. 同样的时间里，我的同桌做得很快. 我问他怎么做得那么快，他说他先跳过难题. 我也跳过了，怎么没用？我想是因为他做过的题多，比较熟练. 胡老师说过做题要善于联系，看到一个知识点就要联想到与之相关的内容，那自然而然就快了. 我认为以后要多画知识树，把一个知识点又深又广地发散出去. 许多知识点归根到底本质是一样的，我相信我以后会做得更快.

在钻研难题方面，我与优秀的同学也存在差距. 一张周三下发的试卷，我居然心安理得地把它放到了周五，居然能吃下饭、睡得着. 王国维曾说过学习的三重境界，第二重是"衣带渐宽终不悔，为伊消得人憔悴". 我并没有做到，没有前两重的铺垫，我怎么能"众里寻他千百度，蓦然回首，那人却在灯火阑珊处"呢？

点评：作者对自己数学期中考试情况进行了反思，提到自己做题速度偏慢，向做题速度快的同学请教，得到的答案是考试时遇到难题先跳过，平时多积累，对于已知条件要善于联想和发散. 作者对自己在钻研难题方面也进行了自我批评，我们可以看到作者有着极强的上进心，明白学习需要钻研精神. 作者结合自己的情况进行深入和理性的反思，真情实感充斥于字里行间.

（二）期末考试反思

案例41 考试总结与反思

我这次数学期末考试成绩和以前相比有不少进步. 我分析自己进步的原因有以下几点：① 每天的作业认真订正；② 遇到不会的问题主动问同学；③ 做一些自我提高的挑战题；④ 上课认真听讲.

当然我还有很多不足：这次考试有一道"化简求值"题，我在化简时写错了. 后来我找出草稿纸，反复看了才找到原因，我对$-\frac{3}{\sqrt{3}}$去分母时出错了. 教训是：① 写草稿要整齐；② 心思要缜密，写过后要在脑中反思一下；③ 有难度的大题我大多数做不出来，因为平时练得少、钻研精神不足、不能长时间专注地思考，考试时心态不好，看到稍微复杂一点的问题就认为自己做不出来，还没开始写，心中已经打退堂鼓了.

综上所述，学习重在平时的细节之处，应该做对的要一个不漏地做对，考试时要专注，要有直面困难、迎难而上的勇气和决心.

点评：这篇反思从进步的经验和存在的不足两个方面撰写，对自己前一段时间的数学学习的认识很到位，对于错误的地方认真寻找原因. 文章记录了自己把考试用的草稿纸找出来分析错误原因的细节，认识到草稿纸要认真书写，因为它也是宝贵的学习资源. 最后作者提到做数学题要专注，要有迎难而上的勇气和决心，这些都体现了作者拥有积极向上的学习态度，这样的反思对他后续的数学学习是很有价值的.

案例42　考试分析

俗话说，失败乃成功之母. 但要想成功，光失败还不行，还需要反省. 所以，每次考完试的反思就必不可少了. 这次我数学成绩是 84 分，不高. 分析发现大部分失分都是在一些难题上，因为我的思维总是转不过弯来. 要解决这类问题也不难，就是要多做题，多思考，在做题和思考中总结提炼方法，等难题做多了，方法练透了，量变引起质变，成绩自然而然会有所提高. 当然还存在一些老生常谈的问题，比如粗心、没审清题、书写马虎等. 我要努力改正这些缺点，争取下一次考出更好的成绩. 于是，我制订了一套计划，为下次考试做准备. 下面是计划的具体内容：① 每天做一道提优题，先批改后订正；② 整理错题，把错题中还不会的题列为重点练习对象；③ 提升做作业的速度，腾出时间来预习和复习；④ 时刻保持自信，但不能自负；⑤ 要坚持按照上述四个计划去做. 只要认真执行这些计划，下次考试肯定能取得进步.

期末考试我发现自己的最大问题是不会做难题. 经过分析，我终于找到了解决这个问题的几个方法.

首先，要有钻研精神. 因为努力钻研可以提高专注力，做题速度自然就能变快.

其次，不懂就问. 在自己独立钻研后，请别人帮助自己解答难题，为自己多积累新的解题思路和方法.

最后，在考试中，遇到难题不要慌，先把会的题做完，再去思考不会的题.

坚持这样做，我相信自己做难题的能力一定会提高.

点评：作者通过对自己数学考试的剖析，发现自己对于压轴题的解决能力有所欠缺. 针对这个薄弱点，作者制订了清晰的计划，包括多钻研、多请教、多整理等. 总体来看，作者对自己的数学学习抱有极大的自信心，并没有因为难题解答不理想而产生消极思想，而是主动寻找解决问题的方法，很好地体现了“多为成功想方法，莫为失败找理由”的做法.

案例 43　对数学试卷上错题的反思

在考试的时候，我有两个主要的失分原因——粗心和不会. 目前，我们学的内容还算简单，所以因不会而失掉的分不会太多. 就我目前的情况来看，只要不粗心，都能获得优秀. 以下是我在日常学习中粗心的表现：在考试时胸有成竹地写上答案，以为是正确的，可是考完后看到试卷，原本以为全对的题目，因为我的粗心而产生了或多或少的丢分，再加上不会的题，就和高分无缘了. 粗心有以下几个方面的原因：① 态度不够端正，做题时很随意，一遇到简单的题就不认真对待；② 眼高手低，未思考明白，就开始下笔；③ 打草稿时，十分杂乱，这里一笔，那里一笔，毫无规范；④ 审题不认真，有时答非所问；⑤ 写完一题后，不回头检查；⑥ 不注意细节，有时会忘记化简等. 仅知道粗心的原因是不够的，还要有改正的方法：① 圈出关键词；② 考试时留出时间检查；③ 考前告诉自己，要认真对待每一道题.

点评：作者结合考试找到自己失分的两个原因——做题粗心和难题不会做，并重点介绍了粗心的原因及改掉粗心这个毛病的对策，反思深刻，对后续学习具有一定的帮助.

学生的反思性数学写作十分丰富，有的是解决问题并分析论证自己的答案，有的是对现有的成果加以分析论证，还有的是对自己数学学习情况的反思. 学生在反思性数学写作中表现出较强的批判性思维，有的是对自己的分析思路和解题过程的批判，有的是对现有成果或结论进行批判，也有的是对自己的数学学习或数学考试进行自我批判，并寻找解决问题的策略. 反思性数学写作在培养学生的钻研精神、批判性思维、理性精神等方面具有重要的意义和价值.

第六章 创造性数学写作

当前，培养拔尖创新型人才已经成为全社会的普遍共识. 荷兰数学教育家弗赖登塔尔(H. Freudenthal，1905—1990)提出数学学习应当遵循“再发现”和“再创造”的原则. 数学写作是培养学生创新能力的重要手段，学生的创造性写作包括提出原创性问题、产生原创性解决方案、发现数学结论和记录原初性想法四类. 本章将结合具体案例对上述四类创造性写作加以阐释.

第一节 提出原创性问题

学生在数学学习的过程中，受学习内容的启发进行独立思考，经常会提出一些原创性的问题，并尝试对其加以研究，体验并经历像数学家一样思考问题的过程. 对于这类数学写作成果，教师要在学生现有知识储备的基础上发现学生作品中提出的具有原创性的问题，并给予鼓励. 这样将会营造一种鼓励和重视创新的氛围，激励更多的学生尝试提出原创性问题. 长此以往，学生的创新意识和创新能力就会得到发展与提升.

一、数与代数

(一) 公式之思

案例1 方差计算中为何取每个数与平均数的差的平方而不取绝对值?

这周，我们学习了方差，这是一个描述数据离散程度的量，能够较为精确地反映一组数据相对于平均数的偏差情况. 对于方差的计算过程，我有一个疑问，为了避免数据抵消，倒数第二步对每个数据与平均数的差进行平方运算或取绝对值均可以，但是为什么选用平方而不取绝对值呢?

通过思考，我终于明白了其中的道理，下面举例说明. 有两组数据：甲组为7，7，−7，−7；乙组为10，4，−10，−4. 通过计算得出甲组和乙组的平均数都为0，通过绝对值计算出甲组和乙组的方差都为7，不能区分两组数据的离散程度，所以不使用绝对值计算的第一个原因就是绝对值有弊端. 第二个原因是平方可以扩大离散程度，有助于我们更清晰地看出数据的波动情况，而绝对值在这方面就显得相对薄弱了. 从这两方面考虑，在求出每个数据与平均数的差之后，应当选择平方来进行后续的计算.

点评：方差计算比较复杂，步骤繁多，学生需要对这个统计量的本质透彻理解才能掌握. 方差的每一步计算都是有数学原理支撑的，第一步是计算所有数据的平均数，这一步的目的是找出这组数据的基准线；第二步是将每一个数据与平均数作差，算出每个数据与平均数的差；第三步将这些差平方；第四步是计算这些平方的平均数. 作者在学习方差时对第三步产生疑问，取绝对值也可以避免正负抵消，为何不取绝对值呢？这是一个原创性问题. 在提出问题之后，作者持续思考，举出两组数据说明取平方而非取绝对值的原因. 从这篇文章可以看出作者经历了独立思考、发现与提出问题、分析与解决问题的过程，像数学家一样思考的过程将会给作者后续学习产生深远的影响.

（二）计算之理

案例2　90°角的正切值是多少?

正切的含义是“在 Rt$\triangle ABC$ 中，锐角 A 的对边与邻边的比值”. 在课上老师用“立杆见影”的例子来帮助我们学习正切，使用控制变量法从一开始固定角度，变杆长，再到固定杆长，变角度，最后总结得出正切的定义.

在探究了锐角的正切函数值后我想 tan90°是多少呢？根据定义它应当是无穷大，而有人说不存在，为什么不存在呢？无穷大是不存在吗？

点评：在教学正切概念时，我设计了直角三角形中一个锐角与杆和影之比的问题串引导学生探究正切的定义. 作者在研究定义的过程中提出新的问题：根据实验发现，锐角越大其对边与邻边的比值越大，那么 90°角的正切值是无穷大吗？当有人说 90°角的正切值不存在时，作者再次提出问题：无穷大是不存在吗？可见探究式的教学过程可以促进学生深入思考并提出新的问题.

案例3 解题中如何避免"恒等式"?

在解题时遇到"恒等式"是极其麻烦的事,我们花了很大的精力列出方程,最终却只得到恒等式,这会浪费时间.为此我对其进行了一番研究.

为什么会出现恒等式?

我们知道,方程的解是确定的,这个解对应的量肯定是确定的,如果设的不是一个固定的量,就解不出来.例如,线段 AB 长为 1,AB 上有一个点 C,于是设 $AC=x$,列出 $1-x+x=1$,那肯定是个恒等式.哪些情况下会出现恒等式?我觉得最常见的情况就是重复使用同一个条件.例如,在一道题目中,给出了一个条件"某角是 $45°$",用三角函数与勾股定理列出方程,再用等腰三角形(三个角分别为 $45°$、$90°$、$45°$)作为等量关系,大概率会得到恒等式.

如何避免出现恒等式?

第一,不能重复使用同一个条件列方程.第二,控制引入未知数的个数,尽量让未知数的个数在两个及以内,若设三个以上的未知数,反而会增加出现恒等式的概率.第三,列方程时要检查题干中的条件有没有用完,若题目有条件没用,也有可能出现恒等式.

点评: 方程是解决问题的重要工具,学生进入初中之后,代数思维逐渐取代算术思维,在解决问题的过程中自然会想到利用方程这个工具,但是常常会出现列出方程化简后是恒等式的现象.作者发现这一现象并提出问题:为何会出现恒等式?如何避免这种现象发生?对于这两个问题,作者也给出了自己的答案.答案是否正确有待商榷,但作者在别人无疑问之处提出原创性问题是值得肯定的.

(三)代数之妙

字母表示数给数学的发展插上了翅膀,许多结论的发现与证明都与字母表示数密切相关.我在教学这一内容时将代数的发展历程、修辞代数、缩略代数和符号代数融入教学,并介绍了法国数学家韦达大量引入字母表示数发现了许多定理的故事.学生在学习字母表示数之后对此产生了兴趣,经常用数字发现规律,用字母加以证明,提出了许多原创性问题.

案例4 新发现

闲暇之余,我总是禁不住遐想.这一次遐想就碰撞出了思维的火花.我的发现是这样的:$1\div1=1$,$(1+2)\div2=1.5$,$(1+2+3)\div3=2$……我发现后一个式子的结果总是比前一个式子的结果多 0.5.这是为什么呢?

我先用字母表示前后两个数，由高斯公式得出 $1+2+3+\cdots+(n-1)=\frac{n(n-1)}{2}$，除以项数 $n-1$，得到 $\frac{n}{2}$. 同样地，$1+2+3+\cdots+n=\frac{n(n+1)}{2}$，除以项数 n，得到 $\frac{n+1}{2}$，$\frac{n+1}{2}-\frac{n}{2}=0.5$. 这样就证明了我的发现是正确的. 原来这微不足道的小问题里藏着大学问，这个证明多亏了用字母表示数.

点评： 法国数学家韦达因为大量引入字母表示数，发现并证明了许多新的定理. 在学习了代数式之后作者也体会到了韦达的乐趣，从具体数字的研究中发现规律，提出猜想，引入字母加以验证，这种像数学家一样研究问题的乐趣让作者深刻体会到了字母表示数的价值.

案例 5　神奇的发现

今天我有一个神奇的发现，平面上有 3 个点，最多可以画出 3 条线段；平面上有 4 个点，最多可以画出 6 条线段；平面上有 5 个点，最多可以画出 10 条线段；平面上有 6 个点，最多可以画出 15 条线段. 我用字母表示这个发现：平面上有 n 个点，最多可以画出 $[1+2+\cdots+(n-1)]$ 条线段，即过平面上 n 个点最多可以画出 $\frac{n^2-n}{2}$ 条线段. 不信你试一试，平面上有 10 个点，那最多应该可以画出 45 条线段. 在草稿纸上画出图形，可验证上述猜想正确. 这个发现的神奇之处并不在于它的公式，而在于它融合了初一学期第二、三、四、六章的知识，增强了我的综合能力.

点评： 作者按照从特殊到一般的路径，发现并提出一个规律，体会到这一问题的解决融合了代数式、图形等知识，以及知识综合的神奇效果，表明自己在发现和验证这个规律的过程中提升了综合运用知识解决问题的能力.

案例 6　美妙的开方运算

$8\times8=4\times4\times4$. 一看到这个等式，我就被它深深地吸引了. 一个数的算术平方根和立方根都是整数，这是巧合还是其中蕴含着某种规律呢？不妨将问题一般化. 假设 x^3（x 为正整数）是某个整数的平方，则 x^3 就是一个既有整数立方根又有整数算术平方根的数. 如果 x^3 等于某个数的平方，那么这个数是多少呢？我们可以算出这个数是 $\sqrt{x^3}$. 根据分数指数幂的知识，就是 $x^{\frac{3}{2}}$，所以这个数就是 x 再乘上它的平方根. 例如：$9\times9\times9=(9\times\sqrt{9})\times(9\times\sqrt{9})=27\times27=729$，$16\times16\times16=(16\times\sqrt{16})\times(16\times\sqrt{16})=64\times64=4\ 096$. 我们再将问题一般化，就可以得到：$x^3=(x\cdot\sqrt{x})(x\cdot\sqrt{x})$. 通过这次探索，我感受到了开方运算的美妙.

点评： 作者在观察式子时产生想法，提出一个原创性问题，最后用字母表示出一般规律，体会到开方运算的美妙.

（四）方程新解

案例 7　一元二次方程的新解法

课本上介绍了用二次函数图像求一元二次方程近似解的方法. 我一开始对这个方法不屑一顾，心想已经掌握了一元二次方程的求根公式，就无须再用图像法求近似解. 此时我心中产生一个疑问，学习这种解法的意义究竟何在？

深入思考发现，这种方法也有它存在的价值. 比如，在解更高次的方程时，我们没有掌握求根公式，图像法就不失为一种好方法. 如求方程 $x^4+x^3+2x+1=0$ 的根，我们没有求根公式，因此无法使用公式法求解，但是我们可以用描点法画出函数 $y=x^4+x^3+2x+1$ 的大致图像，根据图像可以获得这个方程的近似解. 由此图像法解方程的意义可见一斑.

点评： 作者在学习用图像法求一元二次方程近似解的内容时认为这是一种毫无意义的方法，并提出学习这种解法有何意义的问题. 随后介绍了自己对这个问题的阐释，认为学习这种方法的目的是类比解一元二次方程来解更高次方程. 不得不说作者的想法是有一定道理的.

案例 8　解分式方程是否必须要写检验过程①

最近我们学习了分式方程的相关知识，给我印象最深的是与前面学习的解一元一次方程和二元一次方程组相比，解分式方程时必须有检验这一步骤，这到底是为什么呢？我带着这个疑问思考了许久. 教材用一个例子告诉我们，解分式方程会产生增根，所以要检验. 我又开始思考解分式方程为何会产生增根. 想了好久也没弄明白，然后我向老师请教了这个问题. 老师告诉我说："我们在解分式方程时是将其转化为整式方程，在转化的过程中扩大了未知数的范围，求出的未知数的值满足整式方程，未必满足原来的分式方程，所以解分式方程必须写检验这个步骤."

① 朱馨怡，胡永强. 解分式方程是否必须要写检验过程[J]. 中学生数学，2022(14)：31－32.

听了老师的解释，我对分式方程产生了浓厚的兴趣，于是我在老师的帮助下开始寻找并阅读与分式方程相关的资料.我发现，和整式方程相比，分式方程的出现要晚很多，直到公元 13 世纪才在我国数学家李冶的《测圆海镜》中找到一些分式方程的例子.在西方，最早研究分式方程解法的是 18 世纪英国盲人数学家、剑桥大学卢卡斯数学教授尼古拉斯·桑德森.有趣的是，这位数学教授在解分式方程时非但没有产生增根反而失去了一个根.他在《代数基础》一书中给出了分式方程$\frac{42x}{x-2}=\frac{35x}{x-3}$的解法.第一步是在方程两边同时除以 x，得到$\frac{42}{x-2}=\frac{35}{x-3}$，再进一步解出 $x=8$.由此可见，这位大名鼎鼎的数学家在解分式方程的过程中，没有意识到“在方程两边同时除以 x”这步变形会使原方程失去一个根.无独有偶，从 1850 年左右开始，西方许多代数书中出现了分式方程的内容.值得一提的是，那些书的作者对解分式方程中出现的“增根”和“失根”现象都视而不见.①这让我更加深刻地理解老子讲过的一句名言——始生之物，其形必陋.我们在学习某个新的数学知识的过程中往往会犯下这样或那样的错误，这并不可怕，只要我们大胆思考、小心检验、不断修正，就会在数学学习过程中阔步前行、不断进取.

1880 年左右，西方一场关于“零能否作为除数”问题的大讨论促进了分式方程的发展，数学家们开始将分式方程作为一个专门的课题来研究.我通过阅读资料发现解分式方程也并非一定要检验.比如，1899 年美国数学家费舍(Fisher G E)和施瓦特(Schwatt I J)在他们的代数课本中给出了一种不会出现增根和失根的方法.他们将分式方程的一边化为零，另一边通分，并化为最简分式，于是得到原方程的同解方程，进而求出方程的解.②例如：

解方程$\frac{6}{x^2-1}-\frac{3}{x-1}=1$.

解　$\frac{6}{x^2-1}-\frac{3}{x-1}-1=0$，

$\frac{6-3(x+1)-(x^2-1)}{(x+1)(x-1)}=0$，

① 洪燕君，顾海萍.“可化为一元一次方程的分式方程”：按五项原则融入数学史[J].教育研究与评论(中学教育教学版)，2015(1)：42－46.

② Fisher G E, Schwatt L J. Elements of Algebra with Exercises[M]. Philadelphia, 1899: 180－182.

$$\frac{(x+4)(x-1)}{(x+1)(x-1)}=0,$$

$$\frac{x+4}{x+1}=0,$$

$$x+4=0,$$

$$x=-4.$$

我发现解题过程中第四步，作者在没有讨论“$x-1$”这个式子是否为零的情况下，就在方程左边分式的分子和分母中同时除以式子“$x-1$”.我一开始觉得这两位数学家犯了和桑德森教授一样的错误，就欣喜地将自己的发现告诉老师.老师听了我的想法后，首先表扬我爱思考、敢于发表自己的见解，然后他让我再仔细思考这个步骤，对比并寻找这两位数学家的解法与桑德森教授的解法的不同之处.在老师的提示下，我发现费舍和施瓦特在第四步中除以的式子“$x-1$”是原方程分母中含有的因式，由此可以挖掘出一个隐含条件“$x-1\neq 0$”.这样看来这两位数学家的第四步变形是没有问题的，这种解法有效地避开了解分式方程时会出现增根和失根的问题，因而无须对结果进行检验.这让我明白了读书一方面要敢于大胆质疑，但也不能以自己不成熟的想法揣测前人的成果，深入思考很重要.

通过阅读我发现，目前我们使用的教材中给出的解分式方程的去分母方法是1882年美国奥里佛(Oliver J E)、威特(Wait L A)和琼斯(Jones G W)三位数学教授在他们合著的《代数》一书中给出的方法，也即将分式方程转化为整式方程的方法.①仍以上面的一题为例，此法的解题过程如下：

解方程$\frac{6}{x^2-1}-\frac{3}{x-1}=1$.

解 原方程可变形为$\frac{6}{(x+1)(x-1)}-\frac{3}{x-1}=1$.

方程两边同时乘$(x+1)(x-1)$，得$6-3(x+1)=(x+1)(x-1)$.

整理，得$x^2+3x-4=0$.

解这个方程，得$x_1=1$，$x_2=-4$.

检验：当$x=1$时，$(x+1)(x-1)=0$，因此$x=1$不是原分式方程的解；

当$x=-4$时，$(x+1)(x-1)\neq 0$，因此$x=-4$是原分式方程的解.

所以，原分式方程的解是$x=-4$.

① Oliver J E, Wait L A, Jones G W. A Treatise on Algebra[M]. Ithaca: Dudley F. Finch,1887:285-287.

该方法在方程两边同时乘最简公分母后可以去掉所有的分母,但是这也在无形中扩大了未知数的取值范围,因此就有可能产生增根,所以必须对使用这种方法求得的根进行检验. 至此,解分式方程的历史终于有了完美的结局.

通过这次分式方程主题式阅读,我对分式方程的认识更加深入,同时也明白了许多道理. 只要我们在学习数学的过程中认真思考,就一定会产生许多疑问. 面对这些疑问,我们千万不要随意放弃,要带着疑问去学习或者请教老师,直到释疑为止. 对待疑问要有打破砂锅问到底的精神,而且在解决这些疑问后,最好能将这个过程记录下来并与他人分享,这样我们才会获得更大的进步和提升.

点评: 作者善于思考和提问. 在学习分式方程的解法时,她发现解分式方程的过程中必须要有检验步骤,而解一元一次方程和二元一次方程组就不必有检验步骤,这到底是为什么呢? 作者带着这个问题阅读了许多资料,在解决原有疑问的同时还有许多意外收获. 她发现历史上许多数学家也曾经在这个问题上犯过错误,并发现美国两位数学家费舍和施瓦特用通分的方法解分式方程不必写检验步骤. 这些很有意思的发现为我们提供了兼听则明的机会.

二、图形与几何

(一) 新定义

案例 9　海伦三角形

有没有三角形的三边长为连续整数,并且面积也为整数呢? 答案是有的,如边长为 3,4,5 的直角三角形就是这样的,但是除了直角三角形外还有没有其他的三角形呢?

查阅资料发现,这是一个非常古老的数学问题,这种三角形被称为海伦三角形. 这个问题对于我来说有点难,想要知道非直角三角形的面积,就要知道底边上的高,但是我又不知道,所以只能先求出一个能框住这个三角形的最小的长方形的面积,再依次减去多余的部分才可以求出三角形的面积. 根据我的计算可以得知以 13,14,15 为边长的三角形是海伦三角形. 我们知道以 13,14,15 为边长的三角形是锐角三角形,这时我又产生了一个新的疑问:在锐角三角形和直角三角形中都有海伦三角形,那么在钝角三角形中有海伦三角形吗?

点评: 作者提出有没有三边长为连续整数且面积也为整数的三角形的问

题.查阅资料后发现存在这样的三角形，在此基础上又产生新的问题：钝角三角形中有海伦三角形吗？这体现了作者善于思考、敢于提问.

（二）图形计算

案例 10　立体图形侧面展开问题

在初一与初二数学的学习中，常会遇到一类问题：求立体图形上一个点到另一个点的距离.在学习圆柱的时候，我们将圆柱压扁研究，在正方体与长方体中，我们将图形展开研究.

在学习了圆柱与圆锥之后，新问题便又产生了，将两个底面半径相等的圆锥与圆柱叠在一起，就可以构成一个类似于粮仓的结构，如图 6-1 所示.问圆柱上一点到圆锥上一点的最短距离应该如何求？

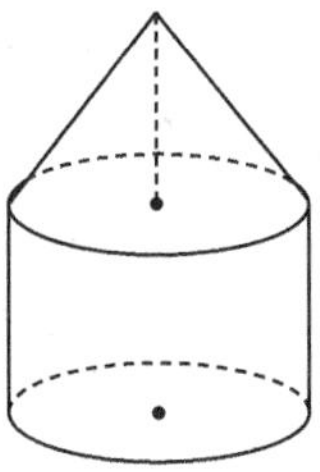

图 6-1

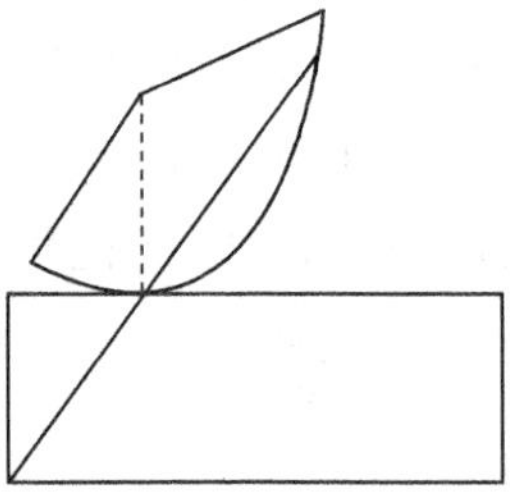

图 6-2

我们先将下面这个圆柱的侧面展开，如图 6-2 所示，使上面圆锥的展开图的圆弧与矩形的长边相切，并使切点经过所求两点的连线.这样一来，最短距离便可以通过展开图直观地表现出来，结合有关数据就可以计算出结果.

点评：提出问题的能力是评判一个学生学习能力强弱的重要指标.学生首先要有提出问题的意识，其次要掌握一些提出问题的策略.本文借助原有学习经验，采用类比的思想提出新的问题，并给出解决方案，体现出作者具有较强的提出数学问题的能力.

（三）正切函数表

案例 11　正切随想

学习了正切以后，我收获颇丰.正切的历史十分悠久.令我感到自豪和震惊的是，我国唐朝天文学家一行制作出世界上第一张正切函数表，表上不仅仅是数字，更是中国古代人民智慧的结晶.对此，我有个疑问，这张表是如何制作出来的呢？像 30°，45°，60°这些特殊角，我们可以轻松地算出它们的正切值，而其他度数的角的正切值如何计算呢?

对此,我想到与 $30°,45°,60°$ 相关的 $15°,22.5°$ 角,可以用转化思想来计算.先把 $15°$ 转化为 $30°$,把 $22.5°$ 转化为 $45°$,再引入字母,利用特殊的关系就可以把 $\tan15°$ 和 $\tan22.5°$ 的值算出来了.如此下去,可以获得越来越多的角的正切值.

点评: 作者在了解到历史上我国唐朝天文学家一行制作出世界上第一张正切函数表之后提出问题:这张表是如何制作的?受学习基础所限,对于这个问题,作者给出了自己的思考,先求出 $30°,45°,60°$ 这几个特殊角的正切值,再求出它们的一半的角度的正切值,如此下去,可以获得越来越多的正切值,表格也将会逐步丰富起来.作者的想法与古人有相通之处.

(四) 古今对照

案例12　欧几里得为何舍近求远?①

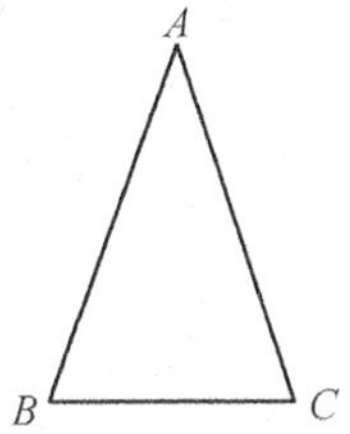

图 6-3

等腰三角形是一种轴对称图形,具有许多重要的性质,其中"等腰三角形的两底角相等"这条性质的证明方法十分丰富.教材中给出了3种证法.

如图6-3,在 $\triangle ABC$ 中,$AB=AC$,求证:$\angle B=\angle C$.

证法1　作顶角的平分线,用"SAS"证明.

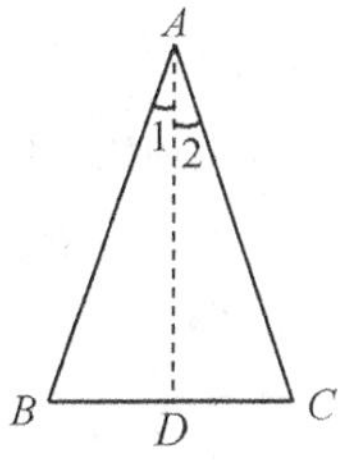

图 6-4

证明　如图6-4,作顶角的平分线 AD,所以 $\angle 1=\angle 2$.

在 $\triangle ABD$ 和 $\triangle ACD$ 中,$\begin{cases} AB=AC, \\ \angle 1=\angle 2, \\ AD=AD, \end{cases}$

所以 $\triangle ABD \cong \triangle ACD$,

所以 $\angle B=\angle C$.

证法2　如图6-5,作底边上的中线,用"SSS"证明.

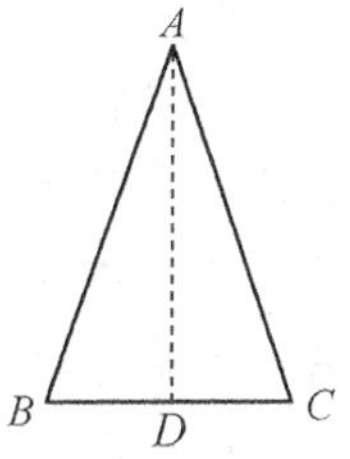

图 6-5

证明　如图6-5,作底边上的中线 AD,

所以 $BD=CD$.

在 $\triangle ABD$ 和 $\triangle ACD$ 中,$\begin{cases} AB=AC, \\ BD=CD, \\ AD=AD, \end{cases}$

所以 $\triangle ABD \cong \triangle ACD$,

① 金子轩,胡永强.欧几里得为何舍近求远?[J].中学生数学,2022(8):27－28.

所以$\angle B=\angle C$.

证法3 如图6-6,作底边上的高,用"HL"证明.

证明 如图6-6,作BC边上的高AD,

所以$\angle ADB=\angle ADC=90^{\circ}$.

在$\mathrm{Rt}\triangle ABD$和$\mathrm{Rt}\triangle ACD$中,$\begin{cases}AB=AC,\\AD=AD,\end{cases}$

所以$\mathrm{Rt}\triangle ABD\cong\mathrm{Rt}\triangle ACD$.

所以$\angle B=\angle C$.

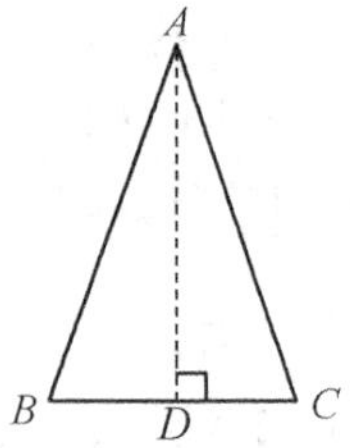

图6-6

这3种证明方法都如出一辙,我心中不禁思考,除此之外还有没有其他的证法呢?这时,我带着疑问翻开欧几里得的《几何原本》,在第一卷命题5我找到了欧几里得对本题所给出的证明.具体如下:

证法4 欧几里得的证法.①

证明 如图6-7,延长AB,AC分别得到BD,CE.在BD上取点F,在CE上取点G,使$BF=CG$.所以$AF=AG$.

连接CF和BG,在$\triangle CAF$和$\triangle BAG$中,$\begin{cases}AF=AG,\\\angle CAF=\angle BAG,\\AC=AB,\end{cases}$

所以$\triangle CAF\cong\triangle BAG$.

所以$\angle ABG=\angle ACF$,$CF=BG$,$\angle AFC=\angle AGB$.

又因为$BF=CG$,所以$\triangle CBF\cong\triangle BCG$.

所以$\angle BCG=\angle CBF$,$\angle BCF=\angle CBG$.

所以$\angle CBD=\angle BCE$.

又因为$\angle ABG=\angle ACF$,

所以$\angle ABG-\angle CBG=\angle ACF-\angle BCF$.

即$\angle ABC=\angle ACB$.

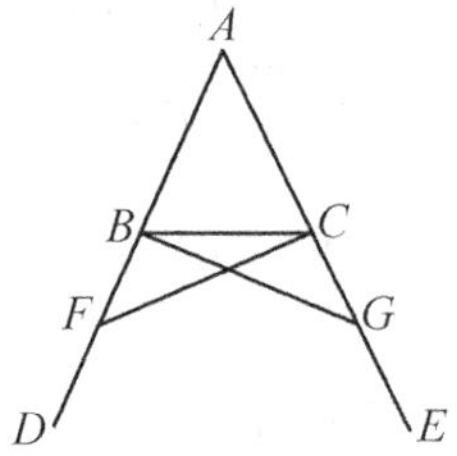

图6-7

大家觉得欧几里得的证法与教材中的证法相比,哪个更简洁呢?相信大家的答案是不言而喻的,都觉得欧几里得的证法太复杂了.我们不禁要问,为何欧几里得会舍近求远呢?难道是他没有想到教材给出的那些简单的方法吗?我带着这样的疑问去请教老师,老师没有直接告诉我答案,而是让我把《几何原本》往前读一下.

根据老师的建议,我认真阅读了在此之前的23条定义、5条公理、5条公

① 欧几里得.几何原本[M].兰纪正,朱恩宽,译.南京:译林出版社,2011:6.

设和 4 个命题，经过仔细思考我发现了端倪．原来《几何原本》在此之前只有“SAS”及延长和截取等内容，没有教材方法中用到的作角平分线、高线、中线及“HL”等内容，欧几里得的证明中没有使用未经过定义或证明的内容作为推理的依据，所以欧几里得对本命题的证明没有使用教材上的所谓“简单”方法．

读到这里，我不禁对欧几里得的规范、严谨肃然起敬．后来，我再次把自己的想法和老师沟通，老师肯定了我的想法并告诉我，平面几何是一门非常严谨的学科，它先选定一些基本事实作为推理的出发点，然后在此基础上不断演绎发展，最终形成一门学问．这门学问是训练人的逻辑思维和公理化思想的最好素材，对其他学科的发展也产生了十分深远的影响．最后老师还给我打了一个非常贴切的比方，他说：“平面几何推理中的命题是有先后顺序的，不能颠倒或混淆，这就好比我们不能先穿好鞋再穿袜子一样．”听了老师的比方，我对平面几何推理有了更深刻的理解．我今后一定要认真学好平面几何，为以后的数学学习打下坚实基础．

点评： 著名学者胡适说过：“读书要在无疑处生疑．”作者善于思考，对教材中关于“等腰三角形两底角相等”这一性质的证明方法进行了深入的思考，并通过查阅欧几里得的《几何原本》，对比原本证法和教材中的证法，发现《几何原本》中证法太“复杂”．后来在老师的建议下，他再次阅读《几何原本》．这次他读懂了，并悟出了平面几何的真谛——严谨的数学公理化体系．相信作者今后一定会在数学研究的道路上越走越远．

第二节　产生原创性解决方案

创造性数学写作的第二种表现形式是学生在数学学习与问题解决过程中受问题启发或者受原有解决方法的影响产生原创性解决方案．通常产生原创性解决方案的基础是熟悉原有方案，在此基础上让学生按照一定的策略开放思维，大胆提出新的解决方案．产生原创性解决方案的策略有类比、改编、更换步骤等．

一、数与代数

(一)数形结合解不等式问题

案例 13　用扫雷法解不等式问题

最近遇到一道题目让我印象十分深刻. 已知不等式组 $\begin{cases} x-a>0, & ① \\ x-a<1 & ② \end{cases}$ 的解集中任意一个 x 的值都不在 $2\leqslant x<5$ 的范围内，求 a 的取值范围.

我一开始对这道题目有点迷糊，于是下定决心要攻克这类问题. 经过思考，我找到了一种解决办法，叫"地雷轰炸法". 画一条数轴，把 $2\leqslant x<5$ 当成一片雷区，不能踩，再借助数轴分类讨论就可以求出 a 的范围.

解　由①得 $x>a$，由②得 $x<a+1$，所以 $a<x<a+1$.

因为 x 不在 $2\leqslant x<5$ 中，所以 $a+1\leqslant 2$ 或 $a\geqslant 5$，解得 $a\leqslant 1$ 或 $a\geqslant 5$.

这道题让我懂得了数形结合的重要性.

点评：对于初一学生来说，解决不等式中字母的范围问题有一定难度. 作者在解决这个问题时想到数形结合的思想，在数轴上将条件中不能取的范围标成"雷区"，然后逐段讨论，解决问题. 这可谓是一种比较有意思的解决方案，对于作者来说也是一种原创性解决方案.

(二)函数与方程

案例 14　如何解决一次函数图像的交点坐标问题?

今天遇到一道题，如图 6-8，求 A 点的坐标. 我一开始看到这道题时不知所措，于是通过偷懒的方式，将这张图在方格纸上画出来，然后直接找出点 A 的坐标. 如我所想，最后答案是正确的，于是这道题也就不了了之了. 而今天我决定深入研究一番(注：写本文时未学习一次函数与二元一次方程组的相关知识).

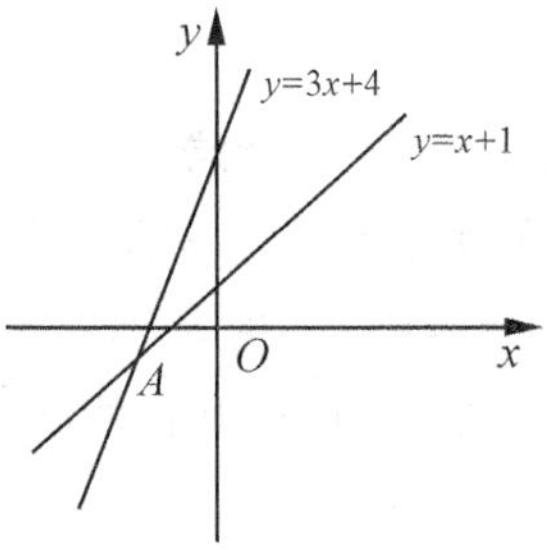

图 6-8

我们先看条件：已知一次函数 $y=3x+4$，$y=x+1$ 的图像，它们有一个交点 A，那么说明 $y=3x+4$ 与 $y=x+1$ 有一对 x，y 的值完全相同，即满足 $3x+4=x+1$，解得 $x=-1.5$，代入任一函数表达式得 $y=-0.5$. 这样就找到了 A 点的坐标.

点评： 在没有学习一次函数与二元一次方程组的内容时，作者对求两条直线的交点坐标问题给出了两种方法，一是画图，二是消去 y，求出 x 再代入计算 y. 虽然第一种方法是实验法，有一定的误差，第二种方法的本质就是后面要学习的二元一次方程组与一次函数的关系问题中的方法，但是对彼时的作者来说这两种方法都具有原创性.

（三）公式推导

教材中没有给出两点间距离公式，在初一学习数轴时，我带领学生研究过数轴上两点间距离公式，于是在学习平面直角坐标系这一内容时，有学生类比之前学习的数轴上两点间距离公式提出研究平面直角坐标系中两点间距离公式的问题，并运用勾股定理的知识进行推导和论证.

案例 15　平面直角坐标系中两点间距离公式

今天我们来探讨两点之间的距离公式. 我们遵循"从特殊到一般"的思想加以研究.

如图 6-9，点 $A(-20,20)$，点 $B(20,-10)$，那么怎么求 A,B 之间的距离呢？我们过点 A 作 x 轴的垂线，过点 B 作 y 轴的垂线，它们交于 C 点.

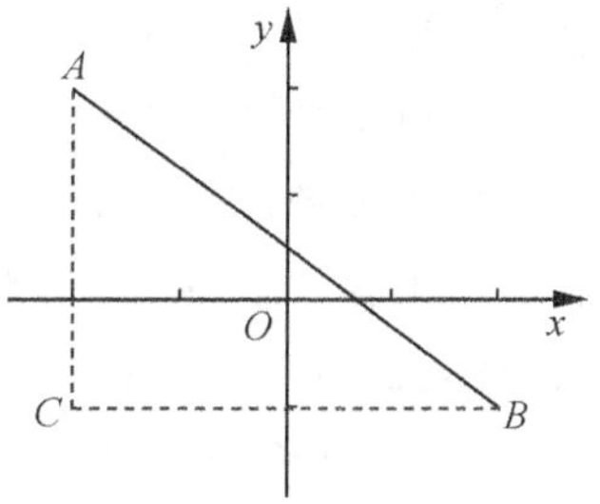

图 6-9

因为 $AC\perp x$ 轴，所以 $AC/\!/y$ 轴.

同理可证 $BC/\!/x$ 轴.

所以 $\angle ACB=90°$.

所以 $\triangle ABC$ 是直角三角形.

在 $\mathrm{Rt}\triangle ABC$ 中，由勾股定理得

$AB^2=AC^2+BC^2$.

易知 $AC=30,BC=40$.

所以 $AB=50$.

按照这个思路，我们把条件一般化，设点 $A(x_1,y_1)$，点 $B(x_2,y_2)$，

则 $AC=|y_1-y_2|,BC=|x_1-x_2|$，于是

$$AB=\sqrt{(x_1-x_2)^2+(y_1-y_2)^2}.$$

这就是两点间距离公式.

点评： 这个问题是作者根据之前的知识类比提出的，按照"从特殊到一般"的思想，先从具体的数值开始研究，再过渡到字母，最后借助勾股定理推导出平面直角坐标系中两点间距离公式.

（四）存在性问题

案例 16　平行四边形存在性问题

在解答二次函数的综合题时，常常遇到这样的题目：已知两个定点，一个动点在二次函数图像的对称轴上，一个动点在二次函数的图像上，当这四个点能组成一个平行四边形时，求在二次函数图像上的动点的坐标. 每当遇到这种题目时都要分类讨论，十分麻烦，所以我想有没有什么快捷的方法可以直接得到答案呢？于是我开始思考：这四个点中，肯定要从那两个动点入手，而二次函数图像上那个动点是需要求的，所以可以从另外一个动点和两个定点入手. 因为对称轴垂直于 x 轴，所以这个动点的横坐标是固定的，只有纵坐标在改变. 而平行四边形有对边相等的性质，所以是否可以用这个动点不变的横坐标和另外两个定点固定的横坐标，将它们加减得出在二次函数图像上动点的横坐标呢？理论存在，实践开始.

如图 6-10，$y=x^2-2x-3$ 的图像与 x 轴交于 A，B 两点（A 在 B 左侧），与 y 轴交于 C 点，M 为此二次函数图像的对称轴上一动点，N 为此二次函数图像上一动点. 当 B，C，M，N 四点组成的四边形为平行四边形时，求 N 点的坐标.

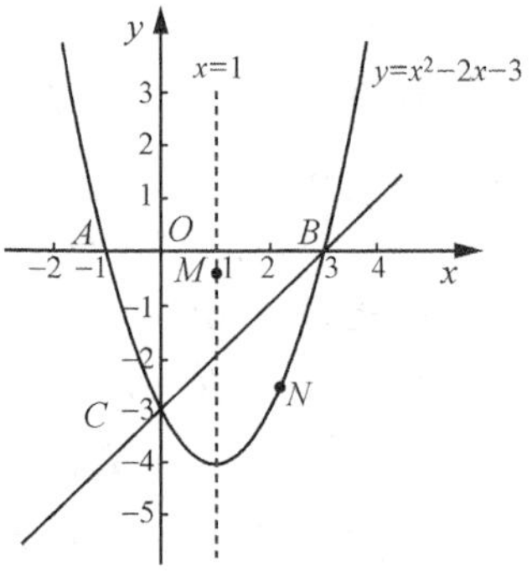

图 6-10

依据上面的分析思路，分别写出 B，C，M 三点的横坐标，然后依据平行四边形对边相等的特点，将它们的横坐标相互加减即可得到 N 点的横坐标，无须再逐个分类讨论，避免了许多麻烦，大大提高了做题效率.

由此可见，做题目要善于思考，寻找更简便的方法，这样才能提高数学思维及创新能力.

点评： 二次函数背景下的图形存在性问题是一个难点，因为它的类型太多，需要分类讨论. 作者针对这个问题，深入思考并寻找更为简便的方法. 经过一番思考，找到了简化方案，并通过一道例题解释了自己的方案，的确简便不少. 作者提出的这种原创性解决方案是在深入思考的基础上获得的，相信作者也从中体会到了思考的乐趣和价值.

二、图形与几何

(一)定理证明

通常,数学定理的证明方法并不是唯一的,在进行定理教学时要鼓励学生从不同的角度思考并寻找证明定理的方法,可以布置寻找定理证明新方法的写作作业,鼓励学生提出新的证明方法.

案例17 用同旁内角证三角形内角和为180°

最近我们学习了三角形内角和定理及证明的相关知识,在了解了课本中给出的证明方法后,我尝试寻找其他证明方法.受同旁内角的启发,我想到了一个证明三角形内角和定理的方法.

证明 如图6-11,对于任意$\triangle ABC$,作射线$CD\parallel AB$.因为$CD\parallel AB$,所以$\angle ABC=\angle BCD$,$\angle BAC+\angle ACD=180^\circ$.因为$\angle ACD=\angle ACB+\angle BCD=\angle ACB+\angle ABC$,所以$\angle A+\angle ACB+\angle ABC=180^\circ$.由此可以证出三角形内角和定理.

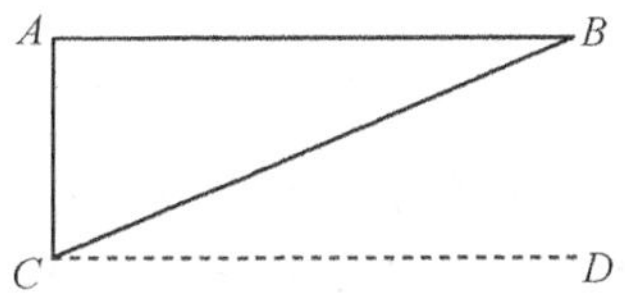

图6-11

点评:“三线八角”是学生学习几何推理的起点,平行线的性质与三角形内角和定理之间存在等价关系.我在课堂教学中介绍了多种证明三角形内角和定理的方法,布置了寻找新的方法证明三角形内角和定理的作业.作者提出用“两直线平行,同旁内角互补”这条性质证明三角形内角和定理.对作者来说,这是一种原创性的证明方法.

案例18 勾股定理的证明

对于勾股定理的证明,除了已知的几种方法外,我尝试寻找新的方法.我花了大量时间去思考这个问题,只想到一种证明方法,下面是证明过程.

已知:在$\triangle ABC$中,$\angle C=90^\circ$,$AC=b$,$BC=a$,$AB=c$.

求证:$a^2+b^2=c^2$.

证明 如图6-12,以BC为边作正方形$BCFE$.

在EF上截$EH=AC$,连接BH,AH,AH交BC于点G.

因为正方形$BCFE$,所以$BC=BE$,$\angle E=90^\circ=\angle BCA$.

在△BEH和△BCA中，$\begin{cases}BE=BC,\\ \angle E=\angle BCA,\\ EH=AC,\end{cases}$

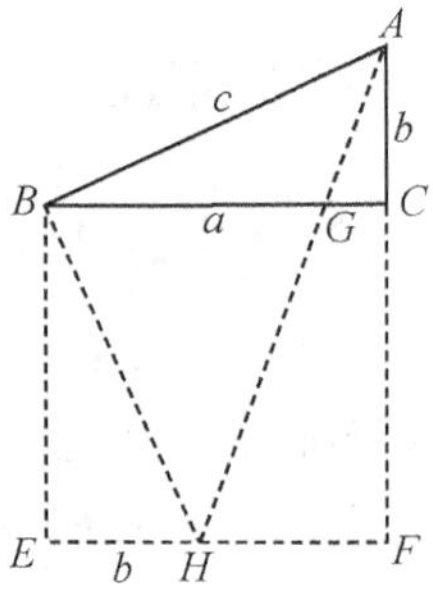

图 6-12

所以$\triangle BEH\cong\triangle BCA$.

所以 $S_{\triangle BEH}=S_{\triangle BGA}+S_{\triangle AGC}$，$BH=BA$.

因为$\angle EBC=90°$，$\angle EBH=\angle ABC$，

所以$\angle ABH=90°$.

因为 $S_{正方形BCFE}=S_{\triangle BEH}+S_{四边形BCFH}$，

所以 $S_{正方形BCFE}=S_{\triangle BAG}+S_{\triangle AGC}+S_{四边形BCFH}$.

所以 $S_{正方形BCFE}=S_{\triangle ABH}+S_{\triangle AHF}$.

所以 $a^2=\frac{1}{2}c^2+\frac{1}{2}(a-b)(a+b)$.

即 $a^2+b^2=c^2$.

点评：我在教学中融入勾股定理的多种证明方法的相关内容，在课后布置写作任务，让学生寻找一种属于自己的证明勾股定理的方法. 作者在了解了一些勾股定理的证明方法之后自主探究，找到了一种证明方法，并详细介绍，这对作者来说是一种创新.

（二）计算方法

案例 19　巧算内角和

本周，我们继续学习多边形的内外角和，令我印象最深的是关于内外角和的一道拓展题.

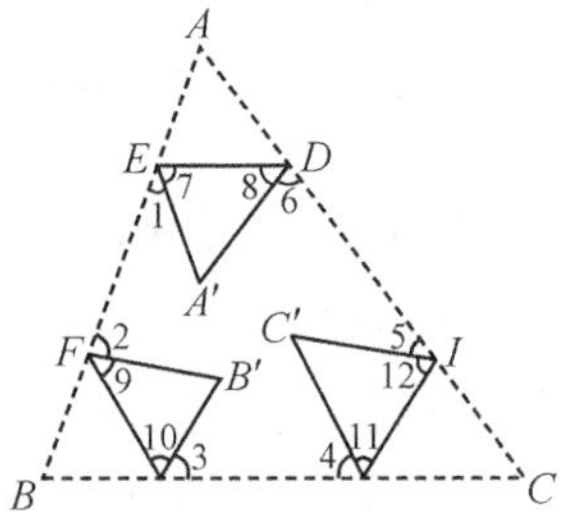

图 6-13

如图 6-13，将△ABC 的三个内角向内部翻折，求$\angle1+\angle2+\angle3+\angle4+\angle5+\angle6$ 的度数.

老师的方法是：运用“小旗”模型. 可我却有独到的见解，方法如下：

解　因为$\angle A'+\angle B'+\angle C'=180°$，

所以$\angle7+\angle8+\angle9+\angle10+\angle11+\angle12=540°-180°=360°$.

因为$\angle1+\angle2+\angle3+\angle4+\angle5+\angle6+2\angle7+2\angle8+2\angle9+2\angle10+2\angle11+2\angle12=1\,080°$，

所以$\angle1+\angle2+\angle3+\angle4+\angle5+\angle6=1\,080°-720°=360°$.

我认为这个方法比“小旗”方法更容易.

点评：在学习三角形内角和定理及推论之后，学生总结了一些基本模型，如“小旗”模型就是三角形的一个外角等于与它不相邻的两个内角之和. 上述问题利用“小旗”模型可以解决，作者却在此基础上提出一种新的解决方案，并指出自己的方法更容易，可见创新能够给人带来自信.

（三）辅助线的添加

案例 20　隐圆问题的构造与解决方法

这一周我们完成了圆的学习，我在学习过程中发现了一类隐圆问题. 隐圆顾名思义，题目中并没有给出圆，需要自己构造出圆. 下面是我对这一类问题所做的归纳.

一是根据圆的定义构造圆.

相信大家对圆的两个定义都很熟悉. ① 运动定义：在平面内把一条线段绕着某一端点旋转一周，另一端点随之运动所形成的图形叫做圆；② 集合定义：圆是平面内到定点的距离等于定长的点的集合. 根据圆的这两个定义，可以解决一类隐圆问题.

例 1　如图 6-14，一根 5 m 长的绳子，一端拴在围墙墙角点 O 处，另一端拴着一只小羊 A（只在草地上运动），那么小羊 A 在草地上的最大活动面积是________.

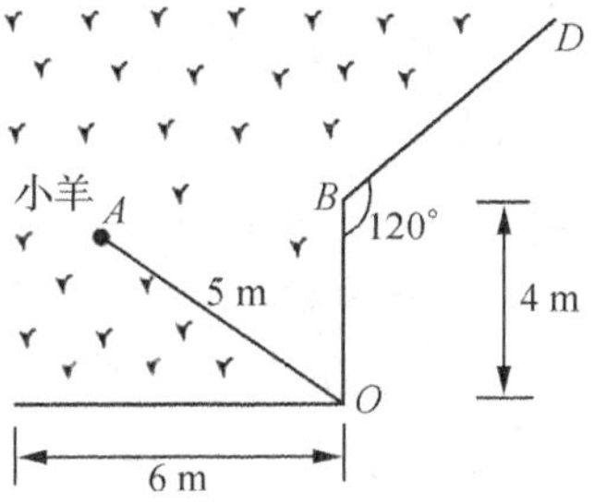

图 6-14

不难想到，A 点的运动轨迹是一段圆弧，即以 O 为圆心、5 m 为半径的圆弧. 但该题还有一个注意点，当 OA 转到 OB 的延长线上时，圆心变为 B 点，半径变为 1 m.

两段圆弧与图中折线围成的图形面积可以算出，这就是答案.

二是根据定边对直角构造圆.

解决这一类问题的关键是找出定边及其所对的直角，然后以定边为直径作圆，那么直角顶点必定在圆上.

例 2　如图 6-15，在 $\triangle ABC$ 中，$\angle ABC=90°$，$\angle 1=\angle 2$，点 P 在 $\triangle ABC$ 内. $AB=4$，$BC=3$，求 CP 的最小值.

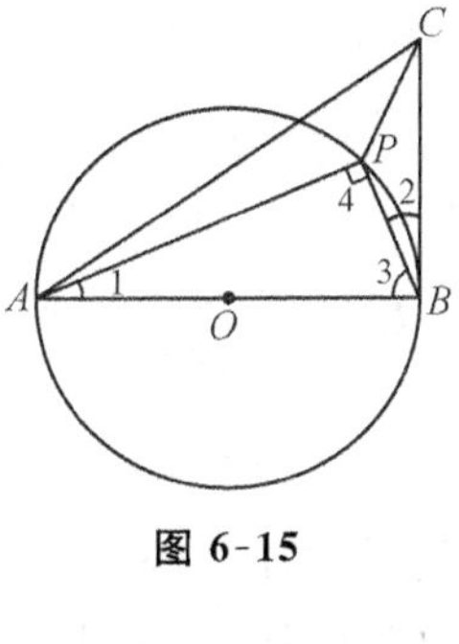

图 6-15

分析　因为 $\angle 2+\angle 3=90°$，所以 $\angle 1+\angle 3=90°$，所以 $\angle 4=90°$. 因为 AB 对的 $\angle 4=90°$，所以点 P 一定在以

AB 为直径的⊙O 上.接下来就是老生常谈的问题了,圆外一点与圆上一点的最短距离,自然是连接 OC 交⊙O 于点 P. 易求 $PC_{\min}$,问题得解.

三是根据定边对定角构造圆.

此类型即圆周角模型,依照定边定角必有圆构造辅助圆.

利用圆的轨迹描述、分析数学问题,建立数与形的联系,恰当地构造圆便可以找到问题的突破口,往往可以化抽象为直观、化繁杂为简洁.

点评:圆是最美的平面图形,蕴含着丰富的结论,但是有些问题却将圆隐去.作者对此进行了专题研究,提出含有隐圆的三种类型,并给出相应的解决策略.这样的写作是一种总结与创造.

案例21 倍长中线法

我在假期研究了用倍长中线法解决问题.

我们先了解"倍长中线"的定义."倍长中线"是指加倍延长中线,使所延长部分与中线相等,然后连接相应的顶点,则对应角、对应边对应相等.倍长中线法多用于构造全等三角形、证明边之间的数量关系.

接下来,我们了解"倍长中线"的几个基本模型.

① 如图 6-16,AD 为△ABC 的中线,延长 AD 至点 E,使 $DE=AD$,连接 CE,则△ABD≌△ECD.

② 如图 6-17,在△ABC 中,D 为 BC 边的中点,E 为 AB 边上一点(异于端点),连接 ED 并延长,使 $DF=DE$,连接 CF,则△FCD≌△EBD.

③ 如图 6-18,AB∥CD,E 为 AC 的中点,F 为 AB 边上一点(异于端点),连接 FE 并延长,交 DC 的延长线于点 G,则△AFE≌△CGE.

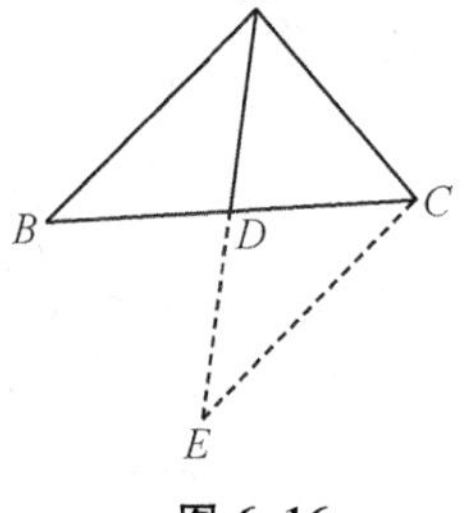

图 6-16

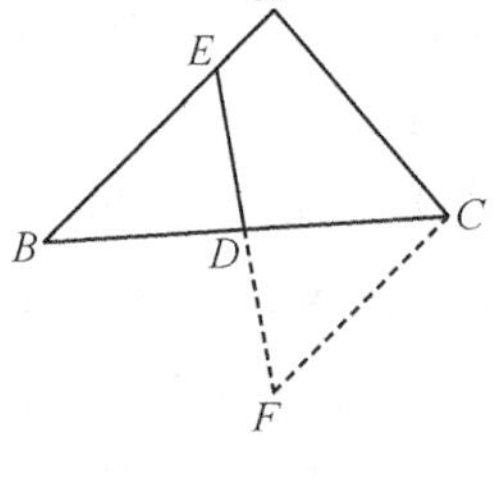

图 6-17

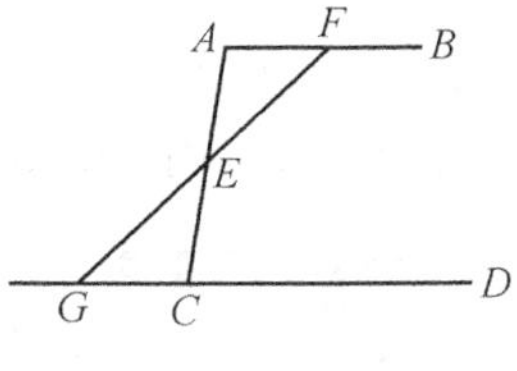

图 6-18

点评:中点是平面几何中一个非常重要的条件.我在教学中点时,引导学生对此加以探究,并在课后让学生撰写一篇与中点相关的小论文.作者研究了倍长中线法,提出三类倍长中线法的例子,对于七年级学生来说,能够进行这样的总结和分析实属不易.

（四）几何直观

案例 22　几何直观

在做数学题时，有些结论往往能被我们直接看出来，从而可快速、省力地解题. 这种做法被同学们趣称为“瞪眼法”. 但它也有一个科学的名称叫做“几何直观”. 顾名思义，它是对事物的直接判断，是经验层面的，不经过逻辑分析的. 数学是一门严谨的学科，但为什么数学老师反复强调“几何直观”呢？

原来，几何直观对解决数学问题有极大的帮助. 正如这次考试，做填空题的最后一题时，我用几何直观解题节省了不少时间.

原题呈现：如图 6-19，三角形 ABC 为等腰直角三角形，$\angle ACB=90^\circ$，$CA=CB$，CD 为中线，E，F 分别为 DC，DB 上的动点，$DE=DF$，直线 AE 与 CF 交于点 G，$AB=4$，则线段 BG 的最小值为多少？

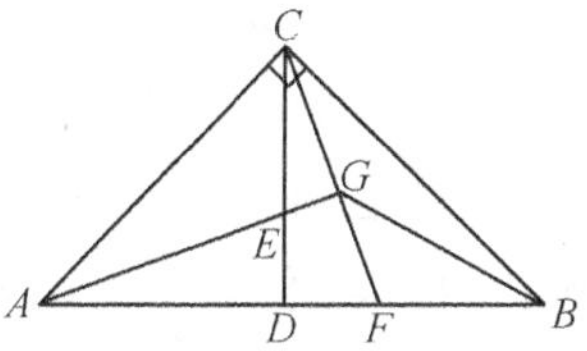

图 6-19

分析　想要求 BG 的最小值，就应求点 G 的运动轨迹. 依据几何直观，点 G 的轨迹在一个圆上. 那么这个圆在哪里呢？我们都知道“等边等角定等圆”，再次依据几何直观，我发现 $\angle AGC$ 极像 90°，所以推测点 G 的轨迹在以 AC 为直径的圆上，然后轻松解得这道压轴题.

当然，直观用于发现，推理用于证明，二者应当结合使用才能完美解决问题.

点评：“大胆假设，小心求证”是做学问的常用方法. 美国数学教育家 G. 波利亚在他的《数学的发现》一书中反复强调几何直观的重要性，数学家的许多发现也来源于直观. 作者以此为话题，结合一道考题撰写了本文，介绍了自己利用几何直观解决问题的经验.

（五）基本模型应用

案例 23　借助“K”字模型，解决荒岛寻宝问题[①]

1. 问题提出

近日，老师给我们介绍了一道有趣的荒岛寻宝问题，这个问题来自著名物

① 金子轩，胡永强. 借助“K”字模型，解决荒岛寻宝问题[J]. 中学数学月刊，2023(7)：78－79.

理学家 G. 伽莫夫的《从一到无穷大》一书，具体如下.

一个年轻人得到了一张藏宝图，上面写着:“在某荒岛的一片空地上，有两棵树，一棵是橡树，一棵是松树，还有一个断头台. 从断头台走向橡树，记住所走的步数，向左拐弯 90°后，向前走相同的步数，在脚下做一个记号. 回到断头台，走向松树，记住所走的步数，向右拐弯 90°后，向前走相同的步数，在脚下再做一个记号，两个记号连线的中点便是藏宝之处.”年轻人来到荒岛后很快找到了那两棵树，但断头台却消失得无影无踪，他因此两手空空，败兴而归.①请问如果你是那位年轻人，你能找到宝藏吗?

2. **模型引入**

不难发现，上述问题中隐藏着两个等腰直角三角形，这让我想到了“K”字模型. 如图 6-20，已知 $\angle A=\angle BCE=\angle D=90°$，$BC=CE$，容易证出 $\triangle ABC\cong\triangle DCE$，由此可以推导出一些相等的线段和相等的角，比如 $AC=DE$，$AB=CD$，$\angle B=\angle DCE$，$\angle ACB=\angle E$. 这张图有点像躺着的“K”字，因此我们常称它为“K”字模型.

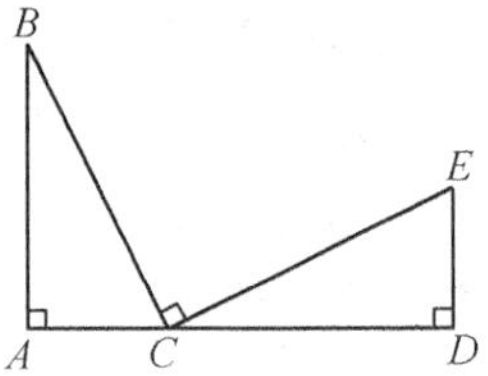

图 6-20

3. **问题解决**

我们用符号语言描述这一问题：如图 6-21，$AC=AO$，$BD=BO$，$\angle CAO=\angle DBO=90°$，点 P 为线段 CD 的中点. 试说明点 P 只与点 A 和点 B 的位置有关，与点 O 的位置无关.

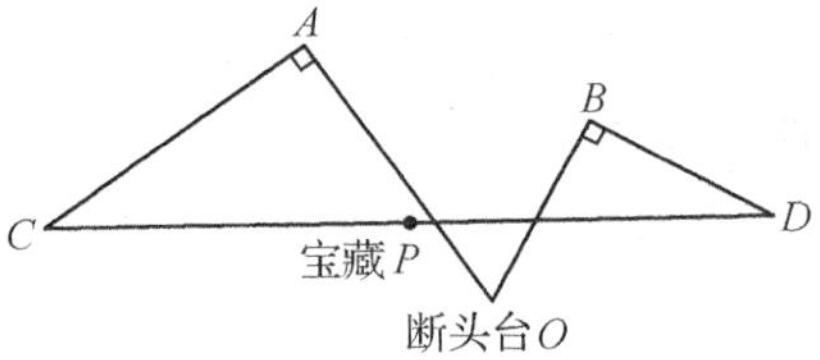

图 6-21

观察图 6-21，我联想到“K”字模型，于是尝试构造这一模型来解决问题.

(1) 代数法

《从一到无穷大》一书中介绍的方法是建立实轴和虚轴进而求解，这里涉及虚数的运算，我尚未学习过相关知识. 但是，受其启发，我构造了一个平面直角坐标系，借助“K”字模型对其进行分析和解答.

如图 6-22，以直线 AB 为 x 轴，线段 AB 的垂直平分线为 y 轴，点 Q 为坐标原点，建立平面直角坐标系.

作 $CE\perp x$ 轴，$DG\perp x$ 轴，$OF\perp x$ 轴，$OH\perp y$ 轴，垂足分别为 E,G,F,H.

---

① G. 伽莫夫. 从一到无穷大：科学中的事实和臆测[M]. 景永宁，译. 北京：科学出版社，2002：31－33.

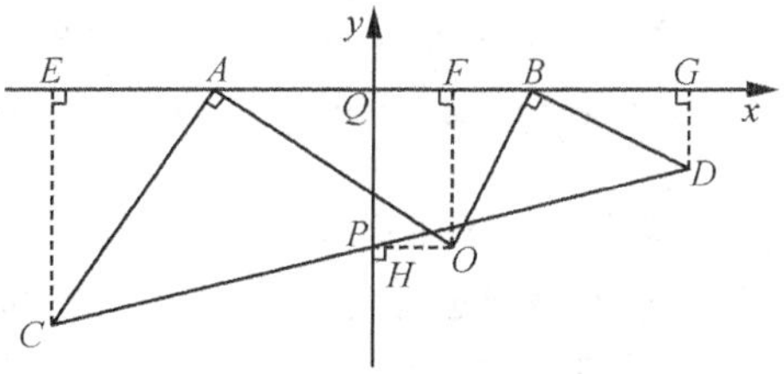

图 6-22

设 $O(m,n)$，$A(-a,0)$，$B(a,0)$，则 $OF=-n$，$QF=m$，$AQ=BQ=a$. 根据"K"字模型的结论，易知 $\triangle CEA\cong\triangle AFO$，所以 $AE=OF$，$CE=AF$，则 $QE=-n+a$，$AF=m+a$. 所以 $CE=m+a$，所以 $C(n-a,-m-a)$. 同理 $D(a-n,m-a)$，则线段 CD 的中点为 $P(0,-a)$. 所以点 P 在 y 轴上，$QP=a$，$PQ=AQ=BQ$. 所以点 P 的位置与点 O 无关，根据 A，B 两点即可确定点 P 的位置.

(2) 几何法

对代数法深入思考后，我发现不设坐标，直接使用"K"字模型的相关结论也可以解决.

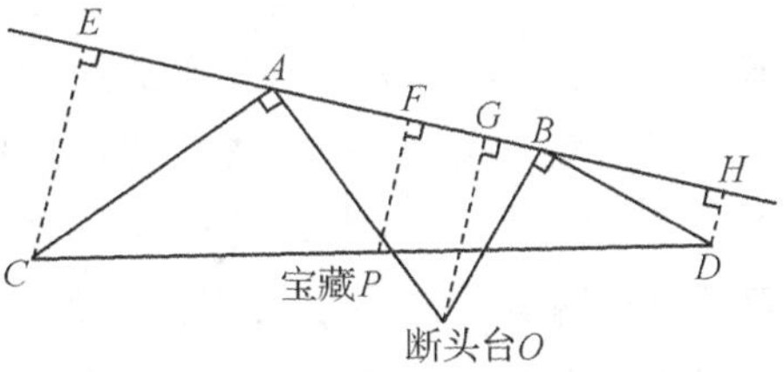

图 6-23

如图 6-23，分别过点 C，P，O，D 作 CE，PF，OG，DH 垂直于直线 AB，交直线 AB 于点 E，F，G，H.

因为 $CE\perp AB$，$PF\perp AB$，$OG\perp AB$，$DH\perp AB$，所以 $\angle CEA=\angle CAO=\angle AGO=\angle OGB=\angle OBD=\angle BHD=90^\circ$. 因为 $\angle ACE+\angle CEA=\angle CAO+\angle OAG$，所以 $\angle ACE+90^\circ=90^\circ+\angle OAG$，所以 $\angle ACE=\angle OAG$. 在 $\triangle CEA$ 和 $\triangle AGO$ 中，因为 $\angle CEA=\angle AGO$，$\angle ACE=\angle OAG$，$CA=AO$，所以 $\triangle CEA\cong\triangle AGO$. 同理可得 $\triangle OGB\cong\triangle BHD$. 所以 $CE=AG$，$DH=BG$，$AE=OG=BH$. 因为 $\angle CEA+\angle BHD=180^\circ$，$\angle CEA+\angle AFP=180^\circ$，$\angle PFG+\angle BHD=180^\circ$，所以 $CE\parallel PF\parallel DH$. 因为点 P 为线段 CD 的中点，所以点 F 是线段 EH 的中点，PF 是梯形 $CEHD$ 的中位线，$PF=\frac{1}{2}(DH+CE)$，所以 $PF=\frac{1}{2}(BG+AG)=\frac{1}{2}AB$. 因为 $AE=OG=BH$，所以 $EF-EA=HF-HB$，即 $AF=BF$，即点 F 为线段 AB 的中点. 所以点 P 的位置与点 O 无关，只需 A，B 两点即可确定点 P 的位置.

4. 小结与思考

综上我们可以发现，理解"K"字模型可以帮助我们找到解题思路，构造"K"字模型可以解决一类问题，大家在做题时要善于思考，敢于构造. 两种解法也告诉我们看待问题要数形结合，综合利用代数眼光和几何眼光去思考问题，寻找解题思路.

最后不得不说的是，当我成功解决荒岛寻宝问题的那一刻，我的内心非常激动，体会到了成功的喜悦，同时我也深刻体会到了数学的魅力和价值.

点评： 在数学学习过程中经常会遇到一些稳定的结构，通常称作数学模型. 我们对数学模型进行深入研究后能够总结提炼出一些规律性的结论，这些结论可以用于解决相应的一类问题. 作者运用“K”字模型，创造性地从代数和几何两个视角分析并解决荒岛寻宝问题，体会到数学学科分支之间的联系，感悟到数学具有广泛的应用价值，同时也感受到了研究数学所带来的乐趣.

第三节　发现数学结论

在进行数学结论的教学时，我总是先引导学生探究发现，再进行推理论证，在小结反思阶段还会组织学生思考结论的发现过程. 此外，我还经常在教学中融入数学史，介绍相关数学结论的发生、发展与演进的过程，引导学生与古人展开对话，了解古人是如何发现并提出数学结论的. 如此一来，学生在学习数学的过程中逐步学会了如何发现与提出数学结论. 他们时常也会将自己的发现写在数学小论文中.

一、数与代数

（一）数学符号

案例 24　化简根号

初二上学期有一道题目，我的答案是 $\sqrt{28}$，而参考答案是 $2\sqrt{7}$. 我又算了几遍，发现答案还是 $\sqrt{28}$，于是不甘心的我又用计算器算了一下，发现 $\sqrt{28}$ 的结果前几位是 5.291 502 6，而 $2\sqrt{7}$ 的前几位也是 5.291 502 6. 于是我便大胆猜测这两个数是一样的. 但是它们为什么是一样的呢？我便开始思考：将 28 分解质因数是 $2\times2\times7$，就是 $2^2\times7$，而 $2\sqrt{7}$ 与 $\sqrt{2^2\times7}$ 的不同之处就是 2 和 $\sqrt{2^2}$，$\sqrt{2^2}=2$，所以它们结果是一样的. 这个方法就是将根号内的数分解质因数，变为一个最大平方数和一个数的积. 为了确保结论的正确性，我又举了几个数字试验：$\sqrt{9}$ 和 $\sqrt{24}$，$\sqrt{9}=\sqrt{3^2}=3$，而 $\sqrt{9}$ 是 9 的算术平方根，所以 $\sqrt{9}=3$，因此是一致的. 接下来是 $\sqrt{24}$，还是先将它变为 $\sqrt{2^2}\times\sqrt{6}$，即 $2\sqrt{6}$. 然后验算一下：$\sqrt{24}$的结果前几位是 4.898 979 4，而 $2\sqrt{6}$的结果前几位也是这几个数，于是我便确定这个结论是对的．将我的发现用字母表示为 $\sqrt{a^2b}=a\sqrt{b}$(a，b 均为正整数)．

点评：在未学习二次根式的性质时，作者在练习中发现$\sqrt{28}$和 $2\sqrt{7}$之间形式不同却存在相等关系，于是便举例验证自己的想法，最后得出 $\sqrt{a^2b}=a\sqrt{b}$ (a，b 均为正整数)的一般结论．文章详细记述了自己的发现、思考与得出数学结论的过程．

案例 25　奇数次根号下负号的“穿墙术”

最近遇到这样一道题：$-\sqrt{36}$的立方根是________．我先把$-\sqrt{36}$化简为-6，接着我就填了 $\sqrt[3]{-6}$．第二天，一个红色的大叉出现在我的作业本上，正确答案居然是$-\sqrt[3]{6}$．我心想，怎么负号还学会“穿墙术”了？经过研究，我发现奇数次根号下的负号可以任意进出根号，即$\sqrt[2n+1]{-a}=-\sqrt[2n+1]{a}$($a$ 为正数)．就以这道题为例，题目中是 $\sqrt[3]{-6}=-\sqrt[3]{6}$．因为负数的立方根是负数，所以负号可以穿出去，而“穿墙术”似乎在偶数次方根里不起作用．

其实不仅符号具有“穿墙术”，有些数字也具有“穿墙术”．例如，$\sqrt{2\frac{2}{3}}=2\sqrt{\frac{2}{3}}$，$\sqrt{3\frac{3}{8}}=3\sqrt{\frac{3}{8}}$，$\sqrt{4\frac{4}{15}}=4\sqrt{\frac{4}{15}}$等．可以发现，根号下带分数的整数部分 2，3，4 都从根号内“穿”了出去．通过对这一类数的观察发现，我找到了这样的规律：$\sqrt{n\frac{n}{n^2-1}}=\sqrt{n+\frac{n}{n^2-1}}=\sqrt{\frac{n(n^2-1)+n}{n^2-1}}=\sqrt{\frac{(n^3-n)+n}{n^2-1}}=n\sqrt{\frac{n}{n^2-1}}$ (n 为正整数)．

点评：作者以作业中的一道错题为例介绍了自己发现奇数次根号下的负号可以“穿墙”，并用字母表示了这一发现．此外，作者还提出带分数的算术平方根中整数部分具有“穿墙术”，并用字母表示了自己的发现．作者具有较强的研究能力，究其原因是作者有善于思考的习惯和扎实的数学基本功．

（二）一次函数新发现

案例 26　关于一次函数的发现

求一次函数的表达式，通常的方法就是待定系数法，但是比较麻烦．近来，我对一次函数表达式中的 k 和 b 及一次函数的图像与两条坐标轴的交点之间的关系进行了研究，发现了一种更快写出函数表达式的方法. 首先，画出这个一次函数的图像，从左向右看，若直线呈上升趋势，则 $k>0$；若直线呈下降趋势，则 $k<0$. 然后是最关键的一步：设图像和 x 轴的交点与原点的距离为 h，图像与 y 轴交点的纵坐标为 n，与原点的距离为 i，求出 i 与 h 的比值就是 k 的绝对值. 若 $k>0$，则 $y=\frac{i}{h}x+n$；若 $k<0$，则 $y=-\frac{i}{h}x+n$.

点评：作者发现用待定系数法求一次函数的表达式有点复杂，于是在追求简洁思想的指导下寻找更简便地写出一次函数表达式的方法. 最终作者在经过一番观察和思考等研究活动之后，提出一种根据一次函数图像与两条坐标轴的交点坐标快速写出一次函数表达式的方法，很有创意.

二、图形与几何

（一）发现新定理

案例 27　运用类比方法提出新的猜想

最近我们学习了一个结论：三角形两边之和大于第三边. 我将这个结论中的边换成角，提出一个新的命题：三角形任意两个内角之和大于第三个内角. 随后我便开始对它加以证明. 将三角形按角分为三类：锐角三角形、直角三角形、钝角三角形. 容易发现这个命题对于直角三角形和钝角三角形是不成立的. 对于锐角三角形是否成立呢？以下是我对锐角三角形的证明. 设一个锐角三角形的内角分别为 $\angle 1$，$\angle 2$，$\angle 3$，则 $\angle 1$，$\angle 2$，$\angle 3$ 都小于 $90°$. 因为 $\angle 1+\angle 2+\angle 3=180°$，所以 $\angle 1+\angle 2=180°-\angle 3$. 所以 $(\angle 1+\angle 2)-\angle 3=180°-2\angle 3>180°-2\times 90°=0$，即 $\angle 1+\angle 2>\angle 3$. 同理 $\angle 1+\angle 3>\angle 2$，$\angle 2+\angle 3>\angle 1$. 所以在锐角三角形中，任意两个内角的和一定大于第三个内角.

点评：善于联想的人总能够在已有认知的基础上提出新的猜想，这也是一个人创新能力的重要体现. 作者在学习了“三角形两边之和大于第三边”之后，提出“三角形两角之和大于第三角”的猜想，随后对这一猜想加以分类证明，最终得出这一结论在锐角三角形中是成立的. 作者经历了提出并证明一个数学结论的过程.

（二）找到新公式

案例 28　一次函数的图像与坐标轴组成的图形的面积公式

一次函数的图像总会与坐标轴有交点，除了正比例函数外的一次函数图像都与两坐标轴围成一个直角三角形．那么这个直角三角形的面积与这个一次函数的表达式之间有何关系呢？

要计算直角三角形的面积，就要知道两直角边的长或斜边与斜边上的高．在平面直角坐标系中，很显然求两直角边的长更简单．易求一次函数 $y=kx+b(kb\neq0)$ 的图像与 x 轴的交点到原点的距离为 $\left|\frac{-b}{k}\right|$，与 y 轴的交点到原点的距离为 $|b|$．两直角边的长度相乘，可得所围成的三角形的面积公式为 $S=\frac{1}{2}|b|\left|\frac{-b}{k}\right|$，即 $S=\frac{1}{2}\left|\frac{b^2}{k}\right|$．

点评： 对于大多数学生来说，一次函数的图像与两条坐标轴所围成的直角三角形的面积计算不是很困难的事情，先求出图像与两条坐标轴的交点坐标，而后算出两条直角边的长，再代入三角形的面积公式计算即可．作者在此基础上往前走了一步，直接推导出用一次函数中 k 和 b 表示直角三角形的面积公式．可谓是在别人没想到的地方多想了一步，得到新的结论．

第四节　记录原初性想法

数学写作是学生记录数学学习、思考、研究、反思的重要方式，是师生交流的重要渠道，许多学生会将自己思考和研究数学问题的原初性想法记录下来．教师可以透过这些原初性想法了解学生的数学学习情况、思维方式、创新意识，针对不同学生的想法进行适当的引导，让他们的创造性思维获得更好的发展．

一、数与代数

（一）因式分解的新方法

案例 29　因式分解的多种方法

课本中对因式分解只提及了提公因式法和公式法．在课外，我研究了十字相乘法和配方法.今天,我又研究了因式分解的另外两种方法.

① 分组分解法.分组分解法是指当多项式的项数多于三项,无法直接用以上方法分解因式时,我们可以尝试先对其分组,再分别分解因式,最终实现整体分解因式的目的.例如:

$$x^2-y^2+2x+2y=(x+y)(x-y)+2(x+y)=(x+y)(x-y+2).$$

② 换元法.仅看"换元法",你可能不理解,但看完下面的介绍,你就会十分熟悉.分解因式时,有时先将多项式中相同的部分换成另一个字母,然后进行因式分解,最后再代换回来.这种方法叫做换元法.比如:$(x^2+x+1)(x^2+x+2)-6$.我们先将"x^2+x"换成"a",则原来的多项式可以写成$(a+1)(a+2)-6$,分解因式为$(a+4)(a-1)$.最后再把x^2+x代回,结果为$(x^2+x+4)\cdot(x^2+x-1)$.

点评:现行苏科版数学教材在因式分解部分没有介绍十字相乘法和分组分解法,至于换元等思想也未做介绍.作者在学习过程中提出一些问题并寻找相应的分解方法,一共总结出六种因式分解的方法.我们可以体会到作者提出解决新问题的方法给自己带来的成就感.

(二)三角函数图像探究

案例30 三角函数图像

最近我们学习了锐角三角函数的知识,让我不禁想到之前研究的一次函数、二次函数及反比例函数,这些函数图像各不相同,那么锐角三角函数有没有图像呢?如果有,它的图像是什么样的呢?

三角函数也是函数,它应当也有图像.根据以前的研究经验,可以试着用列表、描点、连线的方法绘制它的图像.以正切函数为例,函数$y=\tan x$在平面直角坐标系中,可以利用已知的一些特殊锐角的正切函数值来描点、连线.

如图6-24,不难看出,这些点并不能连成一条直线,也不能让这个函数图像"显现真身",只好增加点数:$\tan15°\approx0.27$,$\tan75°\approx3.73$,$\tan7.5°\approx0.13$,$\tan37.5°\approx0.77$,….可这并不精确,也不能作出全部图像.

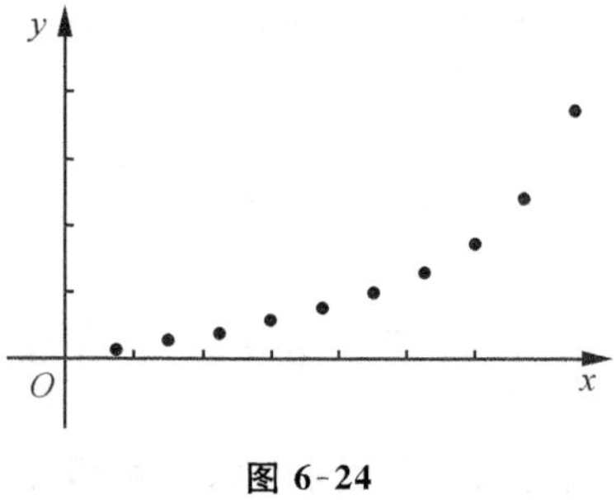

图6-24

突然,我想到了一件"法宝"——几何画板.把x轴换成三角函数弧度值,完成一切操作之后,计算机屏幕上出现的图像让我大为震惊，$y=\tan x$ 的图像像是生长在海中的海带，不仅长度很长，而且是曲线状的．数学真是太神奇了．

点评： 初中阶段没有学习锐角三角函数的图像，作者基于前面学习函数的经验，主动思考锐角三角函数的图像问题．文章介绍了自己是怎样想到这个问题，又是如何研究这个问题的过程，记录了自己原初的许多想法．

二、图形与几何

（一）追求简洁

案例31　简便、简便、再简便

一题多解是做数学题时应当重点考虑的，不同解法，难易程度也截然不同．下面以一道题为例谈谈我的方法．

如图6-25，在$\triangle ABC$中，$AC=3$，$BC=4$，$\angle C=90^\circ$，点F，G分别为BC，AB上的动点，作$EG\perp AB$于点G，作$DF\perp BC$于点F，与EG的延长线交于点D，作$GH\perp BC$于点H，求当$\triangle GEF$为等腰三角形时BF的值．

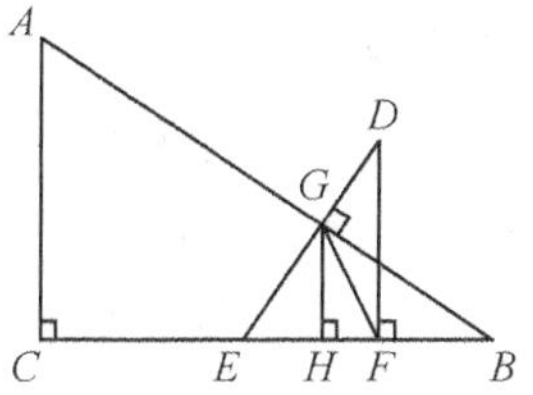

图 6-25

我一开始解这道题所用的方法十分烦琐．在$\triangle ABC$的三边比为$3:4:5$的情况下设未知数，然后用勾股定理解出未知数的值，接着用相似三角形的性质求出BH，HF的值，最终得到BF的值．过程中全是复杂的分数，除都除不尽，但结果是一个整数．

做完题后，我便反思自己的解法是否过于复杂，因为最后得到简便的数字往往代表中间的计算过程也是比较简便的，肯定是我忽略了什么．于是我便开始重新审视这道题，希望找出之前被我忽略的细节．果然，在我的细心寻找下，发现忽略了$\triangle EGB$的三边比也是$3:4:5$，再结合$\triangle EHG$的三边比也是$3:4:5$，可以直接用代数式把BF表示出来，不用再进行$EB-EF$这样的二次运算了，直接用一次勾股定理即可，比原先的方法简单了许多．

正当我觉得这是最简便的方法时，却无意间听到别人说出“中点”二字．对啊！直角、中点，再结合等腰，就可以利用直角三角形斜边中线的性质定理了，将会更简便．这道题中有很多相似三角形，所以很多人先直接找相似然后设未知数求解，从而忽略了中点和直角的条件．如果利用斜边中线的性质，两步便可算出BF的值，这简直太简单了！所以说，我们不要满足于算出答案，而是要秉持一题多解的理念，去寻找更简单的解法，这样才能锻炼思维，提高解题能力和数学素养.

点评：追求简洁已经成为我与学生数学学习的共同目标. 我在教学中时常提醒学生解决数学问题要追求简洁，学生在解题过程中也会对自己的过程加以反思，尤其是当自己的解法较为复杂时，会主动反思自己的解题过程. 作者以一道试题为例介绍了自己如何从复杂解法逐步寻找到简单解法的过程，并用“简便、简便、再简便”作为文章的标题，更显示出作者对追求简洁的高度认可.

（二）探索历程

案例 32　一道思考题的探索历程

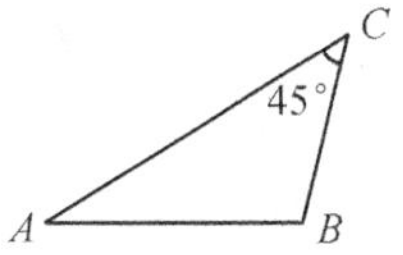

图 6-26

最近我们学习了圆的相关知识：圆周角、圆心角、同心圆、垂径定理……这些知识为了解题服务，找出圆，也就能得到一系列对解题有帮助的性质与结论，因此素有“圆”来如此之称. 老师出了一道思考题：如图 6-26，在$\triangle ABC$中，$AB=4$，$\angle C=45^\circ$，求$\sqrt{2}AC+BC$的最大值.

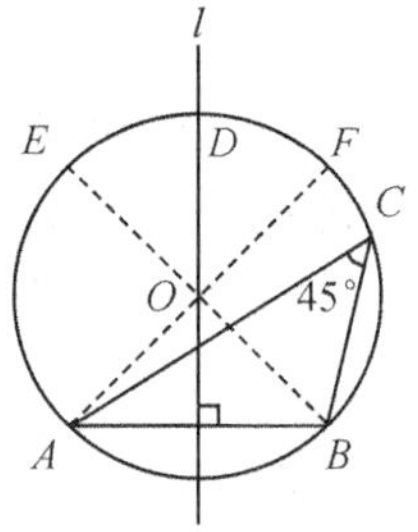

图 6-27

看到条件 45°，再看到$\sqrt{2}$，自然想到等腰直角三角形. 又要求最大值，所以要找到 C 点的轨迹. 难道这道题就这么解决了？找 C 点的轨迹不难，把$\angle C$看成圆周角，AB 是其所对的弦，其实就是作出$\triangle ABC$的外接圆，如图 6-27，此时 C 点的轨迹为$\overset{\frown}{ADB}$（不包括点 A、点 B），但这时还不好直观地去想象$\sqrt{2}AC+BC$的最大值. 我们不妨先考虑 AC 和 BC 的变化规律.

如图 6-27，作 l 垂直平分 AB，交$\odot O$于点 D. 易知$\overset{\frown}{DA}=\overset{\frown}{DB}$. 下面分类讨论：① 点 C 在$\overset{\frown}{DA}$上（由 A 到 D），AC 不断变大，BC 先变大，过 BE 后变小，BE 为 BC 的最大值；② 点 C 在$\overset{\frown}{DB}$上（由 D 到 B），根据圆的对称性，同理，AF 为 AC 的最大值. 当 C 点在 E 点或 F 点时，$(\sqrt{2}AC+BC)_{\max}=12$，这是我第一次的想法. 这种算法把$\sqrt{2}$当成一个数字，而我认为$\sqrt{2}$是用来把 AC 或 BC 转换成某条线段的.

经过一晚上的思考，我的脑中逐渐有了雏形. 如果$\sqrt{2}$在 AC 前，就得把 AC

当成等腰直角三角形的直角边，将$\sqrt{2}AC$转换成斜边CD，如图6-28，该题就变成了求$CD+BC$的最大值，但这样似乎没了进展. 换个算法，将$\sqrt{2}$提出，原式变为$\sqrt{2}\left(AC+\frac{\sqrt{2}}{2}BC\right)$. $\frac{\sqrt{2}}{2}$这个数字似乎有点陌生，但仔细一想，等腰直角三角形的斜边乘$\frac{\sqrt{2}}{2}$正是直角边. 如图6-29，过点B作$BD\perp AC$于点D，$\frac{\sqrt{2}}{2}BC$转换成CD，延长AC至点F，使$DC=FC$. 过点A，B，F作$\odot O$.

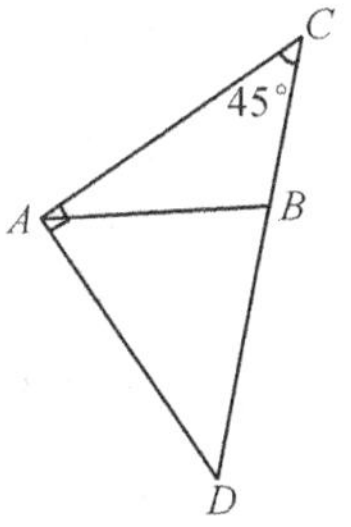

图 6-28

设$DB=DC=FC=a$，$\tan F=\frac{BD}{DF}=\frac{a}{2a}=\frac{1}{2}$. 因为$\tan F$为定值，所以$\angle F$为定值. 回到最初，定弦$AB$、定角$\angle F$，是一个圆周角的模型. 作$\triangle ABF$的外接圆. 这样，点$F$就在$\overset{\frown}{AmB}$上运动. 原式$=\sqrt{2}AC+BC=\sqrt{2}\left(AC+\frac{\sqrt{2}}{2}BC\right)=\sqrt{2}(AC+CD)=\sqrt{2}(AC+CF)$，当$AF$过圆心$O$时，$AF$最大. 这里还需要算一下$\odot O$的直径，结果应是$AF=4\sqrt{10}$，所以$(\sqrt{2}AC+BC)_{\max}=4\sqrt{10}$，问题得解.

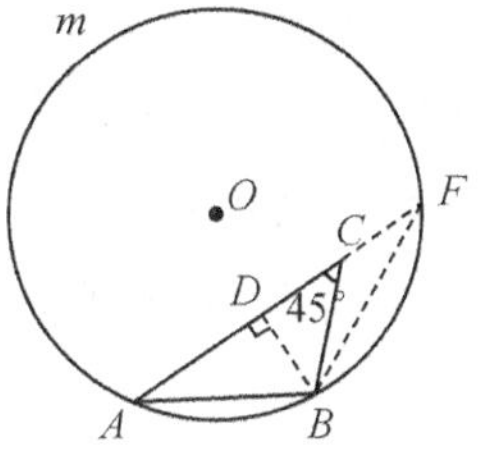

图 6-29

本题综合运用了圆周角定理、等腰直角三角形等知识，找到圆周角是关键，从定弦、定角到定圆. 另外，解决此类问题不能忽视数字$\sqrt{2}$的重要性，我们要了解一些特殊数字背后蕴藏的图形.

点评：我经常在班里布置一些挑战题供学有余力的同学做，许多同学以挑战难题为乐趣. 作者介绍了自己思考一道难题的心路历程，详细地记述了自己如何分析和解决这样一道综合性较强的难题的过程，呈现了自己根据已知条件产生的一些原初性想法，很有借鉴意义.

（三）数学思想

案例33　借助类比思想，深究一道课本习题

学习了角平分线的相关内容之后，我在一本课外书上发现一张图，越看越眼熟，这不就是苏科版八年级上册数学课本上第59页的图吗？其实，早在七年级下册的数学课本上我们就已经见过这幅图了，不过它很“调皮”，没有展现出“庐山真面目”. 现在我们学习了更多的几何知识，将要利用所学的知识剥开它的外壳，仔细研究其中蕴含的秘密.

首先我们来复习一下角平分线的性质与判定. 性质：角平分线上的点到角的两边距离相等；判定：角的内部到角两边距离相等的点在角平分线上. 接下来我们用这两个“利器”去解决问题.

如图 6-30，已知 $\angle AOB=90^\circ$ 且三角板的直角顶点 P 落在 $\angle AOB$ 的平分线 OC 上，$PD\perp OA$ 于点 D，$PE\perp OB$ 于点 E. 求证 $PD=PE$.

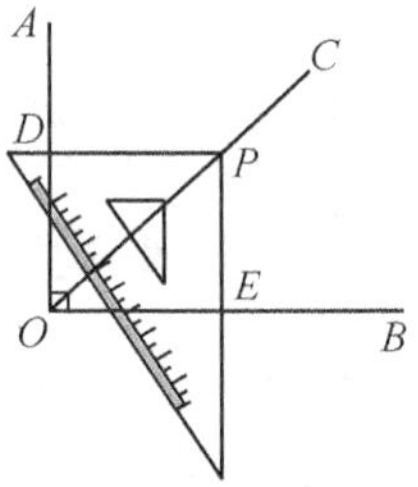

图 6-30

分析　这很简单，我们直接运用角平分线的性质定理就可以解决.

证明　因为 OC 为 $\angle AOB$ 的角平分线，点 P 在射线 OC 上，$PD\perp OA$，$PE\perp OB$，所以 $PD=PE$（角平分线上的点到角的两边距离相等）.

随后，编者增加了难度.

如图 6-31，将三角板绕点 P 逆时针转动，问 PD 还等于 PE 吗？请说明理由. 我重新画了一幅图，如图 6-32.

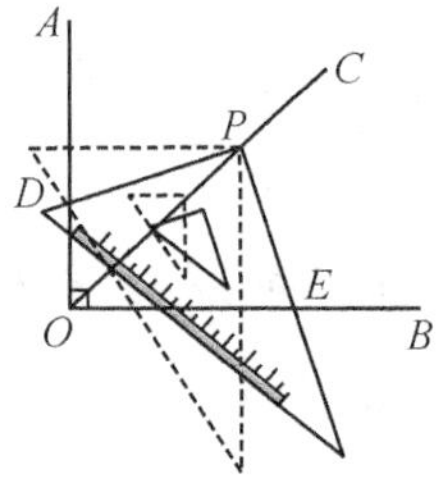

图 6-31

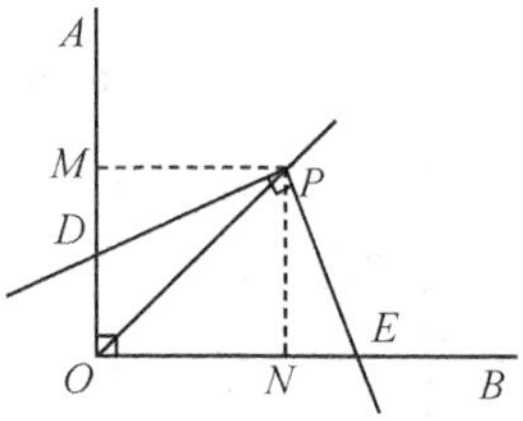

图 6-32

解　$PD=PE$. 如图 6-32，过点 P 分别作射线 OA 与 OB 的垂线，垂足分别为点 M 和 N.

因为 $PM\perp OA$，$PN\perp OB$，所以 $\angle PMD=\angle PNE=90^\circ$. 因为 $\angle DPE=90^\circ$，所以 $\angle DPE=\angle DPN+\angle NPE=90^\circ$. 因为 $\angle AOB=\angle PMD=\angle PNE=90^\circ$，所以 $\angle MPN=\angle MPD+\angle DPN=90^\circ$. 所以 $\angle MPD=\angle NPE$. 在 $\triangle PMD$ 和 $\triangle PNE$ 中，$\angle PMD=\angle PNE$，$PM=PN$，$\angle MPD=\angle NPE$，所以 $\triangle PMD\cong\triangle PNE$. 所以 $PD=PE$.

在用上述方法证明完后，我又深入思考，想到另一种证法.

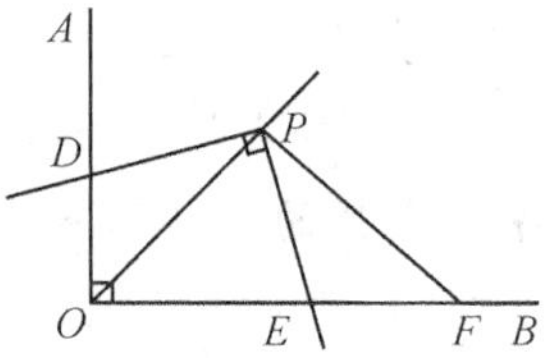

图 6-33

证明　如图 6-33，作 $PF\perp OP$ 交 OB 于点 F.

因为 OP 平分 $\angle AOB$，所以 $\angle POD=\angle POF=\angle PFE=45^\circ$，所以 $PO=PF$. 因为 $\angle PDO+\angle PEO=$

$\angle PEO+\angle PEF=180^\circ$，所以$\angle PDO=\angle PEF$，所以$\triangle PDO\cong\triangle PEF$，所以$PD=PE$.

我又对其进行拓展. 如图 6-34，已知$\angle AOB=120^\circ$，射线 OP 仍然平分$\angle AOB$，$\angle DPE=60^\circ$，这里的 PD 与 PE 相等吗？

我灵机一动，可不可以继续作垂直证明全等. 如图 6-35，分别作射线 OA 与 OB 的垂线，垂足为点 M 和 N，类似地只要证明$\triangle PMD\cong\triangle PNE$ 即可.

我又想了想，是不是还有其他证法呢？类比图 6-33，作$\angle OPF=60^\circ$，如图 6-36，证明$\triangle PEF\cong\triangle PDO$ 即可.

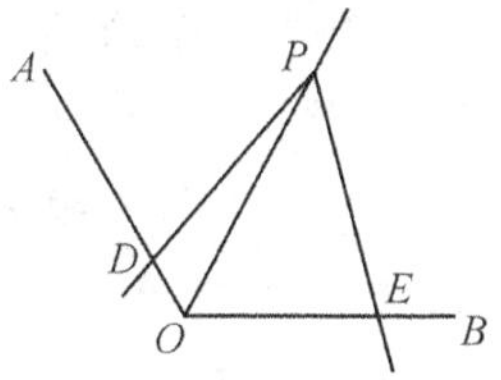

图 6-34

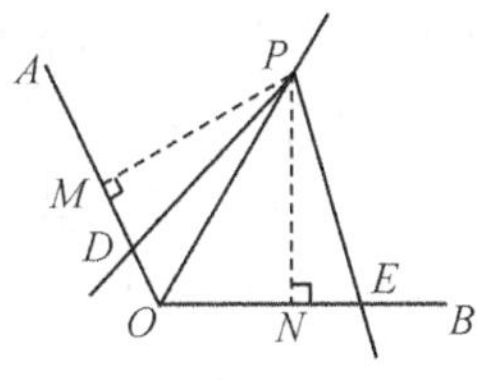

图 6-35

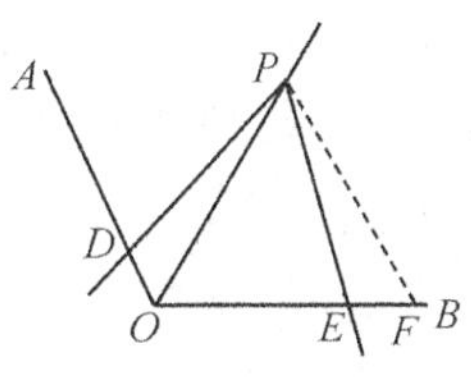

图 6-36

我很欣喜自己用了两种方法解决了课本上的一道题目，并将解决问题的方法类比到其他图形中，也获得了成功. 这让我深切感受到类比思想的强大. 只要我们运用恰当的数学思想方法，深入研究，仔细斟酌，许多问题都会由“山重水复”变得“柳暗花明”.

点评：在平时的教学中我较为重视引导学生寻找解决问题的通性通法和一题多解，也重视类比学习，让学生对一些问题加以改编. 作者介绍了自己从一幅图开始研究，记述了自己如何思考、类比、变式的过程，以及在此过程中自己的一些原初性想法.

创造性写作不仅仅是作者表达思想的一种方式，更是作者创造性思维的体现. 数学历史发展的过程中，每一个定义、定理、猜想都体现了创造性. 可以说，没有创造性，就没有数学蓬勃发展的今天. 创造性，要求作者能够跳出常规思维模式，勇于突破传统观念和框架的束缚，提出一些新的问题，找到一些新的方法，发现一些新的结论. 这样的写作对培养拔尖创新型人才有着重要的意义和价值.

第七章 应用性数学写作

数学源于对现实世界的抽象，通过对数量和数量关系、图形和图形关系的抽象，建立刻画现实世界的数学模型，形成数学结论和方法，帮助人们认识、理解和表达现实世界的本质、关系和规律. 通过数学学习，学会用数学的眼光观察现实世界、用数学的思维思考现实世界、用数学的语言表达现实世界. 从现实世界中发现和提出问题、分析和解决问题是学生应具备的基本数学素养，这种素养表现为模型观念和数学建模能力. 应用性数学写作是指运用数学知识和思想方法解决实际问题，将建立数学模型分析和解决问题的过程记录下来的写作方式. 应用性数学写作一般分为两类，第一类是建立模型解决数学内部问题的写作，第二类是建立模型解决实际问题的写作. 本章将对这两类应用性数学写作加以介绍.

第一节 建立模型解决数学问题

数学是对现实世界中数量和数量关系、图形和图形关系的抽象，得到数学的研究对象及其关系，基于抽象结构，对研究对象进行符号运算、形式推理、模型建构等，形成数学的结论和方法，这必然涉及数学内部的问题解决. 概念模型的抽象与建立、数学模型的探究与求解，这些问题的解决都可以划归为数学内部问题的解决，以凸显数学的应用价值.

一、数与代数领域中的模型

方程、不等式和函数是刻画现实世界的有效模型. 数与代数领域中的数学模型包括代数式、方程、不等式和函数等，在数学学习中，建立方程、不等式、函数等模型解决数学内部问题是提高数学能力的基本途径. 在问题解决过程中，进一步反思、归纳，以写作的方式形成文本，是提高数学能力的重要基础.

（一）求代数式的值

代数式源自字母表示数，是对现实世界数量关系的有效刻画. 代数式是最基本的数学模型，是学生完成初中“数与代数”领域学习的重要保障. 在“代数式的值”的学习中，学生会遇到一个个棘手的问题，在合作探究的基础上，可形成诸多有价值的应用性写作成果.

案例1　一道代数式求值问题的五种解法

在初一上学期第3章代数式的学习中，我们知道代数式是指用运算符号把数或字母连接起来的式子，单独一个数或一个字母也是代数式. 根据问题的需要，用具体数值代替代数式中的字母，计算所得的结果叫做代数式的值. 显然，我们这里所讲的求代数式的值是指含有字母的代数式. 教材中的习题大多属于直接把字母的值代入求值的类型，即代数式中的字母取值都是确定的，可以直接代入，我们只需先将代数式化简，然后代入求值即可. 但有些时候，会遇到无法直接将字母的值代入求值的问题，这就要求我们认真分析已知条件和未知代数式，找到它们之间的联系，灵活巧妙地代入求值.

原题呈现：若 $a+b=3$，则 $a^2+ab+3b=$ ________.

分析　已知条件为 $a+b=3$，其中字母 a,b 的值不确定，但它们的和是确定的，值为3. 如何求解 $a^2+ab+3b$ 的值呢？显然有两种基本途径，从已知出发求未知或者从未知出发找已知，只要将要求的代数式与已知条件建立联系就能完成求解.

解析1　观察两个式子的特征可以发现，a^2+ab 中有公因式 a，若提出公因式，正好能出现代数式 $a+b$，此时将 $a+b=3$ 代入后，我们发现两个单项式中有公因数3，再进行因式分解后代入求值. 通过两次代入求出结果.

解法1

$$\begin{aligned}&a^2+ab+3b\\=&a(a+b)+3b\\=&3a+3b\\=&3(a+b)\\=&9.\end{aligned}$$

解析2　将 $a+b=3$ 改写成 $b=3-a$ 的形式，代入代数式中消去字母 b 后进行计算. 当然，也可以将 $a+b=3$ 改写成 $a=3-b$ 代入代数式中消去字母 a 后计算求解.

解法2　因为 $a+b=3$，所以 $b=3-a$.

所以 $a^2+ab+3b$

$=a^2+a(3-a)+3(3-a)$

$=a^2+3a-a^2+9-3a$

$=9.$

解析3 在解法2中，我们将$a+b=3$改写成用a表示b或用b表示a的形式，代入要求的代数式中求值. 观察发现$a^2+ab+3b$中含有数字3，我们将已知条件逆用，把3换成$a+b$，代入代数式中也可以巧妙地实现求解.

解法3 $a^2+ab+3b$

$=a^2+ab+(a+b)b$

$=a^2+ab+ab+b^2$

$=a^2+2ab+b^2$

$=(a+b)^2$

$=3^2$

$=9.$

解析4 既然字母a，b的和为定值3，字母a，b的取值不确定，我们可以采用取特殊值的方法确定代数式的值，比如将$a=1$，$b=2$代入代数式求值.

解法4 因为$a+b=3$，若$a=1$，$b=2$，则$a^2+ab+3b=9$.

以上几种方法的共同点都是代入求值，有的方法比较巧妙，有的方法有点烦琐，使用哪种方法要根据具体情况确定. 解法1、解法2的适用范围比较广，是求代数式的值的通法. 解法3是一种特殊的代入法，在具体求解时要根据已知条件和所求代数式的特点，考虑是否可以使用. 而解法4的特殊化取值法不能作为通法使用，因为我们不能用特殊代替一般，尤其在解答题中仍需用解法1至解法3求解，这种特殊化取值法仅适用于求解填空题或选择题.

老师在课堂上经常给我们讲数形结合的方法，数与形紧密联系、互相转化. 在这个问题中，可以把"数"的问题转化为"形"的问题，简单直观，易于解答. 于是，我尝试将代数式求值问题以图形的形式表示出来，得到了非常棒的解法，分享如下.

解析5 先将$a^2+ab+3b$用图形面积表示出来(图7-1)，然后补图构造长方形(图7-2)，再从整体上表示出$a^2+ab+3b$的面积，求得代数式的值.

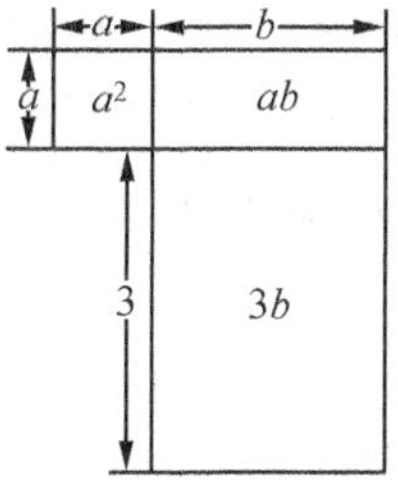

图 7-1

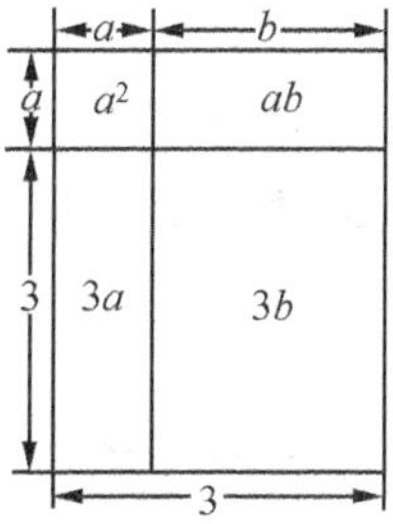

图 7-2

解法 5　如图 7-2，　$a^2+ab+3b$

$=3(a+3)-3a$

$=3a+9-3a$

$=9.$

求代数式的值属于数与式的有关计算问题，可以尝试将代数式以“形”的形式表示出来，通过图形直观地找到求解方法，这就是数形结合的思想. 解法 5 给我们的启发是，当数与式的计算遇到困难时，可以借助图形直观地分析求解；当图形研究遇到困难时，可以借助数与式的运算来帮助解决.

以上解法先从“数”的角度介绍如何巧妙地代入求值，再从“形”的角度谈了如何通过数形结合求代数式的值，希望我提供的解法对同学们解决求代数式的值的问题有所帮助.

点评：这是一道非常典型的代数式求值问题，蕴含丰富的数学思想方法. 作者对这道代数式求值问题进行了深入的研究，挖掘出了一些具有代表性的通性通法. 比如，从已知找未知的综合法，从未知找已知的分析法，从方程视角的代入消元法，这些方法都是解决这类代数式求值问题的常规方法，所有同学都应该理解并掌握. 令我们惊讶的是解法 3 和解法 5，解法 3 是将 $3=a+b$ 代入代数式求值，非常巧妙，值得研究和推广；解法 5 借助图形直观地求解，也是我们没想到的，很奇妙，说明作者已经理解和掌握数形结合的思想方法，并能自觉地、有效地在具体问题情境中运用. 这篇文章让我们不仅感受到数形结合的价值，更感受到数学思考的魅力，希望更多的同学面对数学问题时，积极思考，勇于探究，将自己的发现与他人分享，过一种有意义的数学学习生活.

（二）“含参”不等式组

在现实生活中存在大量的不等关系，不等式是刻画不等关系的有效模型. 在不等式的学习中，从实际问题中找出不等关系，用数学符号语言表达，从而建构不等式（组）模型，进一步学习不等式（组）模型的求解方法，为解决实际问题奠定基础. 在求解不等式组模型的过程中，会遇到一类含有“参数”的不等式组. 这一类问题常常会给同学们带来困扰，那么如何求解“含参”不等式组呢？有的同学利用数轴，将抽象的数学问题用直观的图形表达，很好地解决了这一问题.

案例 2　利用数轴求解“含参”不等式组

最近，我们学习了一元一次不等式组的有关知识，学会了求解一元一次不等式组的方法. 在做相应的练习题时，遇到了一类题目：根据不等式组的解集情况确定“参数”的取值范围. 什么是“参数”呢？这里的参数是指关于 x 的一元不等式（组）中含有其他字母（比如 a），我们把这些“字母”称为“参数”，把含有“参数”的不等式组简称为“含参”不等式组. 我们发现随着参数的引入，会让代数式更加复杂，求解难度也更大. 我们一起来探究下面这道题的求解方法.

题目：已知关于 x 的不等式组 $\begin{cases}5x-a>3(x-1),\\ 2x-1\leqslant 7\end{cases}$ 的所有整数解的和为 7，求 a 的取值范围.

1. 分析求解

第一步：题目给出的是一个含有参数 a 的一元一次不等式组，既然题目中的条件为“所有整数解的和为 7”，这就给我们的求解思路指明了方向，即先分别求解这两个一元一次不等式，再确定不等式组的解集. 当然，这时不等式组的解集中肯定含有参数 a. 此时，我们确定了关于 x 的不等式组的“含参”解集.

解：$\begin{cases}5x-a>3(x-1), & ①\\ 2x-1\leqslant 7. & ②\end{cases}$

解不等式①，得 $x>\dfrac{a-3}{2}$.

解不等式②，得 $x\leqslant 4$.

根据题意，得不等式组的解集为 $\dfrac{a-3}{2}<x\leqslant 4$.

第二步：求解至此，我们只是利用“所有整数解的和为 7”中“有解”这个条件，得到了不等式组的“含参”解集. 若要进一步确定参数 a 的取值范围，那就得使用“整数解的和为 7”这个条件.

通过对不等式组的解集的分析发现，不等式组的整数的解和为 7，那么其整数解必然为 3 和 4. 为什么呢？因为在解集 $\dfrac{a-3}{2}<x\leqslant 4$ 中，作为整数的 x 肯定会取 4，此时 $7-3=4$，即两个整数解为 3 和 4. 但是如何确定 a 的取值范围，

仍然很棘手. 于是,我们想到了数形结合的“利器”——数轴. 借助数轴的直观性,我们尝试解决剩下的问题.

由上可知,不等式组的解集为$\frac{a-3}{2}<x\leqslant 4$,在数轴上的表示如图 7-3 所示.

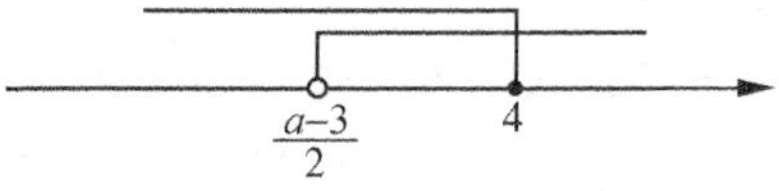

图 7-3

因为不等式组的所有整数解的和为 7,

所以代数式$\frac{a-3}{2}$的取值应在 2 和 3 之间.

因为其在数轴上是“空心”的,

所以可以判断$\frac{a-3}{2}$的值可取 2,但不能取 3,如图 7-4 所示.

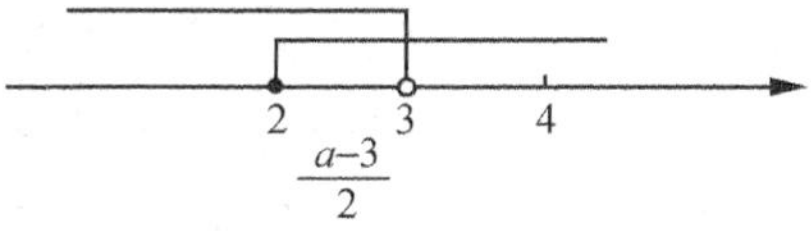

图 7-4

所以 $2\leqslant\frac{a-3}{2}<3$,

所以 a 的取值范围为 $7\leqslant a<9$.

2. 解题反思

我们回顾一下解题的过程,遇到有关“含参”不等式组的题目,先仔细审题,获取重要的信息(条件),然后求解出“含参”的解集,进一步细化条件,将需满足的条件转化为新的不等式组模型,求解即可. 希望我的分享能为大家解决此类问题提供帮助.

点评: 作者对“含参”不等式组的概念进行了简单的界定,明确了研究的数学对象,有利于下面更好地学习和研究. “含参”不等式组的有关问题比较抽象,求解起来有一定的挑战性,我们一般采用两种方法求解:代数推理法和图形推理法,其中图形推理法就是指借助数轴的直观性进行推理分析. 本文就是利用数轴进行推理分析的一种示范,相信会给同学们的数学学习带来一些帮助和启示.

案例3　一道“含参”不等式组的求解

最近，我们学习了一元一次不等式．通过学习，我们知道了只含有一个未知数，并且未知数的次数都是1，系数不等于0的不等式叫做一元一次不等式．根据问题解决的需要，把几个含有同一个未知数的一次不等式联立在一起，就组成了一元一次不等式组．在求解不等式组时，我们一般是先分别求得每个一元一次不等式的解集，然后再通过数轴分别表示，解集的公共部分就是不等式组的解集．然而，在求解不等式组的有关问题时，会遇到不等式组中除了“元”还含有其他字母的情况，一般称为“含参”不等式组．比如下面这道题．

题目：如果关于 x 的方程 $\frac{2x+3}{3}=a+2$ 有负整数解，且关于 x 的不等式组 $\begin{cases}\frac{x-1}{2}\geqslant 2a,\\ x-a\leqslant 4a+6\end{cases}$ 有解，那么符合条件的所有整数 a 的和为__________．

1．分析题目

从要求的结论开始思考，“所有整数 a 的和”指的是符合条件的所有 a 的值，也就是说只要求出符合条件的 a 的值即可．题目中给出了一个一元一次方程和一个一元一次不等式组，方程和不等式组中都含有参数 a，这给我们的分析与求解带来了很多困难．题目分别给出了两个关键信息“有负整数解”和“有解”，于是，我们先尝试从这两个条件出发，分别求解“含参”方程和“含参”不等式组，然后进一步思考．

2．思考求解

一开始看到这道题感觉比较难，与不含参数的一元一次方程和一元一次不等式组相比，参数 a 让我们感觉无从下手．再仔细审题，我们会发现方程的解与不等式组的解集有着包含与被包含的关系，即方程 $\frac{2x+3}{3}=a+2$ 的解一定被包含在不等式组 $\begin{cases}\frac{x-1}{2}\geqslant 2a,\\ x-a\leqslant 4a+6\end{cases}$ 的解集范围内．因此，我们应先从不等式组开始求解，尝试确定不等式组中参数 a 的取值范围，然后再讨论方程中 x 取负整数解时对应的 a 的值．

解：$\begin{cases}\frac{x-1}{2}\geqslant 2a, & ①\\ x-a\leqslant 4a+6. & ②\end{cases}$

解不等式①，得 $x\geqslant 4a+1$．

解不等式②，得 $x\leqslant 5a+6$.

在数轴上表示不等式①②的解集(图 7-5)：

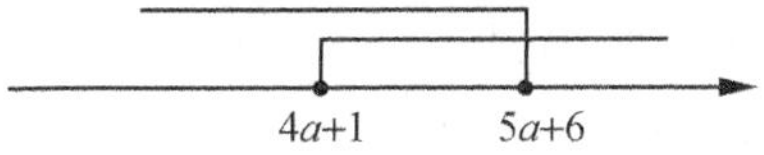

图 7-5

因为不等式组有解，由图 7-5 可知，不等式组的解集是 $4a+1\leqslant x\leqslant 5a+6$.

根据图 7-5，进一步确定 a 应满足的取值范围是 $4a+1\leqslant 5a+6$.

解这个不等式，得 $a\geqslant -5$.

由此，我们就先确定了 a 的取值范围. 再看另一个条件"方程有负整数解"，此时需求解出"含参"方程的解，用含参数 a 的代数式表达方程的解，便可将"有负整数解"这一条件转化到 a 上.

解：$\dfrac{2x+3}{3}=a+2$，

解这个方程，得 $x=\dfrac{3a+3}{2}$.

因为方程有负整数解且 $a\geqslant -5$，

所以 a 的取值为 -3 或 -5，

所以所有整数 a 的和为 -8.

3. **总结回顾**

这道题中含有一个参数 a，使得方程与不等式组的分析和求解难度增加，我们把这一类问题称为"含参"不等式组的求解. 通过求解，我们发现，只需分别求出"含参"不等式的解集，根据不等式组"有解""无解""有几个整数解"等条件，确定参数 a 的取值范围，并由此结果去求解新的问题. 因此，我们在求解"含参"不等式组的有关问题时，先仔细分析题意，将参数 a 看成已知数，精确求解，一定能正确解决这类问题. 希望以上思考与求解的过程对同学们的学习有所帮助.

点评： 近期，我们学习了一元一次不等式(组)的有关知识，在求解题目时，会遇到一类"含参"型的一元一次不等式组的问题，这类问题给同学们带来很大的困惑. 作者从一道有关"含参"不等式组的题目出发，从分析题目、思考求解、总结回顾等三个方面分享了求解的心路历程，给我们以启示，使我们学会了分析、求解该类问题的一般途径. 相信这篇数学习作会给同学们的数学学习带来一定的帮助，也希望更多的同学在数学学习中勇于面对困难，善于探究，勤于思考，及时用数学写作的方式将自己的研究成果表达出来，分享他人，成就自我.

（三）二次函数图像平移规律

在二次函数图像和性质的学习中，同学们对二次函数“顶点式”$y=a(x-h)^2+k$ 背景下的图像平移规律掌握得很好. 有同学在学习过程中提出，在二次函数“一般式”背景下的图像平移是否存在类似的规律？由此产生了一个有趣的探究性问题，经系统探究形成以下应用性写作成果.

案例4　二次函数图像平移规律的猜想与探索

初三我们学习了二次函数. 在研究二次函数图像的平移规律时，我们通过将一般式 $y=ax^2+bx+c$ 转换为顶点式 $y=a(x-h)^2+k$ 来研究图像左右平移时的变化规律. 最后，得出研究结论：$y=a(x-h)^2+k$ 的图像可由 $y=ax^2+k$ 的图像向左或向右平移 $|h|$ 个单位长度得到.

1. 提出问题

在复习二次函数的图像与性质时，同学们提出两个问题：“一般式”下的二次函数图像是否也存在左右平移的变化规律？如何探究二次函数 $y=ax^2+bx+c$ 的图像左右平移中蕴含的变化规律？

2. 探究问题

关联：由一次函数获得猜想.

联想之前学习的一次函数的图像与性质，当时我们发现：一次函数 $y=2(x-1)$ 的图像是由一次函数 $y=2x$ 的图像向右平移 1 个单位长度得到的，一次函数 $y=2(x+2)$ 的图像是由一次函数 $y=2x$ 的图像向左平移 2 个单位长度得到的. 那么我们是否可以借鉴这种变化规律，猜想“一般式”下的二次函数图像左右平移也存在类似的变化规律？

我们发现一次函数图像左右平移的变化表现在自变量 x 上，具体表现为：向左平移 n 个单位长度时，自变量加 n；向右平移 n 个单位长度时，自变量减 n. 由此，我们猜想二次函数 $y=a(x+n)^2+b(x+n)+c$ 的图像是由 $y=ax^2+bx+c$ 的图像向左平移 n 个单位长度得到的.

验证：由具体函数初步验证.

猜想：先举一个具体的例子进行初步猜想. 以“一般式”下的二次函数 $y=x^2-2x+3$ 为例，如果将其图像向左或向右平移 1 个单位长度，求平移后的二次函数的表达式. 按照上述分析，猜想平移后二次函数的表达式分别为 $y=(x+1)^2-2(x+1)+3$，$y=(x-1)^2-2(x-1)+3$.

验证：因为二次函数图像的左右平移是图像整体平移，于是可以通过观察二次函数图像顶点的变化情况来判断图像平移前后的变化情况. 通过计算，我们得到二次函数 $y=x^2-2x+3$ 的顶点坐标为(1,2)，$y=(x+1)^2-2(x+1)+3$ 的顶点坐标为(0,2)，$y=(x-1)^2-2(x-1)+3$ 的顶点坐标为(2,2).

由以上结果我们可以发现 $y=(x+1)^2-2(x+1)+3$ 的图像相较于 $y=x^2-2x+3$ 的图像而言，顶点坐标向左平移了 1 个单位长度；$y=(x-1)^2-2(x-1)+3$ 的图像相较于 $y=x^2-2x+3$ 的图像而言，顶点坐标向右平移了 1 个单位长度. 由此，我们可以做出判断：二次函数 $y=(x+1)^2-2(x+1)+3$ 的图像是由二次函数 $y=x^2-2x+3$ 的图像向左平移 1 个单位长度得到的；二次函数 $y=(x-1)^2-2(x-1)+3$ 的图像是由二次函数 $y=x^2-2x+3$ 的图像向右平移 1 个单位长度得到的.

因此，"一般式"下的二次函数图像左右平移确实存在与一次函数图像左右平移类似的变化规律.

推理：由特殊到一般的探究.

接下来我们尝试探究"一般式"下的二次函数图像左右平移的变化规律. 在上文中，我们通过举例初步发现二次函数 $y=a(x+n)^2+b(x+n)+c$ 的图像是由二次函数 $y=ax^2+bx+c$ 的图像向左平移 n 个单位长度得到的. 那么如何证明这个变化的规律呢？我们延续上述探究方法，将具体的二次函数表达式抽象为二次函数的一般形式，通过观察和判断二次函数顶点的变化情况来探究平移变化的普遍规律.

通过之前的学习，我们可以表示出二次函数 $y=ax^2+bx+c$ 图像的顶点坐标为 $\left(-\dfrac{b}{2a},\dfrac{4ac-b^2}{4a}\right)$. 通过计算，我们同样也可以求出二次函数 $y=a(x+n)^2+b(x+n)+c$ 图像的顶点坐标：由 $y=a(x+n)^2+b(x+n)+c$ 整理得 $y=ax^2+(2an+b)x+an^2+bn+c$，从而得到图像的对称轴为 $x=-\dfrac{b}{2a}-n$；将 $x=-\dfrac{b}{2a}-n$ 代入 $y=a(x+n)^2+b(x+n)+c$ 得 $y=\dfrac{4ac-b^2}{4a}$. 所以二次函数 $y=a(x+n)^2+b(x+n)+c$ 的顶点坐标为 $\left(-\dfrac{b}{2a}-n,\dfrac{4ac-b^2}{4a}\right)$. 根据计算结果，可以得出二次函数 $y=a(x+n)^2+b(x+n)+c$ 的图像是由二次函数 $y=ax^2+bx+c$ 的图像向左平移 n 个单位长度得到的. 由此可以判断我们的猜想是正确的，从而得到一个重要结论：对于二次函数 $y=ax^2+bx+c$，若将其图像向左平移 n 个单位长度，此时二次函数的表达式为 $y=a(x+n)^2+b(x+n)+c$；同理，

若将其图像向右平移 n 个单位长度，此时二次函数的表达式为 $y=a(x-n)^2+b(x-n)+c$.

3. 总结反思

在对“一般式”下的二次函数图像左右平移变化规律的深入研究中，我们经历了提出问题、类比猜想、举例验证、推理论证、形成结论的探究过程，感受到数学探究的乐趣. 这启示我们在数学学习过程中，不能只满足于课本和老师讲授的知识，还要多加思考，举一反三，更加深入地理解数学知识和方法，熟练运用数学知识和方法解决问题，从而提高自身的数学水平.

点评：在二次函数图像的平移变化规律的研究中，同学们对“顶点式”下的二次函数图像左右平移的变化规律比较熟悉，而对“一般式”下的二次函数图像左右平移的变化规律是陌生的. 作者提出了一个非常有价值的、有意义的问题，从具体的二次函数入手，分别经历了类比、猜想、验证、推理、论证的过程，从特殊到一般逐步深入探究，最终获得有价值的结论，这非常值得我们学习和借鉴.

二、图形与几何领域中的模型

图形与几何领域中常常存在稳定的图形结构，这种结构可以看作基本图形或基本图形的组合，在图形与几何的学习中起着重要的作用. 比如，全等三角形背景下的“手拉手模型”，相似三角形背景下的“K 形相似”“母子相似”，等等. 当学生面对较复杂的图形与几何问题时，借助这些基本图形能快速、有效地进行分析和求解.

（一）勾股定理的证明

勾股定理是平面几何中一个非常重要的定理. 在我国，《周髀算经》中记载了勾股定理的公式与证明，相传是由商高发现的，故又称为商高定理. 在西方，勾股定理也称作毕达哥拉斯定理. 勾股定理令人着迷，人们对勾股定理的证明颇感兴趣，迄今为止，勾股定理的证法已有 500 余种. 其中比较有代表性的证法有赵爽“弦图”证法、总统证法、毕达哥拉斯证法、欧几里得证法等. 欧几里得证法中用到了含有结构特征的全等三角形，在全等模型的基础上，进行面积转换，从而实现了证明.

案例 5　勾股定理欧几里得证法中的数学模型

勾股定理是初中几何的重要定理之一，据说已有 500 余种证明方法，由此可以看出勾股定理的魅力之大．据数学史料记载，我国周朝数学家商高提出“勾三、股四、弦五”．这说明我国在很早就发现了勾股定理．而西方最早提出并证明勾股定理的是公元前6世纪的古希腊毕达哥拉斯学派，所以勾股定理也称为毕达哥拉斯定理．

古希腊数学家欧几里得在其著作《几何原本》中给出了勾股定理的证明方法，以“命题Ⅰ.47”呈现，我们一般称其为欧几里得证法．下面，我们一起来欣赏欧几里得的证明过程．

已知：如图7-6，在$\triangle ABC$中，$\angle BAC=90°$．

求证：$AB^2+AC^2=BC^2$．

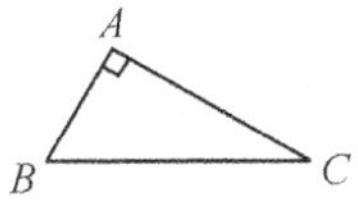

图7-6

证明　如图7-7，分别以BC，BA和AC为边作正方形$BDEC$、正方形$BAGF$和$ACKH$，过点A作$AL\parallel BD$，连接AD，FC．

$\because \angle BAC=\angle BAG=90°$，$\therefore \angle BAC+\angle BAG=180°$．

$\therefore CA$与AG在同一条直线上．

同理，BA与AH在同一条直线上．

$\because DB=BC$，$AB=FB$，$\angle ABD=\angle FBC$，

$\therefore \triangle ABD\cong\triangle FBC$，

$\therefore S_{\triangle ABD}=S_{\triangle FBC}$．

$\because BD\parallel AL$，$\therefore S_{\triangle ABD}=\frac{1}{2}S_{\square BDLO}$．

同理，$S_{\triangle FBC}=\frac{1}{2}S_{\square ABFG}$．

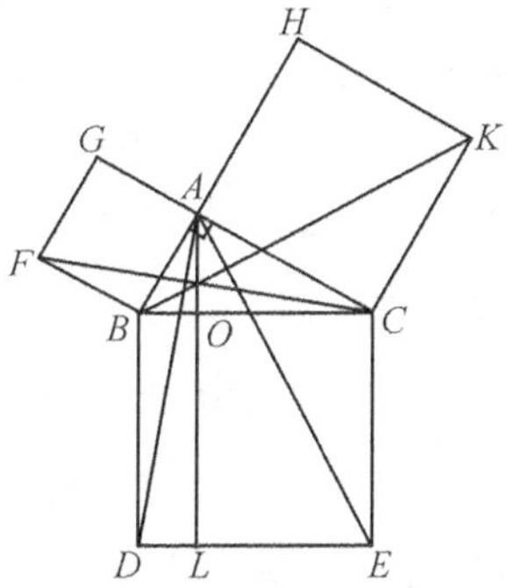

图7-7

$\therefore S_{\square BDLO}=S_{\square ABFG}$．

类似地，可证得$S_{\square OLEC}=S_{\square ACKH}$．

$\therefore S_{\square OLEC}+S_{\square BDLO}=S_{\square ACKH}+S_{\square ABFG}$，

$\therefore$ 正方形$BDEC$的面积是正方形$FBAG$和正方形$ACKH$的面积之和，

$\therefore AB^2+AC^2=BC^2$．

在欧几里得证法中我们发现了几何中经常用到的两个数学模型，一个是“手拉手”模型，另一个是“平行等积”模型．

如图7-8，当$AB=BF$，$BC=BD$，并且它们的夹角$\angle ABF=\angle CBD$时，就能证得$\triangle ABD\cong\triangle FBC$，这就是我们常用的“手拉手”模型．

如图7-9，当$AB\parallel CD$时，易得$S_{\triangle ABC}=S_{\triangle ABD}$，这就是“平行等积”模型，在很多问题中会用到这个数学模型．进一步研究，我们发现：若$AE\parallel BC$，则四

边形 $ABCE$ 为平行四边形，可以证明 $S_{\triangle ABC}=S_{\triangle ABD}=\frac{1}{2}S_{\square ABCE}$.

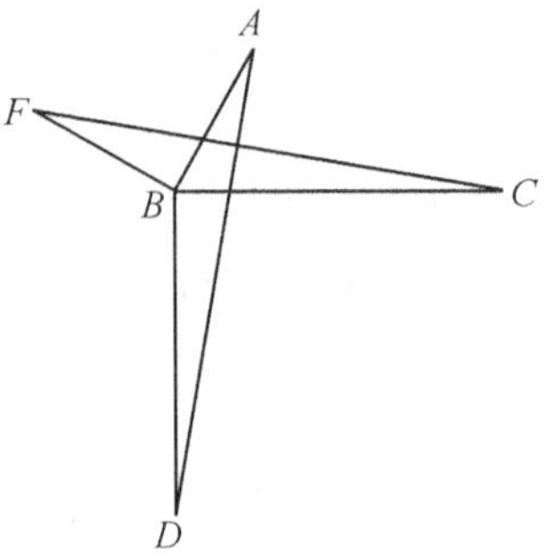

图 7-8

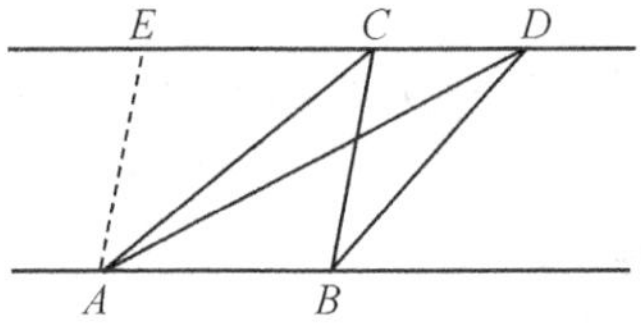

图 7-9

在欧几里得证法中，用到了以上两个非常重要的数学模型. 如果对这两个数学模型非常熟悉，欧几里得证法就很好理解了.

点评： 勾股定理的证法有很多种，对于初中生而言，简洁、优美并且有代表性的证法不是很多. 欧几里得证法是非常有代表性并且很有思维训练价值的证法，但很多初中生感觉这种证法很难理解和掌握. 作者正是基于这样的思考，从基本数学模型的视角赏析欧几里得证法，相信这会帮助同学们理解和掌握这种证法，并运用数学模型解决更多的问题.

（二）圆背景下的最值问题

在圆的学习中，点与圆的位置关系是重要内容. 在同一平面内，点与圆的位置关系包括：点在圆内、点在圆上、点在圆外. 在解决问题的过程中，经常遇到求点到圆的最大距离或最小距离. 这一类问题如何解决呢？有学生进行了主题研究，提炼出"一箭穿心"模型，为该类问题的解决提供了参考.

案例 6 "一箭穿心"模型的探究

最近，我们学习了圆的有关知识，了解了圆的有关概念和基本性质等. 在运用圆的知识解决问题时，遇到了一道有意思的题目，下面我们一起来探究这个有趣的问题.

1. 问题呈现

现有一点 P，点 P 到 $\odot O$ 的最长距离为 5，最短距离为 3，求 $\odot O$ 的半径.

2. 分析求解

这道题没有给出图形，我们在分析时，首先想到点 P 既可以在圆内也可以在圆外，由此发现需要分两种情况讨论. 当点 P 在圆内时，过点 P 作直径分别交⊙O于点A,B,如图 7-10,此时直径为$AB=PA+PB=5+3=8$;当点P在圆外时,连接PO,交⊙O于A,B两点,如图 7-11,则直径$AB=PA-PB=5-3=2$.

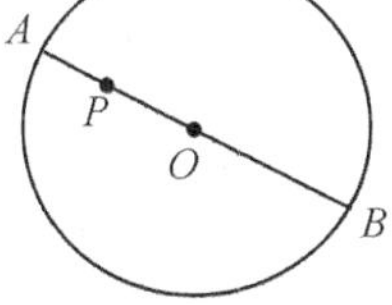

图 7-10

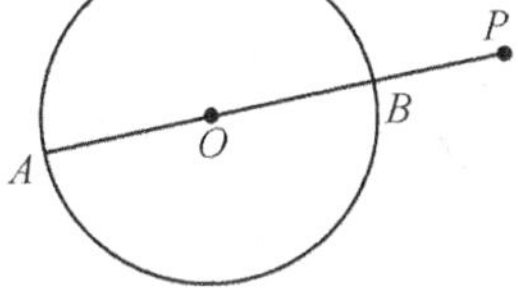

图 7-11

3. **提炼模型**

在同一平面内,若将任意一点P到⊙O的最长距离记为a,最短距离记为b,则⊙O的直径可以表示为$\frac{a \pm b}{2}$.从而建立了一个求解⊙O直径的模型.当知道某点到⊙O的最长距离和最短距离,就可以运用这个数学模型求解.

4. **模型拓展**

通过对以上问题的分析,我们发现无论点P在圆内还是在圆外,解决这个问题都要过点P连接圆心,形成一条穿过圆心的直线,直线与圆有两个交点A,B,这时就会形成两条线段PA,PB,分别是点P到⊙O的最短距离和最长距离,我们把这种数学模型称为“一箭穿心”模型.顾名思义,在圆的背景下,我们在求解线段长度的最大值或最小值问题时,可以作一条穿过圆心的辅助线,构造“一箭穿心”模型,从而解决这一类线段最值问题.

如图 7-12,BE,AC分别是点B、点A到⊙O的最短距离;BF,AD分别是点B、点A到⊙O的最长距离.

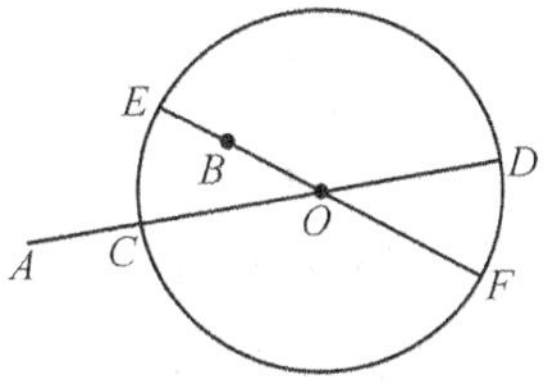

图 7-12

5. **模型应用**

如图 7-13,在等边三角形ABC中,$AB=6$,点D,E分别在边BC,AC上,且$BD=CE$,连接AD,BE交于点F,连接CF.求线段CF长的最小值.

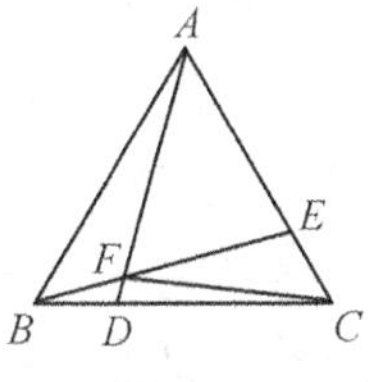

图 7-13

分析　题目是在等边三角形的背景下,求一条“动”线段长度的最小值.由$BD=CE$,根据等边三角形的性质,很容易构造出全等三角形,即$\triangle ABD \cong \triangle BCE$,但在$BD$和$CE$的长度不确定的情况下(点$F$的位置不确定),如何求得$CF$的最小值比较困难.点$F$是一个动点,如何确定它的运动轨迹是解题的关键.数学老师讲过,寻找运动变化中的不变性是解决这一类动点问题的常规思路. 在$\triangle ABD\cong\triangle BCE$的基础上,我们发现$\angle BAD$,$\angle ABF$的和是一个$60^\circ$的定值,由此说明$\angle AFB$始终是定值$120^\circ$,此时可将$\angle AFB$看成圆的圆周角、线段$AB$看成圆的定弦. 进一步,我们可以使用“一箭穿心”模型来计算并求解问题.

解 因为$\triangle ABC$是等边三角形,

所以$AB=BC$,$\angle ABD=\angle BCE=60^\circ$.

在$\triangle ABD$和$\triangle BCE$中,$\begin{cases}AB=BC,\\ \angle ABD=\angle BCE,\\ BD=CE,\end{cases}$

所以$\triangle ABD\cong\triangle BCE$(SAS).

所以$\angle BAD=\angle CBE$.

所以$\angle BAD+\angle ABF=\angle CBE+\angle ABF=60^\circ$.

所以$\angle AFB=180^\circ-(\angle BAD+\angle ABF)=120^\circ$.

如图7-14,以AB为弦、$\angle AFB$为圆周角,作$\odot O$.

因为$\angle AFB=120^\circ$,

所以优弧$\overset{\frown}{AB}$的度数为240°.

所以$\angle AOB=360^\circ-240^\circ=120^\circ$.

连接OB,OC,OA,

因为$OA=OB$,

所以$\angle OBA=\angle OAB=30^\circ$.

所以$\angle OBC=\angle OBA+\angle ABC=90^\circ$.

所以$OC=\sqrt{OB^2+BC^2}=4\sqrt{3}$.

当点F运动至点G时,CF的长最小,

所以$CF_{\min}=CG=OC-OG=4\sqrt{3}-2\sqrt{3}=2\sqrt{3}$.

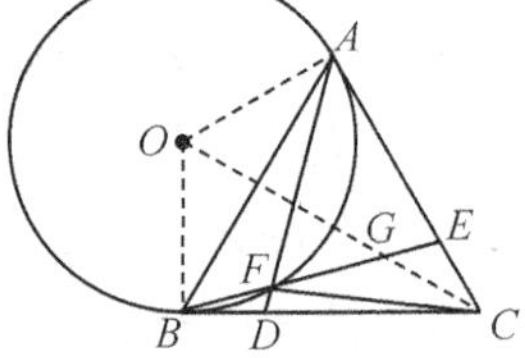

图 7-14

点评: 在有显性的圆的背景下,用“一箭穿心”模型解决线段最值问题是很容易理解和掌握的. 但在没有显性的圆的问题中,解决与圆有关的线段最值问题往往是很困难的,这主要是因为这里的圆是一种“隐圆”,需要我们借助圆的性质等知识发现,将其显性化,再运用合适的数学模型求解即可. 常见的思考路径是:见“定长”想“隐圆”,见“定角”想“隐圆”. 希望同学们在数学学习中能深入思考,不断提高分析问题和解决问题的能力.

第二节 建立模型解决实际问题

在初中阶段，实际问题包括实际模型问题和现实原型问题. 实际模型问题是相对于现实原型问题而言的，实际模型问题是指源自现实世界，经过一定的假设、简化的实际问题，表现出条件清晰、结论明确的常规的、封闭的特征. 现实原型问题是指源自现实世界的实际问题，没有经过加工、原生态的情境，甚至都没有明确的问题，表现出条件模糊、结论不明确的非常规的、开放的特征. 教材中提供的有现实背景的应用题都属于实际模型问题范畴，而源自现实世界的问题情境属于现实原型问题范畴. 学生面对这一类问题，经历分析数量关系、建立数学模型、求解模型、验证作答的过程，最后进行反思并撰写文本，从而形成应用性写作成果.

一、统计与概率领域

（一）统计模型

现实生活中到处都是数据，大数据时代人们离不开数据，人们对数据的收集、整理、描述显得尤为重要. 整理收集到的数据，选择适切的统计模型，发现数据背后蕴含的规律，为人们预测和判断提供可靠的依据是数学应用价值的直接体现.

案例7 学会选择适切的统计模型

提到数据，很多同学觉得在现实生活中好像接触的不多，其实不然，小到个人的身份证号、身高、体重，大到国内生产总值的增长率、人口数量及其变化趋势，这些都需要用数据来描述. 事实上，现实生活中的数据无处不在，我们通过对数据的收集、整理和描述，可以解决很多实际问题.

数据能帮助我们认识现实世界. 数据如此重要，那么我们该如何采集数据呢？请看下面两个实际问题.

问题1：为调查全班学生所在家庭一周内观看《新闻联播》的次数，该调查适合做普查还是抽样调查？

问题2：为调查某品牌一批灯泡的使用寿命，该调查适合做普查还是抽样调查？

问题1的研究对象为全班学生，像这样为某一特定目的而对所有考察对象所做的调查叫做普查，故该调查适合做普查. 普查的调查结果准确，但往往耗时多，工作量大. 在问题2中，调查总体是某品牌一批灯泡使用寿命的全体，调查数量较多，因为调查过程中会在一定程度上对调查对象造成损耗或破坏，所以我们会抽取部分样本进行调查. 像这样为某一特定目的而对部分考察对象所做的调查叫做抽样调查，故该调查适合做抽样调查. 抽样调查往往耗时较少，工作量较小，便于实施，在生活中得到广泛应用. 我们常常用样本数据的调查结果去估计总体数据，因此，在调查过程中要注意抽样时所选取样本的代表性，否则会影响对总体估计的准确性. 当然，选择哪一种调查方式主要取决于调查目的和调查对象的特点.

收集完数据后的重中之重是整理和描述数据，这样做是为了使数据信息显示得更直观、更清晰. 在"数据的收集、整理和描述"的学习中，我们学习了用不同类型的统计图整理和描述数据. 扇形统计图用圆中各扇形的面积描述各统计项目占总体的百分比；条形统计图用宽度相同的条形的高度描述各统计项目的数据；折线统计图用折线描述数据的变化过程和趋势；频数分布直方图直观地呈现了频数的分布特征和变化规律. 不同的统计图有不同的特点，下面我们以实际问题为例，谈谈如何选用统计图描述实际情境中的数据.

问题3：请指出下列调查中的数据适合用哪种统计图描述（条形统计图、扇形统计图、折线统计图），并说说你的理由.

(1) 2000年某市平均每人每月的消费性支出中，食品占40.6%，衣着占12.2%，家庭设备用品及服务占7.0%，医疗保健占5.9%，交通和通信占8.7%，娱乐、教育、文化服务占12.7%，居住占8.6%，其他占4.3%.

(2) 鸡、鸭、鹅、鸽子的孵化期分别为21天、30天、30天、16天.

(3) 我国不同年份的国内生产总值如下：

年份	1970	1980	1990	2000	2010	2020
国内生产总值/亿元	2 279.7	4 587.6	18 872.9	100 280.1	412 119.3	1 015 986.2

数据来源：中国国家统计局

题(1)可以看作是每个项目占总体的百分比，根据其特点可知选用扇形统计图进行描述比较合适. 题(2)中鸡、鸭、鹅、鸽子4个调查对象之间没有内在联系，不需要体现数据的变化过程和趋势，但需要体现孵化期天数的大小程度，因此可选用条形统计图进行描述. 题(3)需要表达不同年份的国内生产总值的变化，可选用折线统计图表示数据的变化趋势和变化过程.

在统计知识的学习中，老师告诉我们统计图本质上是一种数学模型，也称为统计模型. 在收集数据的基础上，整理和描述数据必然涉及选用哪种统计图（统计模型）的问题. 通过比较，我们发现：条形统计图能清楚地显示不同统计对象的数量；扇形统计图能比较清晰地反映各部分、各部分与整体之间的数量关系；折线统计图能够显示数据的变化趋势，反映事物的变化情况. 当然，根据研究需要，我们也可以使用多种统计模型，以反映数据背后蕴含的数学规律.

综合以上分析，我们知道在数据的收集、整理和描述中会遇到各种选择，如调查方式的选择和统计图的选择，与其说是在做选择题，倒不如说是对这些方法的理解和优缺点的明晰. 在现实生活中，为解决某一个有价值、有意义的问题，研究者们需要根据研究目的收集大量的数据，对数据进行整理和分析，采用恰当的统计模型进行整理和描述. 通过数据统计、分析和刻画来反映事物的变化特征和规律，以帮助我们更好地认识现实世界. 这也是我们学习这一章的价值所在.

点评： 现实生活中存在大量的数据，在数据如此重要的新时代，我们要学会用数据说话，用数据认识现实世界. 作者通过举例的方式介绍了调查方式和统计图类型，使我们进一步认识了普查与抽样调查，了解了不同统计模型的特点. 希望同学们能够在现实生活中选择有意义的实际问题，经历数据的收集、整理和描述过程，尝试建立适切的统计模型分析和求解问题，感受数据的魅力.

（二）概率模型

概率是刻画现实世界中随机事件发生可能性大小的有效模型. 现实生活中存在大量的随机事件，事件发生可能性的大小影响着人们的生产生活，因此，人们需要研究随机事件发生可能性的大小，用数值表示这种可能性的大小，即所谓的概率. 概率可以帮助我们预测未来可能发生的事件，从而为决策提供依据.

案例 8　抛硬币中的概率问题

最近，我们学习了概率，了解了确定事件、随机事件、概率等概念，知道概率是刻画事件发生可能性大小的数学模型. 在现实生活中，存在大量的随机现象，随机事件的发生虽具有随机性，但是我们可以通过数据来描述随机事件发生可能性的大小，这就是所谓的概率. 概率为我们合理地预测和判断随机事件的发生提供了非常重要的依据.

抛掷硬币是随机事件，在生活中得到了广泛应用. 比如，足球比赛时主裁判通过抛掷硬币的方式决定比赛的开球方. 如果我们问抛掷一枚质地均匀的一元硬币，出现正面朝上的概率是多少？我想大家都会不假思索地说是“$\frac{1}{2}$”. 而在实际抛掷试验中，抛掷了 3 次，有 2 次正面朝上，甚至还会出现 3 次正面朝上. 这该如何解释？我们现在可能会觉得抛掷硬币出现正面朝上的概率不一定是$\frac{1}{2}$. 也许，有的同学可能会说是因为试验次数不够多，当试验次数足够多的时候，概率就是$\frac{1}{2}$了. 但实际情况是只要进行抛掷硬币的试验，结果可能不是预想的$\frac{1}{2}$，甚至看上去与$\frac{1}{2}$没有关系.

首先以抛掷硬币 3 次，出现 2 次正面朝上为例，3 次就是总次数，2 次就是频数，即出现正面朝上的次数. 用 2 次除以 3 次，即频数除以总次数得到频率，此时频率为$\frac{2}{3}$. 其实频率不等同于概率，频率在试验前是不确定的，每个试验结果可能不同，但概率是客观存在的. 若抛掷的次数足够多，频率的变化情况会趋于稳定，这个频率数值是由事物自身属性决定的，所以我们可以用相对稳定的频率来估算概率. 大量试验证实，抛掷硬币出现正面朝上的概率为$\frac{1}{2}$. 出现上述情况的本质原因是由抛硬币事件本身决定的，抛掷一次硬币是一个独立事件，抛掷一次硬币出现正面朝上的概率是$\frac{1}{2}$，下一次抛掷也是，上一次的结果不会影响下一次的结果，并不是说抛掷两次必有一次正面朝上. 而试验的结果不是$\frac{1}{2}$，这正体现了随机事件的随机性. 所以，我们就可以解释抛掷 5 次硬币，正面朝上出现 0 次的现象了. 因此，并不是试验次数足够多，频率就一定接近于$\frac{1}{2}$，我们只能说随着试验次数足够多，其频率值表现出一定的稳定性，此时就可以用这个稳定的频率值来估计概率.

在抛硬币的试验中，除了正面朝上、反面朝上的结果外，是否还要考虑硬币竖立的结果呢？理论上讲，这在现实中是有可能出现的，虽然这是小概率事件. 为什么不考虑竖立的情况呢？因为其厚度对结果影响实在太小，可忽略不计，所以近似认为硬币是二维物体，即厚度为零，就不会出现竖立的情况了.

最后，我们来总结一下，频率与概率不同，稳定的频率可以估计概率，概率客观存在，具有随机性，所以并不是抛掷硬币两次必有一次正面朝上.

现实世界中存在大量的随机现象，我们认识概率是为了更好地认识世界及其变化规律，更好地服务生活. 小小的硬币中蕴含了很多概率方面的学问，能给我们很多启发.

点评：现实生活中的许多现象可以用数学语言来表达，从而建立数学模型，研究其本质、关系和规律. 概率是一种表示事件发生可能性大小的数学模型. 在概率的学习中，同学们可能会困惑于“用频率估计概率”，作者以抛掷硬币的试验为例，分析了概率与频率的关系，使我们对随机事件发生的随机性和频率的稳定性有了更清晰的认识，帮助我们理解概率模型的数学本质.

二、图形与几何

（一）最短路径问题

在图形与几何的学习中，线段的最值是一个常规问题，其基本原理可以用两个基本事实来说明，一个是“垂线段最短”，另一个是“两点之间线段最短”. 在涉及立体图形时，线段的最值问题会给部分学生带来困扰. 一般而言，将立体图形展开为平面图形是处理此类问题的基本策略，体现了转化的数学思想方法，再根据两个基本事实，进一步建立合适的数学模型解决问题即可.

案例 9　建构数学模型求解蚂蚁爬行最短路径问题

在学习了勾股定理后，我们知道在一个直角三角形中，若$\angle C=90°$，则有$a^2+b^2=c^2$. 勾股定理在实际生活中有着广泛的应用.

原题呈现：如图 7-15，透明的圆柱形容器（容器厚度忽略不计）的高为12 cm，底面周长为 10 cm，在容器内壁离容器底部 3 cm 的点 B 处有一饭粒. 此时，一只蚂蚁正好在容器外壁且离容器上沿 3 cm 的点 A 处，则蚂蚁吃到饭粒需爬行的最短路径是________ cm.

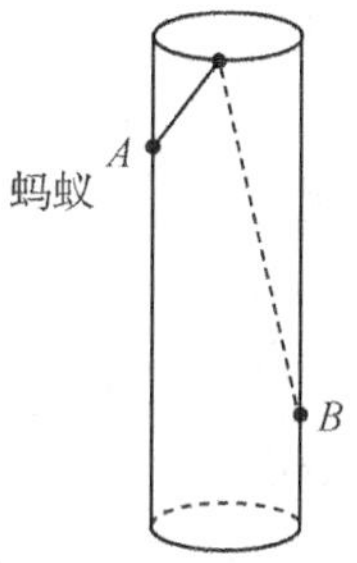

图 7-15

这是一道来自现实生活的实际问题. 读完题目后，一开始想不出怎样求解. 根据老师平时教的分析问题的方法，我决定分三个步骤分析求解.

1. 将现实问题转化为数学问题

要解决的问题是蚂蚁吃到饭粒需爬行的最短路径，也就是蚂蚁要从外壁爬到容器口，再进入内壁. 用数学语言来描述，就是求点 A 到容器口再到点 B 的最短路径，这就是一个数学问题. 那么问题来了，如何将现实中蚂蚁吃饭粒问题转化为完整的数学问题呢？题目中点 A、点 B 在圆柱上，在立体图形上求两点间的距离是困难的，所以我们通过思考想到把圆柱（立体图形）转化为长方形（平面图形）来解决，即把圆柱展开为长方形，这样就容易求解了．这是一个非常重要的转化思想．把题目中的条件信息标注到平面图形上，就得到一个完整的数学问题．

如图 7-16，在长方形 $EFGH$ 中，$EH=12$ cm，$EF=10$ cm，C，D 分别为 EF，GH 的中点，$EA=BD=3$ cm，点 P 在 EF 上，求 $AP+BP$ 的最小值．

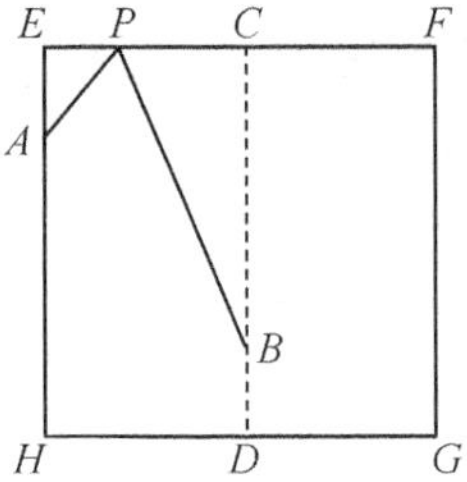

图 7-16

2. 思考类似的数学问题

面对这个问题，我想到了两个有关“最短”的基本事实：垂线段最短；两点之间，线段最短．那么这个问题与这两个基本事实有关系吗？认真思考后，我想到了老师讲过的“将军饮马”的数学故事．这个故事讲的是一位将军骑着战马从 A 地回到 B 处的军营（图 7-17），途中战马要到河边饮水一次，那么战马在河边的哪个位置饮水，能使行走的路径最短呢？

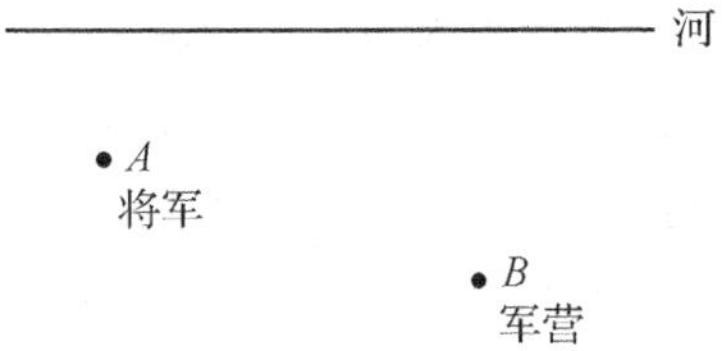

图 7-17

在这个问题中，根据轴对称的性质，作点 A 关于 l（河）的对称点 A'，连接 $A'B$ 交 l 于点 P，如图 7-18，此时 $AP+BP$ 的值最小．我们为什么要作点 A 关于 l 的对称点 A' 呢？因为我们要把两点关于 l 同侧的问题转化为异侧的问题，这样就可以利用基本事实解决问题了．由轴对称的性质可得 $A'P=AP$，这样就完美地解决了线段转化问题，最终将新的问题转化为基本的数学问题来解决．我们可以把这种数学方法总结为一种数学模型——“将军饮马”模型，方便以后使用．

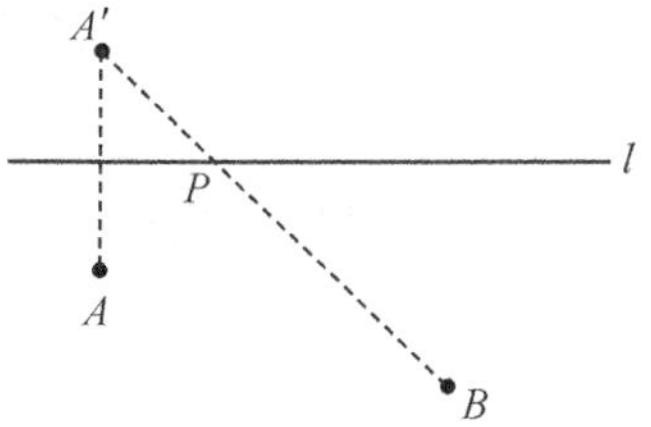

图 7-18

从蚂蚁吃饭粒得到的数学问题与“将军饮马”问题是一样的，这个“容器口”是“河”，“蚂蚁”是“战马”，“饭粒”是“军营”，蚂蚁要先到容器口就好比战马到河边，所以先将蚂蚁吃饭粒问题转化为“将军饮马”模型，再进一步转化为直角三角形的计算问题即可.

3. **运用数学模型求解并验证**

如图 7-19，作点 A 关于 EF 的对称点 A'，连接 $A'B$ 交 EF 于点 P，作 $BQ \perp EH$，垂足为点 Q.

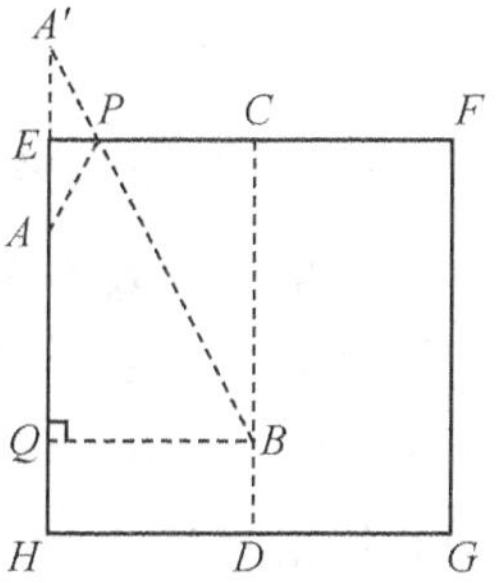

图 7-19

因为 C,D 分别为 EF,GH 的中点，

所以 $DH=\frac{1}{2}GH=\frac{1}{2}\times 10=5$.

因为 $EA=3,BD=3$，

所以 $A'Q=EH-BD+AE=12$.

在 $\mathrm{Rt}\triangle A'BQ$ 中，根据勾股定理，得 $A'Q^2+BQ^2=A'B^2$.

所以求得 $A'B=13$.

所以蚂蚁吃饭粒需爬行的最短路径为 13 cm.

在解决该问题的过程中，我们经历了现实问题转化为数学问题的过程，得到数学问题后，进一步分析和建立“将军饮马”模型，最终运用勾股定理完成计算，求得现实问题的解. 老师曾说过，解决问题需要深入思考，在思考中进行联想、转化、迁移，建构出数学模型求解并检验，这个过程就是数学建模. 希望同学们在今后的数学学习中，能通过数学建模将现实问题转化为数学问题来解决.

点评： 作者研究的是源于现实生活的“蚂蚁爬行最短路径”问题. 在初中阶段，我们将源于现实世界的实际问题转化为数学问题，建立数学模型并求解，将获得的数学问题的解用于检验和解释现实问题的过程称为数学建模. 能将现实问题数学化，得到清晰的数学问题是数学建模环节中最重要的一环，我们称之为数学化能力. 在这篇文章中，作者向我们展示了建构数学模型解决实际问题的全过程，使我们对数学建模有了更深刻的认识. 同时，我们希望有更多的同学热爱数学，走进数学建模，逐步学会用数学的眼光观察现实世界，学会用数学的语言表达现实世界，学会用数学知识发现和解决实际问题，体会数学的应用价值，提高数学建模能力.

三、综合与实践

综合与实践是指以培养学生综合运用所学知识和方法解决实际问题的能力为目标，以跨学科主题学习为主，适当采用主题式学习和项目式学习的方式，设计情境真实、较为复杂的问题，引导学生综合运用数学学科和跨学科的知识与方法解决问题. 总体来看，综合与实践强调学生运用数学知识和方法解决现实世界中的真实问题，是从数学世界到现实世界的映射过程，即通过数学建模解决实际问题，在此过程中培养学生的数学素养.

（一）出租车收费问题

学生通过数学学习，形成和发展会用数学的眼光观察现实世界、会用数学的思维思考现实世界、会用数学的语言表达现实世界的素养（简称"三会"），是数学课程最主要的任务. 在综合与实践活动中，以数学的眼光从现实世界中发现和提出问题，用数学的知识和思想方法分析问题、建立数学模型、求解模型、获得数学结果并阐释实际问题，是发展"三会"的有效路径. 在综合与实践活动的基础上，指导学生撰写研究报告，形成数学写作成果.

案例 10　出租车收费问题探究

1. 问题背景

现实生活中处处存在着数学，可以说数学与现实生活密不可分. 现实生活中的很多问题都可以用数学知识来解决，这就要求我们在生活中要用数学的眼光观察生活现象，用数学的语言表达生活现象，尝试用数学知识、思想和方法探究生活现象中存在的某种数学关系，建立合适的数学模型分析和求解实际问题. 最近，我们注意到出租车这个重要的交通工具，对出租车收费问题产生了浓厚的兴趣. 经过初步观察和思考，发现出租车收费是随着行驶里程的变化而变化的. 若将出租车收费与行驶里程看成两个变量，当行驶里程确定时，出租车收费是唯一且确定的，从而可以判断出租车收费与行驶里程之间是一种函数关系. 那么出租车收费和其行驶里程之间存在什么样的函数关系呢？作为乘客，我们怎样乘坐出租车才能减少乘车费用支出呢？接下来我们围绕这些问题进行探究.

2. **问题呈现**

在苏州市范围内选取有代表性的出租车公司，拍摄了出租车收费标准(图 7-20). 已知出租车收费标准：行驶里程 3 km 内，起步费为 10 元；超过 3 km，每 1 km 收费 1.80 元；超过 5 km，单程加收 50%空驶费. 在调查研究的基础上，我们提出了两个比较感兴趣的问题.

图 7-20

问题 1：出租车收费与行驶里程间存在什么关系？

问题 2：乘客采用分乘两次的方法能降低乘坐出租车的费用吗？

3. **分析问题**

这是一个源于实际生活的问题，我们知道在现实生活中，出租车收费会受到多种因素影响. 为了更好地开展问题探究，我们进行以下假设.

① 任意一辆出租车都按以上收费标准收费；② 出租车匀速行驶；③ 行驶期间不堵车；④ 不考虑乘客主观乘车感受；⑤ 出租车驾驶员与乘客都认同收费标准；⑥ 不考虑行驶时间；⑦ 乘客单程乘坐出租车.

在做出以上假设之后，我们尝试用数学知识解决提出的两个问题.

4. **建立模型**

出租车收费是随着行驶里程的变化而变化的，我们不妨将行驶里程记为 x km，出租车收费记为 y 元. 关于行驶里程，需根据实际情况进行分类.

① 出租车收费标准中的“起步费 10 元(3 km 内)”指的是行驶里程小于或等于 3 km，实际上就是 $0<x\leqslant 3$，即乘客乘坐出租车行驶里程在 3 km 内时，需付费 10 元. 从函数的观点看，这是一个常函数.

行驶里程：$0<x\leqslant 3$；收费：$y=10$.

② 出租车收费标准中的“1.80 元/km”是指 3 km 内起步费 10 元，超过 3 km 的里程部分按每 1 km 收 1.80 元的标准收费. 此时行驶里程大于 3 km，考虑到标准中的“超过 5 km 单程加收 50%空驶费”，所以行驶里程 x km 应小于或等于 5，即 $3<x\leqslant 5$. 需要说明的是，当行驶里程不是整千米时，不足 1 km 的按 1 km 计算. 根据以上分析，出租车收费应包括起步费和超过 3 km 部分的费用，用函数关系式表示为 $y=10+1.8(x-3)$，即 $y=1.8x+4.6$. 此时出租车收费 y 元与行驶里程 x km 之间是一次函数的关系.

行驶里程：$3<x\leqslant 5$；收费：$y=1.8x+4.6$.

③ 出租车收费标准中的“超出 5 km 加收 50%空驶费”是指行驶里程大于 5 km 时，超出 5 km 的里程要加收 50%的空驶费，也就是在 1.80 元/km 的基础上再加收 50%，即 2.70 元/km 的收费标准. 这样的话，出租车收费包括三个部分：起步费＋1.80 元/km 收费＋2.70 元/km 收费. 用函数关系式表示为 $y=10+1.8\times 2+2.7(x-5)$，即 $y=2.7x+0.1$. 此时出租车收费 y 元与行驶里程 x km 之间也是一次函数的关系.

行驶里程：$x>5$；收费：$y=2.7x+0.1$.

综合以上三种可能的收费情况，得到出租车收费与行驶里程间的函数模型：

$$y=\begin{cases}10, & 0<x\leqslant 3,\\ 1.8x+4.6, & 3<x\leqslant 5,\\ 2.7x+0.1, & x>5.\end{cases}$$

5. 解决问题

我们建立了出租车收费与行驶里程间的函数模型，只要确定乘客的租车里程就可以求得需支付的费用，提出的问题 1 也得以解决. 我们知道行驶里程超过 5 km 要加收 50%的空驶费，对于乘客而言，当行驶里程不超过 5 km 时是比较划算的，但很多时候乘客要到达目的地的里程超过 5 km 甚至远远超过 5 km，这时候我们会想到一个问题：乘客采用分乘两次的方法能降低乘坐出租车的费用吗？

我们准备通过计算平均单价的方式来分析以上问题.

设乘客乘坐出租车的平均单价为 m 元，出租车的行驶里程为 x km，则有 $m=\frac{y}{x}$. 基于上述函数模型，我们可以建立新的函数模型，即

$$m=\begin{cases}\dfrac{10}{x}, & 0<x\leqslant 3,\\[2ex] \dfrac{4.6}{x}+1.8, & 3<x\leqslant 5,\\[2ex] \dfrac{0.1}{x}+2.7, & x>5.\end{cases}$$

通过计算我们发现，当行驶里程 x km 满足 $0<x\leqslant 3$ 时，最小的单价 $m=\frac{10}{3}$；当行驶里程 x km 满足 $3<x\leqslant 5$ 时，最小的单价 $m=2.72$；当行驶里程 x km 满足 $x>5$ 时，单价 $m<2.72$.

6. **研究结论**

通过对实际问题的分析,建立数学模型并求解.我们得出结论:乘客采用分乘两次或多次的方法并不能降低租车的费用支出,在行驶里程较远的情况下,单次乘坐出租车仍然是相对最节省租车费用的方法.

点评:将现实生活中的实际问题转化为数学问题,用数学知识、思想和方法解决问题的过程就是数学建模.作者能用数学的眼光观察生活,以出租车收费为研究对象,提出了两个非常有价值的问题,用数学的语言清晰地描述出数学问题,最后用数学的思维分析问题,建立函数模型并求解,获得有价值的研究结论,完整展现了数学建模的活动过程,非常值得大家学习借鉴.现实生活中的实际问题往往是错综复杂、杂乱无序、充满挑战的,作为初中生,敢于提出问题并建立数学模型来求解,实属难得.希望更多的同学善于用数学的眼光观察生活,发现和提出有价值的问题,尝试建立数学模型求解,在解决问题的过程中体悟数学的应用价值.

(二)购车消费问题

现实生活中的消费问题涉及各个领域,很多消费问题可以用数学知识和思想方法去分析与求解.用数学模型分析和表达问题中的数量关系,借助模型探究并求解,用数学结果阐释问题,有利于学生发展应用意识,提高数学建模能力.将研究的过程及结论记录下来,形成数学写作成果,有利于学生深入理解相关知识.

案例 11 买燃油车还是纯电车?

随着科技的高速发展,纯电车和油电混动车逐渐进入大众的视野.与传统的燃油车相比,纯电车与油电混动车有很多优势,很多人在购车时不知道是选择燃油汽车、纯电车还是油电混动车.作为消费者,买车时更多地会考虑汽车的性价比、保值率、用车成本及后期维修保养费用等,很多购车者在选择时存在很大困惑.我们关注到这个问题,于是做了一些统计分析,重点对比分析了燃油车与纯电车的消费情况,因油电混动车具有一定的特殊性,暂时不做研究.

为更好地分析和研究问题,做出以下假设:购车预算为 20 万元人民币;燃油车的代表车型选择 A 型车,纯电车选择 B 型车;用车 10 年;考虑购车后的正常消费和损耗;油价和电价相对稳定;交强制保险费不打折,不考虑商业险.

1. **燃油车分析**

据统计,我国民用汽车平均里程每年在 2 000 km 左右,那么 10 年就是

20 000 km. 官方数据显示 A 型车的油耗为 6.3 L/100 km，则 10 年就需要耗油约 12 600 L. 2021 年国内平均油价为 7.66 元/L，所以共计油费 9.65 万元. 再根据官方提供的数据，这辆车每 6 万千米保养总成本预估为 1.3 万元，那么 10 年保养费约为 4.33 万元. 买车之后车险也是必不可少的. 国家规定，每辆车都需要交交强险. 据了解，截至 2021 年，家用五座轿车一年交强险的费用在 950 元左右，则 10 年就是 9 500 元，合 0.95 万元. 综上，若不计停车、车辆损耗、交通事故等产生的费用，则 10 年之内，除购车费用外，至少需要 14.93 万元. 据统计，一般的燃油汽车寿命最少可以行驶 30 万千米，所以无特殊情况下，10 年内不需要更换发动机.

2. 纯电车分析

官方数据显示，B 型纯电车的续航里程平均约为 550 km. 据了解，500 km 续航里程大约需要 80 度电，则 550 km 续航里程大约需要 88 度电，因为每次不可能开到电量为 0 再充电，因此预估每次充电平均用电约 68 度. 根据国家家用电收费标准，城市内电费价格为每度 0.5 元，那么每次充电需要 34 元左右，10 年共需充电 2 500 次，总电费为 8.5 万元. 纯电车是以电池供电，不像燃油汽车的保养费那么贵，绝大多数纯电车的保养周期为一年或者 20 000 km，一次费用约 500 元，10 年或 200 000 km 就是 0.5 万元的保养费，无论是燃油车还是纯电车，都需要交交强险，10 年费用为 0.95 万元. 据了解，纯电车的电池寿命为 5 年左右，所以 10 年内若没有重新买车的想法约需更换两次电池. 根据网上提供的数据，更换一次纯电车的电池至少 7 万元，所以更换两次就是 14 万元. 综上，若不计停车费、交通事故等费用，在 10 年内，除购车费用外，至少需要 23.76 万元.

根据以上分析，我们整理了各个价位燃油车和各续航里程纯电车在 x（$0<x<10$ 且 x 为正整数）年内开销的数据（设年数为 x，总费用为 y），仅供大家购车时参考（数值取了平均值）.

表 1　燃油车 x 年内开销的数据

价位/万元	油费/万元	保险费/万元	保养费/万元	总费用/万元
10～20	$0.919x$	$0.095x$	$0.15x$	$1.16x$
20～30	$0.919x$	$0.095x$	$0.25x$	$1.26x$
30～40	$0.919x$	$0.095x$	$0.35x$	$1.36x$
40～50	$0.919x$	$0.095x$	$0.45x$	$1.46x$

表 2　纯电车 x 年内开销的数据

续航里程/km	电费/万元	保险费/万元	保养费/万元	电池更换/万元($x>5$)	总费用/万元($x<5$)	总费用/万元($x>5$)
500～600	$0.75x$	$0.095x$	$0.05x$	$1.4x$	$0.90x$	$2.3x$
600～700	$0.85x$	$0.095x$	$0.05x$	$1.4x$	$0.99x$	$2.4x$

那么燃油车与纯电车应该如何选择呢？因为纯电车的电池寿命约为5年，将时间分为两段 $0<x<5$ 和 $5<x<10$，设总费用为 y 万元. 由表1可知5年内燃油车总费用可以表示为 $y_1=1.16x$，纯电车总费用可以表示为 $y_2=0.9x$，在预期使用年数相同时 $y_1>y_2$，所以选择纯电车；若超过5年，燃油车所需总费用依旧为 $y_1=1.16x$，但纯电车需要更换电池，所以所需总费用为 $y_3=2.3x$，在预期使用年数相同时 $y_1<y_3$，所以选择燃油车.

3. **结语**

经过对比发现，在短时间内，纯电车作为新能源汽车不仅在价格上比燃油车经济实惠，而且还可以保护环境. 但是纯电车有利也有弊，若对续航里程有要求时，纯电车的续航里程往往难以满足驾驶者的需求. 另外，纯电车充电一般需要1～2小时，即使快充也需要0.5小时(充电至满电的70%左右)，用车的便利性大打折扣. 如遇到节假日路况不好，堵车会加剧这一弊端. 而燃油车加油较快，可以更好地节省时间. 美中不足的是，汽油的价格比较贵，增加了用车成本. 从使用寿命来看，燃油车的优势更为突出，一个发动机的寿命是一个锂电池寿命的一到两倍，并且更换一个锂电池所需费用非常多，所以从长远来看，纯电动车未必是最好的选择.

综合以上分析，我们认为购车者若对续航有比较高的要求，比如经常跑长途，建议购买燃油车；购车者若主要用于市区内代步，上下班里程不是太多，推荐购买纯电车.

点评：在现实生活中，消费者会面临选择燃油车还是纯电车的困惑. 作者抓住了生活中的热点问题，从数学的角度提出问题，结合实际分析问题，收集必要的数据，建立适切的数学模型分析和求解，从而形成有价值的研究结论，为购车者提供参考，充分体现了数学的应用价值.

（三）洗浴节水问题

在现实生活中有很多问题可以用数学知识来解决. 鼓励同学们在生活中用数学的眼光发现和提出有价值的问题，尝试用数学的语言表达，建立数学模型分析和求解问题，能促进学生发展应用意识，感悟数学的应用价值，激发数学学习的兴趣，体验有意义的数学学习.

案例 12　淋浴洗浴和浴缸洗浴哪个更节水？

夏天，天气炎热，每天都要洗澡.我发现我们小区有很多人家既安装了浴缸，也安装了淋浴用的花洒，而我们家平时只使用淋浴.这就让我想起了一个问题：两种常见的洗澡方式哪个更节水呢？

1. 提出问题

淋浴洗浴和浴缸洗浴两种洗澡方式哪个更节水？

2. 问题分析

淋浴用水量主要涉及出水速度、淋浴时间等因素，浴缸洗澡用水量主要涉及浴缸尺寸、水深等因素.假设淋浴花洒的出水速度是匀速的，浴缸的尺寸相同，用浴缸洗澡时舒适的水深是固定的.水温恒定在人体最为舒适的温度.

3. 收集数据

淋浴的出水速度：使用家中淋浴用的花洒，放 10 s 的水，将其接在标有刻度的量杯中，记录花洒 10 s 的出水量，重复测量多次，将 10 s 的出水量换算成一分钟的出水量，求出平均值.为提高数据的可信度，请班级同学采用同样的采集方法收集数据，最后将数据集中在一起，求得平均值，得出的结论为：花洒的平均出水量为 7.5 L/min.

淋浴的时间：淋浴的时间因人而异，一般情况下不是一个定值，因为每个人的淋浴习惯不同，那么我们决定采用抽样调查的方法收集数据，求取平均值，从而获得一般的淋浴时间.从学校不同年级随机抽取 50 名学生，调查其淋浴时间，计算平均值，得出的平均值为 15 min.

浴缸尺寸：通过查阅资料，结合我国成人的平均身高及同学们家里现用的浴缸尺寸，认为尺寸为 1.7 m×0.6 m×0.5 m、总容积为 510 L 的浴缸最为普遍，这样的浴缸尺寸适当，在节水的前提下，不影响舒适性.

浴缸水深：在洗浴时，浴缸的水深影响用水量和舒适程度，放水所达到的水深须恰到好处.放水的要求：上限是洗浴者进入浴缸时，水不会溢出浴缸；下限是洗浴者进入浴缸时，全身(躯干)能没入水中.通过实际放水试验，多次获取数据，最终获得的平均水深为 0.25 m.

4. 建立模型

从数据中我们可以看出淋浴用水量随时间的延长而增大，由于花洒的水是匀速流出的，所以淋浴的用水量也会匀速增加，我们可以把这种变化关系看成正比例函数关系.而用浴缸洗澡的用水量不受水流速度与时间的影响，则可以看成常函数.

将淋浴的用水量设为 y_1 L,浴缸的用水量设为 y_2 L,洗浴的时间设为 x min,这样就可以将两种洗浴方式中蕴含的函数关系表示出来.

淋浴:$y_1=7.5x$;浴缸:$y_2=255$.

由此,我们只需分三种情况讨论,这个问题就变成了在不同情况下比较函数大小的问题.

5. **解决问题**

基于以上分析,我们已经建立了两种洗浴方式下的函数模型,接下来分三种情况求解.

① 若淋浴用水量小于浴缸用水量,则有 $y_1<y_2$,即 $7.5x<255$,解得 $x<34$;

② 若淋浴用水量等于浴缸用水量,则有 $y_1=y_2$,即 $7.5x=255$,解得 $x=34$;

③ 若淋浴用水量大于浴缸用水量,则有 $y_1>y_2$,即 $7.5x>255$,解得 $x>34$.

观察模型求解的结果,我们发现洗浴时间 34 min 是一条分界线,具体是指当洗浴时间小于 34 min 时,淋浴比较节水;当洗浴时间正好是 34 min 时,两种洗浴方式用水量一样;当洗浴时间超过 34 min 时,浴缸洗浴比较节水.所以,我们平时淋浴的时间大概是 15 min,肯定比用浴缸洗浴节水.但如果想提高洗浴的舒适程度,浴缸洗浴有利于消除疲劳、缓解压力,提高生活品质.为了兼顾节水与舒适度,在条件允许的情况下,我们建议平时以淋浴方式为主,每周可以用浴缸洗浴一次,两种方式结合使用.

6. **感悟**

数学源于现实生活,生活中处处都有数学的影子.我们要善于用数学的眼光观察生活,在生活中发现问题,尝试用数学知识去分析和解决,以便学以致用,发挥数学的应用价值.

点评:作者研究的主题是“淋浴洗浴和浴缸洗浴哪个更节水”.按照我们平时在生活中的认识,这个问题表面上看是淋浴更节水,但我们往往忽略了洗浴的时间、舒适度等问题.作者将生活中的问题引入数学中,建立适切的数学模型,求解模型并阐释问题的过程就是数学建模.数学建模是很有意义的,对于初中生来说,用数学知识解决实际问题,凸显了学习数学的应用价值,作者给我们做了很好的示范,希望更多的同学喜欢建模、善于建模.

综上，我们发现，学生的应用性写作以解决数学内部问题和解决实际问题为主.从学生的作品中可以看出，学生在建立模型解决问题时能够较为精准地明确数学研究对象，选取合适的方法解决问题，把握解决问题的一般途径，这对于数学应用性写作有一定的启示作用.在解决实际问题时，学生能够更加真切地感受到生活中处处有数学，也能够根据所学的知识建立数学模型解决问题.通过数学应用性写作，学生在面对数学问题时，能够积极思考，勇于探究，发现结论，并与他人分享，过一种有意义的数学学习生活.

第八章　体验性数学写作

数学是研究数量关系与空间结构的学科，其抽象的符号、严格的推理、复杂的运算等不断消磨着许多学生的数学学习兴趣，使之望而却步. 新时代呼唤着教育教学形式的变革，也推动着学生学习方式从被动接受转变为主动探究. 当前，很多人认为数学学习就是一堆符号的计算和推理，很少有人体验过其他形式的数学学习. 数学学习的方式应当是丰富多彩的，除了对抽象符号的计算与推理外，还有许多数学学习方式，如观看与数学相关的影视作品、参加数学讲题比赛、阅读数学课外读物、创作编演数学话剧等，这些新的学习方式能给学生带来不一样的体验和感受，这些体验和感受将成为学生数学写作的重要“原材料”. 本章将介绍观看数学视频的观后感、参加讲题比赛的体会、阅读数学读物的感想、编演数学话剧的感想四类体验性数学写作.

第一节　观看数学视频

在网络极为发达的当下，许多优秀的数学影视资源对学生的数学学习可以产生重要影响. 影视作品中介绍数学的发展与演进等历史故事及相关数学知识可以帮助学生增长见识，作品中主人公努力学习、刻苦钻研数学的情节可以给学生树立榜样，激励学生努力学好数学.

一、《陈景润》观后感

学生进入初中后的第一个国庆假期，我布置他们观看电视剧《陈景润》，许多学生在观看这部电视剧之后有感而发地结合自身实际写了许多观后感.

案例1　珍惜机会,爱上学习——观《陈景润》有感

“中国,要是有一千个陈景润就好了!”——题记

观看《陈景润》这部电视连续剧,第一眼就看到了一行大字:“中国,要是有一千个陈景润就好了!”陈景润出生在一个偏远的小山村,家里有多个孩子,他的妈妈疾病缠身.在陈景润眼里,读书就是他的命!为了不辜负家人对他的期望,他背熟全书,做了无数道题,每次考试都得100分.母亲去世后,陈景润下定决心不辜负母亲生前的期望,努力学习并以优异的成绩考取厦门大学.来到大学的他全身只有八块八毛七分钱,虽然每天都省吃俭用,但是很快兜里就见底了.有一次,室友怀疑他在开小灶,冲进宿舍,却看见他正吃着馒头蘸酱油,他说出了自己的家庭情况,误会由此解开.陈景润学习非常专注.

和陈景润相比,我们简直太幸福了,我要珍惜现在的学习机会,不断进取.感谢胡老师向我们推荐这部电视剧.

点评:作者主要记述了陈景润生活艰辛,并与自己当下的状况加以对比,感悟到要珍惜机会,努力学习,不断进取.本文偏向叙事,与数学的关系不是很大.但是从学生的文字中可以了解到这部优秀的影视作品带给学生的影响是正面而又深远的.

案例2　我要像陈景润一样专心做学问——《陈景润》观后感

这几天,我看了电视剧《陈景润》,感受深刻.陈景润读书很用功,他给自己制订了一个学习时间表,除了吃饭、睡觉的时间之外,其余的时间几乎都用来学习,持续的努力让陈景润登上了科学家的高峰.陈景润对哥德巴赫猜想的研究轰动了数学界.

陈景润第一次接触哥德巴赫猜想的时候,和我们年纪相仿,也是在中学.这个猜想给陈景润留下了深刻印象,从此他刻苦钻研数学,每本书都要看上好几遍,甚至连页码都可以背下来.高中毕业后,陈景润考取厦门大学,开始了新的生活.他喜欢独来独往,无论走到哪里,身上总会带着书,走到哪儿看到哪儿,他的朋友都叫他“陈 book”.

陈景润身上有很多值得我们学习的地方.首先,学习要有一个良好的态度,要专注;其次,我们不能在一些没有意义的事情上浪费时间,要善于思考,善于提问,善于求真,多向别人请教.

我不禁反思,我真的在认真学习吗?我在学习上有很多不用功的地方,做不出的题目,不想深入思考,不想问老师,缺少钻研精神.正如陈景润所说:“攀

登科学高峰，就像登山运动员攀登珠穆朗玛峰一样，要克服无数艰难险阻，懦夫和懒汉是不可能享受到胜利的喜悦和幸福的.”我要给自己定一个目标，安排好每一天的时间，因为只有这样才能登上光辉的峰顶.

点评：作者从陈景润的故事中体会到学习要专心致志，要有钻研精神，并在最后反思自身，提出要制定目标、安排规划好自己的时间，要像陈景润一样努力上进.

案例 3　无论成败如何，都要努力进取——电视剧《陈景润》观后感

陈景润，福建人，从小家境贫寒，没钱上学，只能在家照顾弟弟妹妹，但他对数学有极强的好奇心，每天让大哥放学后教他算术. 母亲见陈景润对数学如此痴迷，咬咬牙供他上小学. 陈景润知道学习的机会来之不易，学习非常努力，运动会的时候大家都无心学习，只有他还在学习. 他的努力，令人惊叹，他可以将书上的内容倒背如流. 所有的努力都不会白费，他考入高中，对哥德巴赫猜想产生了极大的兴趣. 后来他又考取了厦门大学，依旧十分努力，甚至能看书看到把自己忘在图书馆里. 虽然他患上了结膜型肺炎，有时疼得昏迷，但醒来后又继续演算. 一次，他昏迷了，同学们把他送进医院，但他仍一直钻研数学. 医生不让他这样做，他就拿着粉笔去医院外，以散步为名在石砖上演算.

努力研究哥德巴赫猜想，使陈景润成为著名数学家. 陈景润在数学方面取得了很多成绩，是因为他对数学有浓厚的兴趣. 一个人如果对数学一点儿兴趣都没有，那是肯定学不好的. 数学中的公式确实枯燥，但探索相关的数学史一定很有趣，能引起我们的兴趣. 对数学史感兴趣可以激发我们学习数学的兴趣.

在剧中，我看到陈景润为了研究题目而废寝忘食，让我很心疼. 但我们可不能这样，因为数学学习需要清醒的大脑，所以我们一定要好好休息. 陈景润毫无疑问是个伟人，他的精神激励了一代又一代人.

点评：这篇文章着重描写陈景润专注于数学学习，许多镜头在作者的笔下得以重现，让人能够通过文字看到勤奋钻研、专注用功于数学学习的陈景润. 作者在最后指出要劳逸结合. 陈景润专注于做学问而忽视了自己的身体健康，英年早逝，在数学研究的道路上留下了些许遗憾.

案例 4　《陈景润》电视剧观后感

陈景润出生于一个贫穷的家庭，从小体弱多病. 后来他母亲生病了，需要

花钱医治，家里没有多余的钱为母亲看病．陈景润的父亲便希望他不要上学，但是陈景润是多么热爱读书啊！读书就是他的命，他当场就哭了．躺在床上的母亲说："就算我不看病，少吃饭，也要给他上．"陈景润上了英华中学，学习十分用功，有一回他考了满分，欣喜地回家向母亲报告喜讯，却得到一个噩耗：母亲去世了．他伤心地抱着树痛哭．努力用功的陈景润高中毕业后考取厦门大学，他一到学校就去图书馆，因忘记图书馆的关门时间而留在图书馆看了一夜书，他这种如饥似渴的求知精神很值得我学习．

陈景润是勤俭节约的，他在买牙膏时为了只买半截就买下别人用过的牙膏；陈景润是善良热心的，他把姐姐给他买的鞋卖掉，准备把钱捐给抗美援朝的前线战士，在半路看到一个贫穷的孩子想上学却没钱，便把钱给了那个孩子．陈景润身上有太多值得我们学习的优秀品质．

陈景润超强的数学才能，再加上家境贫寒，让他一度遭到那些富家子弟的欺凌与排挤，性格逐渐变得孤僻，数学课也不敢发言．一堂数学课给陈景润的处境带来了转机，他在课堂上表达了对哥德巴赫猜想的相关思考，令老师和同学非常震惊．此后他夜以继日、奋发图强，将哥德巴赫猜想推进到"1＋2"，取得了举世瞩目的成就．

欣赏完这部电视剧后，我明白：只要心中有远大志向并为之努力，即使再恶劣的条件，我们也可能会创造奇迹．我们要向陈景润学习，学习他的勤奋好学，学习他的乐于助人，更要学习他对祖国的热爱及一心想要报效国家的赤胆忠心．

点评：作者除了记述陈景润的家境及求学历程外，还着重介绍了陈景润的数学成就、在数学课堂上的精彩发言．此外，还提到陈景润是一位有大爱情怀的人，他为抗美援朝捐款、为贫困失学孩子捐助学费等．最后点明陈景润拥有一颗热爱祖国、报效祖国的赤胆忠心，这也是作者需要学习的．

二、阿贝尔和伽罗瓦的故事

案例5　从阿贝尔和伽罗瓦的境遇想到的

最近看了阿贝尔和伽罗瓦的相关视频，了解到他们两位都是19世纪初的著名数学家，可惜的是，这两位数学天才都在这个世界上只活了不到30年，一位因病去世，另一位在决斗中丧生，这真是让人痛心的事情．此外，我还发现他们有一个共同的悲惨遭遇，那就是自己的作品想要在报刊上发表，却被编辑当作废纸扔掉，致使他们的研究成果未能得到及时的传播和推广，阻碍了数学的发展. 对此，我想结合自己的现状谈一谈感想. 我作为学习小组的组长和班级的学习委员，如果同学们有新的发现，要鼓励他们与老师交流，不能置之不理，因为那些发现都是同学们用心提出的.

点评：作者在课堂上了解到阿贝尔和伽罗瓦的相关故事后，自己在课后搜索并观看了关于这两位年轻数学家的视频，了解了他们的生平故事. 作者对两位年轻数学家的研究成果未能得到重视发表了自己的评论，并进行自我反省，提出作为学习委员和小组长的自己一定要重视同学们的新发现.

三、韦东奕的故事

案例 6　数学天才是怎样造就的——看韦东奕视频有感

最近几天，网络上流传着"韦神"的故事，我看了之后钦佩不已.

"韦神"即韦东奕，北京大学数学教师. 他在接受采访时，手里提了一大瓶矿泉水和一袋馒头. 面对镜头，他说："我就是对数学比较感兴趣."谁曾想这位北京大学的老师如此俭朴低调，对数学如此地热爱. 他每天都在钻研数学难题，曾经多次获得国际数学奥林匹克竞赛金奖. 他自创了许多解决数学问题的简便方法，被称为"韦方法".

看到身为北京大学教师的韦东奕依然如此刻苦用功地钻研，我还有什么理由不努力呢？虽然我可能达不到"韦神"那样的境界，但我相信只要自己肯下苦功夫，就一定会不断进步.

点评：北京大学年轻的数学教师韦东奕的故事在网络上流传时，我向学生介绍了韦东奕的故事，同学们很受鼓舞. 他们从韦东奕的身上看到了学者们为了做学问不修边幅、勤俭朴素的品质，心中装着的始终是学问. 这样的榜样将对学生产生深远的影响.

四、乘方概念教学微视频

案例 7　从微视频中理解乘方的概念

最近我们学习了有关乘方、科学记数法和有理数混合运算的知识. 其中，"乘方"这个知识点让我印象特别深刻.

在讲这一知识时，老师为了让我们更好地理解书上的公式和定理，便给我们举了几个例子，有些同学还是似懂非懂.于是，老师又为我们讲了阿基米德用大数表示地球上的沙粒数量的故事.这个故事十分形象地说明了学习大数表示方法的必要性.听完这个故事，我们都恍然大悟，不禁发出一声声感叹.老师见效果很不错，立马又给我们播放了一段微视频，加深我们的印象.这段微视频主要介绍了“乘方”概念中“幂”的定义演变.视频中有趣的历史故事，让我们加深了对“乘方”概念的理解，体会到了数学的奥秘及学习数学的必要性.

数学是一门博大精深的学科，我们必须认真思考与探究，才能挖掘出其悠久的历史与精髓.

点评：我时常将一些概念的发展历史以微视频的形式融入概念教学中，这些微视频受到学生们的喜爱.他们对微视频中的许多内容产生了很多感想，会在数学写作中呈现出来.作者介绍了学习乘方概念时观看的微视频，表示这段微视频帮助自己加深了对“乘方”概念的理解，从中体会到了数学的奥秘和博大精深.

第二节　参加讲题比赛

近几年，在教育领域出现了“让学生讲出来”的呼声.提出这一主张的学者认为，学生讲出来，会加深对知识的理解，增强对知识的运用能力.在数学学习中，也出现了讲题比赛等官方组织的活动.我组织学生参加苏州市教育科学研究院组织的讲题比赛，学生们积极参与，认真准备，精心拍摄参赛视频.这一过程给许多学生留下了深刻的印象，也产生了较积极的影响.他们以数学写作的方式记录了自己的参与体验.

案例 8　参加讲题比赛让我体会到老师的辛苦和伟大

这个周末与其他周末相比，有很大的不同，因为这个周末我第一次尝试参加数学讲题比赛.在周五晚上，我开始做讲题 PPT，虽然只有 7 页，但我花了几个小时，不断地修改，并参考其他 PPT 的排版格式，终于在半夜 11 点多做完了.我又反反复复检查了五六遍，以确保没有错误.在周六晚上，我独自坐在书桌前，看着 PPT，琢磨了许久的台词，录了十几遍，才挑出一个最好的视频.我的视频可能不是很出众，但我明白，我为此付出了许多心血，即使得不到奖，至少我为此奋斗过，也不会后悔.

参加这次比赛让我体会到老师的伟大，他们每天都要站在那么多人面前讲课，却一点儿也不紧张，而我只是拍了一个视频就紧张得不得了. 而且老师还得有很强的临场应变能力. 为了拍摄三分钟的视频，我费了很大功夫，重拍了无数次. 而老师上四十五分钟的课却不能重来，是多么辛苦且伟大啊！

点评： 经历就是一种成长. 学生每天听老师讲课，已经习以为常，并不觉得这是一件多么困难的事情，但是通过参加讲题比赛，作者明白了老师上课是一件非常辛苦的工作，并体会到老师的伟大. 学生参加讲题比赛获得的这些体验，意义非同一般.

案例 9　一分耕耘，一分收获

第一次参加讲题比赛的过程十分坎坷，整个参赛过程前前后后共花了 12 个小时，但我收获很多. 在做 PPT 的过程中，我学会了排版 PPT 的内容，尽量给观众更好的视觉体验，舍弃一些无用的内容，以使内容精简、形式美观. 3 分钟的讲题时间要求我尽可能少出现失误，而且要吐字清晰、内容完整，这很好地锻炼了我的语言表达能力. 另外，我也能够更熟练地使用几何画板和公式编辑器这两个软件. 在录制视频的时候，我录了 4 个小时，有点瑕疵我就重录，但是后来我发现无论怎样录视频，最终的效果都与我预想的不一样，没有十全十美的事情，只要我们把自己能做的发挥到极致，不留遗憾就好了. 在视频剪辑阶段，我也能更加熟练地使用视频编辑软件.

近来我再次参加讲题比赛，提交的作品比之前的好了很多. 虽然花费了不少时间，但是我学到了很多东西，利大于弊. 由此我明白了一个道理：一分耕耘，一分收获. 参加课外活动也是很好的学习机会，可以提升自己的综合能力.

点评： 想要把一件事情做好是需要花功夫的. 讲题比赛虽然只要提供 3 分钟的视频，但是要想做好却需要花费大量时间和精力. 作者介绍了自己的参赛过程，重点介绍了自己的收获，最后明白了“一分耕耘，一分收获”的道理，体会到学习并不全是做题，参加课外活动也是学习.

案例 10　关于讲题比赛的随想

讲好题是一件困难的事情. 首先要讲得通俗易懂，让人听得明明白白；其次语言要流畅，不能结结巴巴，牛头不对马嘴；再次要一遍讲清知识的来龙去脉. 我虽不是讲题高手，但重要的是要有自信心.

周末我和几位同学相约来到教室录制视频，大家准备得很充分，PPT 做得也很好，可是我却发现了一个致命的问题——那就是很多人只是呆板地照着PPT读，缺乏自己的见解和一些补充. 如果照着PPT读，还不如直接把PPT放出来.

在录视频的过程中，我看到了大家团结友爱、互相帮助的情景："这边太暗了，灯开一下""你看你，拍的时候手不要晃""我说开始后等0.5秒，看我手势再鞠躬，有延迟的"……

会讲题，真的很重要. 通过讲题，我们不仅教会了别人知识，而且锻炼了自己的人际交往和口语表达等能力. 这次活动，让我受益匪浅.

点评：作者开篇介绍了讲好题的三点要求，然后结合录制过程提出讲题应当讲，不应当读PPT，最后体会到了团队合作的重要性. 这些体验在数学解题中很难获得，对学生的成长意义非凡. 讲题比赛是一种很好的数学学习方式，需要坚持和推广.

第三节　阅读数学读物

学校是读书的地方，学生应当读书. 教师是学生的榜样，更需要读书，而且需要教学生如何读书、读什么书. 我经常在陪伴学生时读一些与数学或数学教育相关的书籍，学生也会主动向我了解所读的书籍，遇到适合学生阅读的书籍我也会向学生推荐. 时间久了，学生在耳濡目染中也渐渐地爱上了阅读，他们时常会在数学写作中记录自己的阅读内容及自己的思考与心得.

一、阅读教材中的阅读材料

案例11　阅读偶得

学完"有理数和无理数"这一章后，我受益匪浅. 老师让我们读课本上循环小数化成分数的阅读材料，然后讲出来.

课本上提到，将纯循环小数化为分数，纯循环小数的循环节有几位数，那么分母就是几个9，分子就是循环节. 老师问我们为什么，我们一个个都说不出来. 后来大家一起交流讨论，我们似乎找到了答案. 例如，对于循环小数$0.\dot{3}$，如果将$0.\dot{3}$设为a，那么$3.\dot{3}=10a$，等式两边同时减去1个a就变成了$3=$

$9a$，所以 $0.\dot{3}$ 等于$\frac{3}{9}$. 以此类推，循环节是两位就乘上 100，循环节是三位就乘上 1 000. 如果是混循环小数，利用转化思想，先将混循环小数化为纯循环小数，再依照纯循环小数化为分数的方法转化. 例如，对于 $0.1\dot{2}\dot{3}$，将 $0.1\dot{2}\dot{3}$ 设为 a，$0.1\dot{2}\dot{3}$ 乘 10 等于 $1.\dot{2}\dot{3}$，$0.1\dot{2}\dot{3}$ 乘 1 000 等于 $123.\dot{2}\dot{3}$，两者相减，即 $990a=122$，于是 $0.1\dot{2}\dot{3}$ 等于$\frac{122}{990}$.

在理解了这些方法之后，老师提出一个问题：比较 $0.\dot{9}$ 和 1 的大小. 我们异口同声地说："$0.\dot{9}<1$."老师让我们再思考一下. 老师这么一提示，我们觉得问题可能并没有想象中的那么简单. 老师提醒我们可以尝试按照上面所学的方法继续研究. 假设 $0.\dot{9}=a$，两边同时乘 10，得到 $9.\dot{9}=10a$，两式相减，得到 $9=9a$，两边同除以 9，得到 $a=1$，这样 $0.\dot{9}=1$. 这个结果让我们大吃一惊. 我不禁感叹"直觉往往不可靠". 我们要认真阅读，更要弄懂知识背后的原理.

点评：教材中的阅读材料是重要的学习素材，在教学中我会让学生认真阅读并与同伴交流. 不少同学会结合阅读内容进行相关数学写作，介绍自己的阅读体验. 作者介绍了自己阅读循环小数化为分数的材料，体会到了转化的数学思想，最后介绍了一个颠覆自己认知的结论"$0.\dot{9}=1$"，发现直觉不一定可靠，要相信推理. "$0.\dot{9}=1$"这个结论是许多初中生无法接受的，因为这里涉及无穷的问题，人类对无穷的认识一直持谨慎态度，这也从一个侧面验证了人类学习数学具有历史相似性.

二、阅读其他版本的教材

案例 12　读许莼舫先生的"几何四书"有感

从数学老师那里得知许莼舫老师的故事，我回到家后立刻到网上搜寻与许老师相关的信息，得知他在 1965 年逝世了，想必他的"几何四书"应该是战争年代的书. 那时的书保留下来必定很不容易，所以这套书一定有一些优秀的地方值得我们学习. 想到这里，我立刻下单购买.

这套书分《几何定理与证题》《几何作图》《轨迹》《几何计算》四部. 我花了两天读完第一部，对其中一节感触很深. 这一节许老师讲述的定理可以"一变四". 我就疑惑了，定理不就是一个吗？为什么可以变成四个呢？我带着疑问继续读下去.他先把甲说的话作为原定理,乙说的话就是逆定理,丙说的话就是否定理,丁说的话就是逆否定理,可用一般的形式表示.甲:假使 A 是 B,那么 C 是 D;乙:假使 C 是 D,那么 A 是 B;丙:假使 A 不是 B,那么 C 不是 D;丁:假使 C 不是 D,那么 A 不是 B.然后举一个几何定理的例子来进行验证.甲:假使三角形两边相等,那么它们所对的两角也相等.其中三角形两边相等就相当于一般形式中的 A 是 B,它们所对的两角也相等就相当于一般形式中的 C 是 D.那么以此类推,乙、丙、丁的定理也是对的.不得不说,这本书写得真好!

在几何问题的证明中,添加辅助线是一大难点,因为它千变万化,缺少规律.因此添加辅助线的方法就显得尤为重要,我从许老师的著作中学到了不少添加辅助线的方法.

作辅助线的目的主要是把已知图形中的条件聚集在一处,使它们互相发生联系.许老师列出了辅助线的十大种类,可供我们解题时参考.

① 延长已知直线至任意长或等于已知线段的长或与其他线相交;

② 连接两已知点或定点,包含线段的中点;

③ 从已知点作已知直线或欲证的直线的平行线;

④ 从已知点作已知直线或欲证的直线的垂线;

⑤ 作某角的平分线;

⑥ 过一点作一直线,与已知直线所成的角等于已知角;

⑦ 从已知点作已知圆的切线;

⑧ 题设有两圆相交,可作公共弦;

⑨ 题设有两圆相切,可作公切线或中心线;

⑩ 有四点可以共圆(在同一圆周上)的,过这四个点作辅助圆.

通过阅读许老师的"几何四书",并结合自己的理解,我总结出几种作图方法.

① 三角形奠基法,首先作全图的一部分(一个三角形),据此画出其他部分;

② 平行移位法,我们解析题目时常把所求线或已知线平移到另一适当位置以便作图的方法叫做平移法;

③ 旋转移位法或翻折移位法都是通过旋转或翻折进行作图,但是这两种方法较少使用;

④ 相似作图法,有些作图题没说明图形大小,只限制位置和形状,可以先作出它的相似图形,然后按要求放大或缩小并移到指定位置;

⑤ 面积割补法，改变其图形但不改变面积的方法，用割法或补法来完成.

点评： 学生具有向师性，老师介绍的书籍，学生一般都有极大的兴趣. 我在教学中时常会将一些优秀的读物介绍给学生，许多学生都会主动阅读，并将自己的阅读体验以数学写作的形式记录下来. 本文作者了解到许莼舫老师的"几何四书"之后迫不及待地购买并阅读，记录了自己的阅读收获，将几何中的经验或方法加以记述，获得了很好的阅读体验，对数学学习帮助很大.

三、阅读《九章算术》

案例13　读《九章算术》有感

这一周，我们正式开始学习几何了. 图形的大门忽然打开，让毫无头绪的我一下子晕头转向. 这两天，老师也给我们补充了许多有趣的数学历史知识，比如我国古代几何学中的"阳马"和"鳖臑". 它们出自我国古代数学名著《九章算术》. 这本书中不仅有"阳马"和"鳖臑"，还有"羡除""少广""粟米""商功""方程""勾股"等. "阳马"是把正方体斜着切；"羡除"是计算挖墓室通道的；而"粟米"主要是用于做生意的，当时人们大多是用物品来交换物品. 古人是多么有学问啊！

我国古代数学著作中的经典非《九章算术》莫属了，其中的方程章，我尤为喜爱.

在《九章算术》方程章中有一道很经典的题目——稻谷问题.

今有上禾(上等稻子)三秉(捆)，中禾二秉，下禾一秉，实三十九斗；上禾二秉，中禾三秉，下禾一秉，实三十四斗；上禾一秉，中禾二秉，下禾三秉，实二十六斗. 问上、中、下禾实一秉各几何？

这应该是方程组的鼻祖. 设上禾打出 x 斗，中禾打出 y 斗，下禾打出 z 斗，列出方程组：

$$\begin{cases}3x+2y+z=39,\\2x+3y+z=34,\\x+2y+3z=26.\end{cases}$$

解这个方程组，得 $x=\frac{37}{4}$，$y=\frac{17}{4}$，$z=\frac{11}{4}$.

用方程解题真的比算术法简便.

随着学习的深入，我们还会学到更多有趣的方程，比如"丢番图方程"(也叫不定式方程).做题时可能会遇到一些复杂的方程,我们要学会解这些方程的方法.遇到多元方程时,可以消元,逐个击破;遇到高次方程时,就不得不提到"秦九韶算法"了.此法记载在《数书九章》中,作者是南宋数学家秦九韶.它是将一元多次(假设为 n 次)方程转化为 n 个一次方程的算法.我震惊于古人的智慧,该方法在现在看来也算是一种较为先进的算法.

点评: 近年来国家提倡要让中华优秀传统数学文化走进中小学课程和教材.我会根据教学内容选取相关素材融入课堂,学生对此非常喜爱,他们会在课后继续学习相关素材,将自己的学习体验记录下来.作者记述了自己在课堂上了解到《九章算术》中的一些名词,课后继续阅读这部专著,并对其中自己感兴趣的内容加以整理,可体会到古人的智慧,产生了良好的学习效果.

四、阅读《几何原本》

案例14 读《几何原本》有感

几何是一门很严谨而又奇妙的学科.古希腊数学家欧几里得写的《几何原本》这部著作堪称数学界的经典.

我花了一些时间好好"啃"了《几何原本》,发现它并不像我想象中的那般无聊和枯燥.我边看边演算,遇到不会的就参考作者的方法,体验到"柳暗花明又一村"的感觉,体会到自己恍然大悟时的那种愉悦心情.学习过程可以是一项虽然艰苦但也是十分快乐的探索之旅.

这周,胡老师从总体上给我们介绍了《几何原本》的内容.这时我才发现:原来这个"几何王国"是这么奇妙啊!原来难以理解的题目,顿时变得清晰起来;原来觉得枯燥乏味的内容,顿时变得生动起来.这正应了我上周说的那句话:任何书都有它的趣味和意义,主要看你能不能领悟它.

目前,我已经读到《几何原本》第三卷,提前了解了很多几何知识.今后还有很多知识等着我去探索,如勾股定理、素数无限多、正多面体有且仅有五种等.

点评: 在初一开启平面几何的学习时,我通常会给学生上一节介绍《几何原本》及其中蕴含的公理化思想的阅读课,帮助学生从总体上了解几何的概貌,为日后学习提供共同的话语体系.事实证明,这样的安排效果良好,一方面受到学生的喜爱,提高了学生对几何的兴趣,另一方面帮助学生了解了几何公理化思想,为后续学习打下坚实的基础.作者在文中介绍自己课后攻读《几何原本》的故事，从侧面说明教师的引导和启蒙发挥了积极的作用.

案例 15　对《几何原本》中一道问题的批判

今天在《几何原本》上我发现一道题的证明方法并不简洁. 原题如下：

如图 8-1，已知直线 l_1 与 l_2 相交于点 B. 求证：$\angle ABD+\angle ABC=180^\circ$.

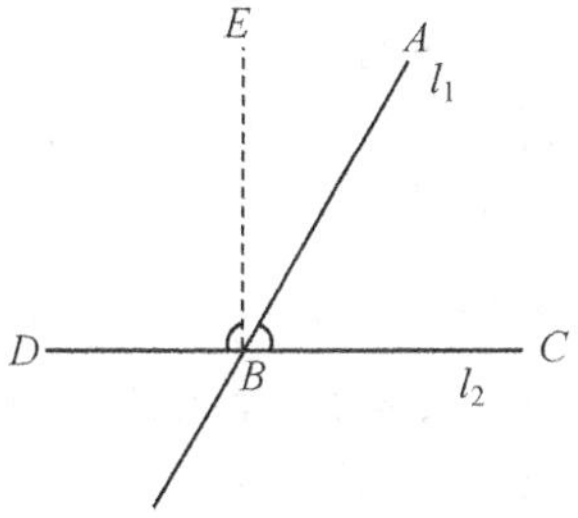

图 8-1

我们先来看欧几里得是如何做的：过点 B 作 $EB\perp DC$. 因为 $EB\perp DC$，所以 $\angle EBD=90^\circ$，$\angle EBA+\angle ABC=90^\circ$，所以 $\angle EBD+\angle EBA+\angle ABC=180^\circ$，即 $\angle ABD+\angle ABC=180^\circ$. 这里我就不懂了，欧几里得著书时，应该存在“直角为 90°”这个概念了，随之也有平角为 180°，所以可以直接由直线 DC 推出 $\angle ABD+\angle ABC=180^\circ$. 为什么欧几里得还要如此大费周折地作垂线证明呢？

虽然这里可能并不是一个“错误”，只是我才疏学浅，认为这个过程不够准确.

点评：培养学生的批判性思维是数学教育的目标之一. 几何学习可以培养学生的逻辑推理能力，帮助学生学会分析和思考. 作者在阅读《几何原本》的过程中始终持有一种批判性的眼光，对相关命题加以研究. 本文是作者对其中一道命题的质疑，将自己的观点有条理地表达出来.

五、读《美英早期几何教科书》

案例 16　对一道垂径定理问题的探究

最近学习垂径定理这一内容时，读到《美英早期几何教科书》中的一道题，其题干简单，但方法多样，收获很多. 于是我把这道题目和思考过程写下来，与大家分享交流.

1. 原题呈现

如图 8-2，在 $\odot O$ 中，AD 是直径，BC 是弦，$AE\perp BC$，$DF\perp BC$. 证明：$BE=CF$.

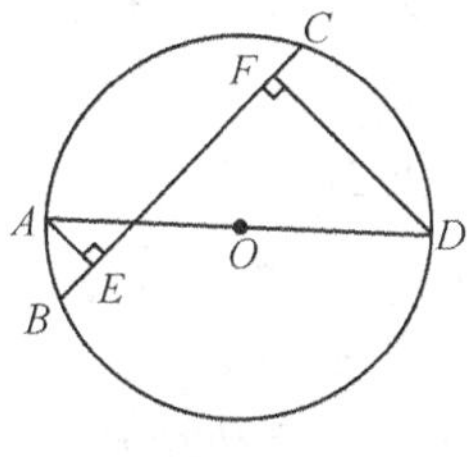

图 8-2

2. 解题思路

思路 1：如图 8-3，作 $ON\perp BC$，则有 $AE\parallel ON\parallel DF$. 又因为 ON 过圆点 O，所以 $BN=NC$. 我们要求的

是 $BE=CF$，只要证明 $EN=FN$ 就可以了. 到这一步不能得出 EN 和 FN 的关系，我们想到 AD 是⊙O 的直径，则有对应的圆周角为 90°，所以延长 AE 交⊙O 于点 M，连接 DM 交 NO 的延长线于点 P，连接 OM，只要证明四边形 $EMPN$，$NPDF$ 是矩形即可. 因为 AD 是直径，点 M 在⊙O 上，所以 $\angle AMD=90°$，所以四边形 $EMDF$，$EMPN$ 是矩形，则 $MD=EF$. 因为 $OM=OD$，$OP\perp DM$，所以 $MP=PD$. 因为 $\angle NEM=\angle ENP=\angle OPM=90°$，所以四边形 $NPDF$ 是矩形. 所以 $MP=NE$，$PD=NF$，所以 $EN=NF$. 所以 $BN-NE=CN-NF$，即 $BE=CF$.

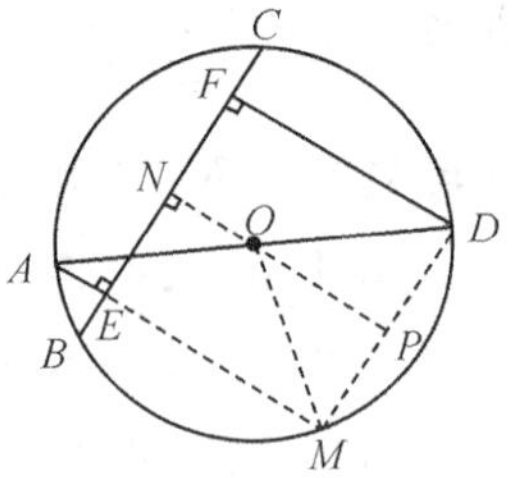

图 8-3

思路 2：如图 8-4，延长 DF，与⊙O 交于点 G，连接 AG，由于 AD 为⊙O 的直径，所以 $\angle AGD=90°$，所以 $AG/\!/BC$. 作 $OI\perp BC$ 于点 I，并延长 OI 交⊙O 于点 H，交 AG 于点 J，所以 $OJ\perp AG$. 由思路 1 的证法得四边形 $AEFG$，$GJIF$ 是矩形，所以 $AG=EF$，$JG=IF$. 同理得四边形 $AEIJ$ 是矩形，$AJ=EI$. 同思路 1 可证得 $AJ=JG$，所以 $EI=IF$. 所以 $BI-EI=CI-FI$，即 $BE=CF$.

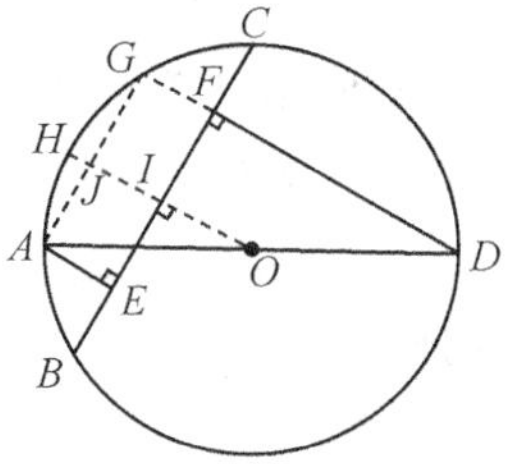

图 8-4

思路 3：如图 8-5，作 $OH\perp BC$，因为 $AE\perp BC$，$FD\perp BC$，所以 $\angle AEG=\angle GHO=\angle GFD$. 又 $\angle AGE=\angle HGO$，$\angle HGO$ 是 $\triangle HGO$ 与 $\triangle FGD$ 的公共角，可证出 $\triangle AGE\backsim\triangle OGH\backsim\triangle DGF$. 设 $AG=a$，$AO=b$，$EG:AG=k$，可得 $GO=b-a$. 因为 $EG:AG=k$，所以 $EG=ak$. 因为 $\triangle AGE\backsim\triangle OGH$，所以 $GO:GH=GA:GE$，所以 $GH=k(b-a)=bk-ak$. 因为 $GO=b-a$，$OD=b$，所以 $GD=2b-a$. 因为 $\triangle AGE\backsim\triangle DGF$，所以 $GF:GD=EG:AG$，所以 $GF=k(2b-a)=2bk-ak$. 已证出 $EG=ak$，所以 $EF=2bk$. $EH=EG+GH=bk$，所以 $HF=bk$，即 $EH=FH$. 根据垂径定理，可得 $CH=BH$. 所以 $BH-EH=CH-FH$，所以 $BE=CF$.

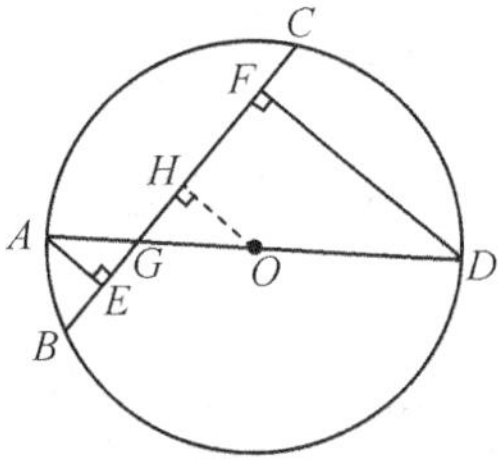

图 8-5

3. **思考总结**

思路 1 和思路 2 本质上是相同的. 有了思路 1 之后，我想到了延长 DF，添加辅助线的位置不同，但出发点都是圆中直径所对的圆周角为 90°. 思路 3 由平行想到角度相同，进一步观察发现可能存在相似三角形，然后利用相似三角形的性质寻找边之间的关系，难点在于没有具体的线段长度，所以要用字母表示线段的长度，最终成功解决该问题.

点评：作者对一道题目给出三种解法，让我们学会了分析、求解该类问题的方法. 文章体现了作者在数学学习中勇于面对困难、善于探究、勤于思考的品质，并能够用数学写作的方式将自己的研究成果表达出来，与别人交流，这是非常可贵的.

六、读《怎样解题》

案例 17 用“怎样解题表”解决二次函数问题

最近阅读美国数学家 G. 波利亚的《怎样解题》一书，我觉得书中介绍的“怎样解题表”是这本书的精华，对我们解决数学问题有非常大的帮助. 下面具体介绍一下这四个步骤：第一步理解题目，能够把有用的已知条件复述出来；第二步拟订方案，回想自己以前是否做过，或者是否见过类似的题目，并将那道题的方法迁移到这道题上来，若没有做过，则需展开丰富的联想，思考能不能换个方式去叙述题目，或者把某个解题步骤单独变成一个辅助题目，尝试去解决这个辅助题目；第三步执行方案，也就是解题；第四步是检查所得的答案.

每当我做有一定难度的大题时，都会用 G. 波利亚的解题四步法来帮助分析和解决问题.

点评：美国数学教育家 G. 波利亚的《怎样解题》一书风靡全球几十年，经久不衰. 这本书中的“怎样解题表”是该书的精华所在，如果学生能够掌握这四个步骤，那么分析和解决问题的能力一定能上一个台阶. 我在教学中向学生介绍了这本书. 本文作者进行了阅读，并将怎样解题的四个步骤加以记述，最后谈到自己经常使用这四个步骤解决数学问题，可见阅读对学生的帮助之大.

第四节 编演数学话剧

新时代呼唤着教育教学形式的变革，也推动着学生学习方式从被动接受转变为主动探究. 当前，很多人认为数学学习就是一堆符号的计算和推理，很少有人体验过其他形式的数学学习. 数学话剧是一种新的数学学习方式. 数学话剧将数学知识、数学家的故事、数学与文化的关系等内容以话剧的形式进行具象演绎.数学话剧具有盘活相应的数学知识、形成内生的数学德育、展示具象的数学之美等价值.数学话剧通常按照主题阅读、生成剧本—编演话剧、具象演绎—回顾反思、跃迁认知的路径实施.《义务教育数学课程标准(2022年版)》指出,数学课程内容是实现课程目标的重要载体,课程内容选择要体现数学学科特征,关注数学学科发展前沿与数学文化,继承和弘扬中华优秀传统文化[①],这为数学话剧的内容选择指明了方向.鉴于义务教育阶段的许多数学内容与中华优秀传统文化密切相关,可以依托中华优秀传统文化,借助数学话剧的方式组织学生进行相关内容的学习.本节以《华蘅芳传》[②]和《祖冲之与〈大明历〉》[③]两部数学话剧为例介绍数学话剧的创作、编演的过程,以及同学们在参与及观看数学话剧后的体验性数学写作.

一、数学话剧《华蘅芳传》

华蘅芳(1833—1902),江苏无锡荡口人,数学家、翻译家、教育家.华蘅芳从小酷爱数学,少年时期就熟读我国古代算学之书,研究出22种证明勾股定理的方法.青年华蘅芳与同乡徐寿一起到上海墨海书馆拜访著名数学家李善兰,并开始学习西方数学.成年后,华蘅芳加入曾国藩创办的安庆内军械所研制新式武器装备,制造出我国第一艘蒸汽轮船"黄鹄号",后来在天津武备学堂任教习期间制作出我国第一只氢气球.1898年,华蘅芳回到家乡创办新式学堂,开设外语课程,男女并教.

根据以上历史素材,在学习勾股定理相关内容时,组织学生创作、编演数学话剧《华蘅芳传》,包括"钻研中算""学贯中西""实业救国""提携后生"四幕.第一幕"钻研中算"介绍少年华蘅芳放弃科举,潜心钻研我国古代算学.对此,华蘅芳的父亲起初极力反对,他要求儿子参加科举考试以博取功名,但华蘅芳志不在此.后来华父见儿子对"四书五经"毫无兴趣,却酷爱数学,便转为支持,买来多部算学之书供华蘅芳学习.这一幕着重展示少年华蘅芳研究勾股定理证明的情节.第二幕"学贯中西"讲述的是青年华蘅芳在饱学中算之后到上海拜访李善兰,并在李善兰的引导下学习西方数学.这一幕重点呈现华蘅芳在学习西方数学遇到困难时迎难而上、潜心钻研,最终通过自己的努力掌握西方数

① 中华人民共和国教育部.义务教育数学课程标准(2022年版)[S].北京:北京师范大学出版社,2022:2.

② 胡永强.数学话剧《华蘅芳传》[J].中学生数学,2023(24):21-23.

③ 胡永强.数学话剧《祖冲之与〈大明历〉》[J].中学生数学,2024(2):30-32.

学的精要．第三幕“实业救国”讲述的是华蘅芳在国家处于内忧外患之际，研制出我国第一艘蒸汽轮船“黄鹄号”、制造出我国第一枚氢气球等，展现华蘅芳通过兴办实业报效国家的故事．第四幕“提携后生”讲述的是晚年华蘅芳回到家乡创办新式学堂，为国家培养人才，并介绍华蘅芳的两项创举：男女同招和教授英语．

二、数学话剧《祖冲之与〈大明历〉》

祖冲之(429—500)，是我国南北朝时期数学家，成就斐然．他将圆周率推算到小数点后第 7 位，领先国外千年之久；提出用 $\frac{355}{113}$ 作为圆周率的近似值，这一值被后人称作“祖率”；制定一部新的历法——《大明历》；撰写《缀术》．祖冲之家学深厚，祖父名叫祖昌，是大匠卿，负责国家的营造事务；父亲祖朔之学识渊博，经常参加皇帝的朝会；儿子祖暅也是一位伟大的数学家，推算出球的体积公式．

基于以上资料，在学习圆与锐角三角函数相关内容时，我带领学生创编了一部名叫《祖冲之与〈大明历〉》的话剧，包括“启蒙立志”“研制新历”“朝堂辩法”“替父圆梦”四幕．第一幕“启蒙立志”，介绍童年时的祖冲之在其祖父的启蒙下，对数学及天文学产生兴趣，从此萌生大志，长大后要研究数学和天文学，探求其中的奥秘．第二幕“研制新历”，介绍祖冲之进入国子学读书，他勤奋刻苦，进步很快．在研究历法时，祖冲之发现原有历法存在一定的问题，于是便下决心研制新的历法．经过 10 多年的观察、记录和潜心研究，祖冲之终于编制出一部更为精准的历法——《大明历》．这一幕重点呈现祖冲之推算圆周率，以及利用“圭表”进行天文观测等情节．第三幕“朝堂辩法”，介绍祖冲之向朝廷推介自己的《大明历》，但受到保守势力的阻挠，在好友的帮助下，宋孝武帝同意对新历法展开讨论，但最终《大明历》仍未被采用．第四幕“替父圆梦”介绍祖冲之的儿子祖暅在父亲去世后仍不遗余力地向朝廷推介父亲的《大明历》，经过太史令等人的实测与推算，朝廷于 510 年采用了《大明历》①．祖暅终于替父圆梦，此时祖冲之已逝世 10 年．

① 钱宝琮．中国数学史[M]．北京：商务印书馆，2019：100－101．

三、学生对数学话剧的体验性写作

案例18 科学技术是第一生产力——参演数学话剧《华蘅芳传》有感

最近我与同学们一起创编了一部数学话剧《华蘅芳传》，我在这部话剧中饰演主人公华蘅芳，这段参演经历让我更加全面地了解了数学家华蘅芳，并体会到科学技术是第一生产力.华蘅芳是我国19世纪数学家，他放弃科举考试，潜心钻研数学，后来用自己所学的知识为国家制造出第一艘蒸汽轮船“黄鹄号”及第一枚氢气球，翻译第二部微积分著作……这一连串的成就推动了我国科学技术事业的发展，也充分证明了科学技术是第一生产力.

作为中学生，我们要努力学好科学文化知识，将来才能成为国家振兴的栋梁.

点评：为了民族自强，一批有识之士开始实业救国，华蘅芳就是其中的一位.作者参与话剧创作、编演的全过程，体会最深的是科学技术是第一生产力，并表达了要努力学好科学文化知识，成为国之栋梁的决心.

案例19 坚持的力量——参演数学话剧《祖冲之与〈大明历〉》有感

不久前，我与同学们一起创作编演了一部数学话剧《祖冲之与〈大明历〉》，我在剧中饰演梁武帝.从这部数学话剧中我学到了古代数学家常常废寝忘食、彻夜未眠地研究学问的精神.祖冲之为了推算圆周率，从圆的内接正六边形出发，连续算到圆的内接正24 576边形.课堂上我们画过圆的内接正十二边形并进行计算，已经相当困难了，何况数万边形，计算的难度可见一斑.虽然计算难度非常大，但是祖冲之并没有放弃，而且坚持了下去，最后将圆周率精确到小数点后第七位.可见，只要目标明确并持之以恒地行动下去，就一定会取得丰硕的成果.

参演这部数学话剧，将古代伟大数学家祖冲之的故事用一种新的方式呈现出来，我获得了不一样的数学学习体验，领悟到做人做事的道理.这部话剧给我留下了深刻的印象，提高了数学学习的兴趣.我今后要努力探索数学，争取成为像祖冲之一样的人.

点评：本案例作者是话剧参演者，被祖冲之的治学精神所折服，体会到坚持的力量.数学话剧这种新的学习方式也给作者留下深刻的印象，使他对数学产生了浓厚的兴趣，从心底想要努力学好数学，成为像祖冲之一样的数学家.

不得不说，数学话剧对学生的情感、态度、价值观产生了深远的影响.

案例 20 愿闻显据，以核理实——观看话剧《祖冲之与〈大明历〉》有感

学校元旦汇演节目很多，最让我眼前一亮的就是我们数学社团表演的数学话剧《祖冲之与〈大明历〉》. 祖冲之多才多艺，他不仅擅长数学，而且对天文、乐理等也颇有研究.《大明历》就是其天文学智慧的结晶.

话剧表演得很生动，演员们的演技惟妙惟肖. 最扣人心弦的地方，莫过于祖冲之在朝堂之上推荐自己的《大明历》时"舌战群儒"的场景了. 在面对以戴法兴为代表的保守势力的阻挠时，他没有退缩，而是用实际数据说话，完胜保守派. 唉！可惜上天不遂人愿，优柔寡断的宋孝武帝并没有及时推行祖冲之的《大明历》，直到祖冲之去世后十年，朝廷才推行《大明历》，此时有好几位同学激动得热泪盈眶.

这部话剧刷新了我对祖冲之的认识. 我一直以为祖冲之是一位被幸运光环照耀着的天才学者，未曾知晓他竟然遭遇到如此多的磨难.

我佩服于他在困难面前不退缩，也佩服于他坚持不懈地上书朝廷，更佩服于他为国为民奉献力量，为科学文化奉献智慧的精神品质. 我要将祖冲之的品行牢记于心中.

最后，我不由地想起祖冲之的一句名言："愿闻显据，以核理实，浮辞虚贬，窃非所惧."这也许就是他孜孜不倦的动力之源吧！

点评： 这篇习作是观众的随笔. 从文字中可以看到，数学话剧受到观众的喜爱，一些场景给观众留下深刻的印象，让他们久久不能忘怀，产生流连忘返的感觉. 从话剧中可以体验到数学家经历的艰难困苦，也可以感受到数学家的家国情怀和追求真理的品质.

四、数学话剧的价值

1. 盘活相应的数学知识

数学话剧是以数学的历史或者数学家的故事等为基础的，其中必然涉及数学学科内容，将相关内容以话剧的形式进行创作和表演，可以盘活相关的数学知识，使抽象的数学知识获得新的生命.

《华蘅芳传》第一幕介绍华蘅芳研究勾股定理证明的故事. 这一情节激发了学生探究勾股定理证明方法的兴趣和热情. 有学生在观后感中写道：勾股定理原来有这么多种证明方法，真是让我大开眼界；华蘅芳在我们这个年纪就研究出 22 种证明勾股定理的方法，实在令我佩服，我也要找出自己的证明方法；我发现华蘅芳是利用图形的割补法证明勾股定理的.《祖冲之与〈大明历〉》第二幕介绍祖冲之利用“圭表”观测天象，这与锐角三角函数和相似三角形等数学知识密切相关.学生对利用“圭表”进行一年四季的划分十分感兴趣，许多人主动制作“圭表”并加以使用，探究其中的数学原理.有学生在观后感中写道：从话剧中了解到“圭表”，我也制作了一个，一根立着的杆子和一块横着的带刻度的尺子，并放在太阳下观测影长的变化情况.我发现阳光的入射角和杆长与影长之比存在函数关系，这让我体会到数学真是无处不在.

2. 形成内生的数学德育

数学话剧作为一种新的数学学习方式，它将数学知识的发展历程、数学家的故事及数学文化等内容以具象的话剧形式加以呈现，让学生更为真切地学习相关数学内容，真实地领略数学家的风采.数学话剧的创作、编演与反思促进学生在理性、情感、信念、品质等数学德育维度上有所提升，增强学生的家国情怀和文化自信，从而形成内生的数学德育①.

华蘅芳废寝忘食地寻找勾股定理的新证法，祖冲之十年如一日地坚持观测、记录与研究数据，终于制定出新的历法，并勇敢地与保守派进行辩论等情节，让学生真切体会到做学问需要有追求真理的理性精神.有学生写道：华蘅芳痴迷于寻找新的证明勾股定理的方法，祖冲之对数据的观测与收集做到精益求精，这些都体现了他们的理性精神.数学话剧激发了学生对数学的兴趣.有学生写道：数学话剧让我看到了不一样的数学，让我心情愉悦，激动不已，让我体会到数学是有趣的.勾股定理的不同证明方法、新历法取代旧历法等情节让学生体会到数学是不断演进的，增强了学生的数学信念.有学生写道：观看话剧让我认识到数学在一代又一代人的不断努力下逐步向前发展.华蘅芳学习西方数学和祖冲之制作新历法的过程充满艰辛，这让学生体会到做学问需要有持之以恒、迎难而上等品质.有学生写道：从话剧中我认识到，当我们遇到困难时，不要灰心，要勇于面对困难，认真钻研.华蘅芳实业救国和祖冲之制作新历法帮助百姓更好地安排生产等情节，让学生真切感受到数学家的爱国精神.有学生写道：当我看到华蘅芳制造出我国第一艘蒸汽轮船时，我的内心涌现出一股暖流，我也要努力学习，报效祖国.祖冲之通过长期观察，研究制定出更为精准的历法，服务国家发展和百姓生活，这让我明白了什么叫“鞠躬

① 胡永强.数学话剧：初中数学学科德育新路径：以初中学段《祖冲之与〈大明历〉》为例[J].数学教学，2023(5)：20－23.

尽瘁”.

3. 展示具象的数学之美

数学话剧以话剧的形式讲述数学知识的发生、发展历程或数学家的故事，将抽象的知识具象化. 剧本创作除了要考虑科学性外，还要兼顾故事性和逻辑性，要通盘考虑人物的表情、动作、心理活动和前后呼应等诸多因素. 话剧编演中服装，道具，演员的语言、眼神、举手投足都在向观众展示具象的数学之美，提升观众的审美能力，促使学生向善向美，富于想象，培养学生健康的审美情趣和初步的艺术鉴赏能力. 此外，在话剧的创作、编演过程中，演员们在展现数学美的同时也创造了数学美，他们的审美能力能获得较大的提升①.

华蘅芳给出的多个证明勾股定理的图形体现了数学的对称美，其中使用的“出入相补原理”体现了数学的方法美. 祖冲之运用“圭表”观测天象展示了数学的简洁美. 数学话剧中精彩的对话、精致的服饰、精当的动作给人的多种感官带来美的享受. 许多学生写道：观看数学话剧，让我享受到一场视觉和听觉的盛宴，演员的服饰搭配很美，剧情跌宕起伏、扣人心弦，给人一种美的享受. 话剧创作及表演给学生提供了创造美的舞台. 有学生写道：在创作话剧时，我将自己代入其中，体会到了华蘅芳和祖冲之等人对数学的由衷热爱，也体会到了处于内忧外患时期的国人在用自己的实际行动努力改变国家的落后状况，这让我深深地感受到数学家的心灵美，我要努力将这种美通过创作与表演传递给更多的人.

以上我们可以看到，学生在观看数学影视作品、参加数学讲题比赛、阅读数学课外读物和创编数学话剧等活动的过程中体验到了不一样的数学学习方式，也产生了不一样的数学学习体会. 丰富多彩的数学学习活动，使学生提高了对数学的兴趣，了解了数学悠久的历史，见识了数学家的优秀品质，对数学学习产生了积极而又深远的影响. 这些数学学习方式需要在今后的教学过程中继续推广和实践，更加充分地发挥其育人价值.

---

① 陈建翔. 人的生命节奏与“立美育人”[J]. 教师教育研究，1991，3(3)：27－31.

第九章　数学写作的影响

研究表明，数学写作可以提升学生的学习兴趣，提高元认知水平，优化师生关系，提高学业水平. 数学写作可以帮助学生将所学内容在头脑中进行再加工和重组，然后诉诸笔端. 数学写作可以培养学生深度思考和勇于表达的习惯，有助于培养学生正确的情感、态度和价值观. 数学写作是学生所思所想的倾诉方式，学生会将自己在数学学习过程中的想法、观点用文字的形式表达出来，在这一过程中学生会主动反思，推己及人，有助于培养理性精神和人文精神. 数学写作是师生交流的重要渠道，学生在写作过程中会向教师倾诉、求助或展示，教师可以通过批阅学生的作品发现学生的所思所想及创新意识、情感体验等，有助于调整自己的教学内容及方式，也有助于及时地与学生沟通交流. 本章将介绍数学写作在帮助学生学习数学"双基"、促进学科德育、增强师生交流及对教师教学风格等方面的影响.

第一节　数学写作对数学学习的影响

数学学习包括数学知识的获取、数学技能的习得、数学方法的掌握、数学思想的领悟、数学精神的养成等诸多方面. 数学学习的目标是提升数学核心素养，即通过数学学习能够用数学的眼光观察现实世界、用数学的思维思考现实世界、用数学的语言表达现实世界.

一、数学写作促进知识回顾与技能提升

基础知识和基本技能被称为"双基"，是基础教育各领域需要重点学习的内容，在数学领域也不例外. 数学知识的获取和基本技能的习得是数学学习的核心内容. 由于数学写作通常是在数学知识学习之后对所学内容的再认识、再

整理和再发现，是对基本技能的再回顾与再练习，所以数学写作对促进学生理解、掌握和应用数学知识能够产生积极的影响.

（一）数学写作促进知识回顾与重构

案例1　数学写作对数学学习的影响

数学写作可以帮助我记忆数学知识. 在数学写作中我将数学知识用文字的形式写下来，有助于回顾和记忆所学内容，并将知识存储在长期记忆中. 数学写作可以帮助我强化对知识的理解. 将数学概念和原理用文字表达出来，需要对其进行深入的思考和理解，这个过程可以帮助我梳理思路、整合知识，并发现其中的逻辑关系和内在规律. 例如，我在数学课上解决了一个复杂的数学问题，通过写作的方式将解题过程记录下来. 在写作的过程中，我需要将问题、解题思路和推导过程用清晰的语言表达出来，并将复杂的数学概念和推理过程转化为易于理解的形式，这个过程可以提高自己的表达能力.

点评： 数学写作一般安排在周末，每周写一次. 利用数学写作的机会，学生会对一周所学的内容或者解决问题的过程进行复习与整理，这有助于学生巩固所学知识，加深对知识的理解，并学会构建知识间的逻辑结构，寻找知识点之间的联系. 作者在周末的数学写作中对复杂问题重新梳理，加深理解，在这个过程中提高数学学习能力.

案例2　数学写作促进知识的回顾与整理

我认为数学写作对数学知识的学习起到了举足轻重的作用，写作是对日常学习的有效巩固和探索. 数学写作可以促使我重新回顾一周所学内容，从宏观角度审视一周所学知识，建立系统的知识体系，对知识产生新的理解，以及对一周内留下的疑难知识或困惑内容进行再思考. 例如，在学习二次函数时，一开始知识量庞大，不容易理解，我通过数学写作进一步梳理和巩固相关知识点，对模棱两可的知识进行再思考，很快便理解和掌握了这些知识.

点评： 和前文类似，本文作者强调数学写作对数学知识的学习帮助很大，数学写作可以促进旧知巩固，并促使自己主动从宏观角度审视一周所学知识. 作者以学习二次函数的经历为例，介绍了数学写作对促进自己理解和掌握这一内容的帮助.

（二）数学写作促进技能提升

案例3　数学写作对培养数学技能的影响

数学写作有助于培养我们对数学问题的探究能力和批判性思维能力．在研究动点中的最值问题时，我对“瓜豆模型”进行了深入研究，发现了其中的规律，并将其以数学写作的形式记录下来。在这个过程中我找到了解决这类问题的方法：只要找出每道题的主动点、从动点，就可以将从动点的轨迹问题转化为主动点的轨迹问题，这样问题就迎刃而解了．

数学写作促使我主动寻找数学问题的一般解决方法，培养了我的概括能力．在解与二次函数图像有关的面积的最大值问题时，我通过将问题一般化找出了一类问题的通解．

数学写作可以培养我们的逻辑推理能力．当我对一个数学定理进行证明时，我必须用严谨的逻辑推理和准确的符号语言进行表述．在这个过程中，我学会了更好地组织思路，使用严谨的推理组织语言，以确保写作的准确性和清晰性．

点评：数学技能并不是通过机械训练就能够简单获得的，而是需要进行主动和深入的研究与思考．作者记述了自己借助数学写作研究基本模型、通性通法和数学推理的经历，以此说明数学写作对自己习得数学技能的帮助．

二、数学写作推动过程探究与方法创新

（一）数学写作促进过程探究

案例4　分式方程的解法探究

这个星期我们学习了分式方程，值得一提的是分式方程的解法．我们学了两种解法：一种是用比例的基本性质解决特殊形式分式方程的方法；另一种是根据等式的基本性质通过去分母的方法来解方程．在解分式方程的最后要写出检验过程，因为分式方程可能会有增根．产生增根是因为在去分母时扩大了未知数的取值范围．

课后老师布置了数学写作作业，主题是：还有其他解分式方程的方法吗？是不是所有的解法都需要写出检验过程？回家后，我在网上搜“怎样解分式方程才不用检验”．可搜到的结果不尽如人意：必须检验，原因是可能产生增根，在中考时不管有无增根只要不检验都要扣分．后来我找到了一个视频，是教怎

么解分式方式而无需检验的．看完之后，我了解到这种解法没有去分母，而是将分式方程的一边变为0之后，对另一边通分．这种解法没有去分母，所以不会扩大未知数的范围，因此不会产生增根，故无需写检验过程．

这件事情让我明白了一个道理：学习时，不要人云亦云，要有自己的思考，并要借助各种渠道加以研究．

点评：最好的学习方式是自主学习．数学写作能促进学生围绕某些主题进行自主探索和自主研究，学生经历这样的学习过程对提升自己的数学素养意义重大．他们在此过程中主动探索、思考、总结，形成方法经验，是有意义的数学学习．作者以分式方程的解法为例，介绍了自己如何在数学写作的指引下进行相关探究并找到新的解法，最后作者体会到做学问要善于思考和主动探索．

（二）数学写作促进方法创新

案例5　数学写作激发方法创新和规律探寻

在学习函数图像的变换规律时，我在课堂上了解到平移法则"左加右减自变量，上加下减常数项"，但是课堂上对这个知识没有真正理解和掌握．课后老师布置数学写作任务，让我们探索函数图像的平移规律．我以数学写作为催化剂，对这一内容进行了深入研究．通过一番努力，我对这一内容有了更深入的理解．除此之外，我还对各类函数图像的变换性质加以探究，并拓展到含有一个绝对值的函数图像的变换，再到含有两个绝对值的函数图像的变换，以及各类能想到的函数图像的变换方式，比如平移、旋转、翻折、缩放等．这种学习方式对我后续的数学学习产生了深远影响．

点评：这篇案例生动地说明了数学写作在促进学生的方法创新和规律探寻方面产生的推动作用．作者在数学写作的促进下，以函数图像平移规律为研究对象，对此类问题进行了全面研究，找到了各类图像变换的规律．一旦产生研究的欲望，一个个新的问题和一种种新的方法就会在学生的笔下诞生，这对数学学习的价值是不可估量的．

三、数学写作增强情感、态度、价值观

（一）数学写作提高学生对数学的兴趣

案例6　有趣的数学

进入初中前，我感觉数学十分枯燥乏味，就是一堆符号的计算，而且听学长们说初中数学很难，因此我对初中数学可以说是毫无兴趣且十分畏惧. 但是进入初中后，经过一周的学习，我对数学有了新的认识. 我遇到了一位改变我对数学看法的数学老师——胡老师. 胡老师上课的时候不仅仅是教我们怎样去做题，更重要的是引导我们思考并寻找多种解题思路和方法，这让我对数学有了一些新的认识，也让我觉得数学其实没有那么可怕，只要方法用对，思路清晰，难题很快就会迎刃而解. 每次在课堂上遇到比较难的题目时，胡老师总会耐心地引导我们一起思考分析，直到班里的每一个人都理解为止. 他有时还会随机让一名学生把这道题再讲一遍.

有时候胡老师会摇身一变，成为历史老师，给我们讲数学历史故事，让我们知道了数学的由来、阿拉伯数字的由来、高斯的故事……这使我重新对数学产生了兴趣. 于是，我每天都会预习数学课本，还会读与数学有关的故事. 当我们因为犯错误而变得不自信的时候，胡老师会讲历史上数学家犯错误的例子来帮助我们重拾信心. 我渐渐地对数学产生了兴趣，也有了战胜数学难题的信心.

点评：数学如果只是一堆符号的计算与推理，让学生日复一日地反复操练，那么势必会让学生对其失去兴趣. 如果将数学知识产生的历史和文化背景向学生加以介绍，或者引导学生自主探究类似的内容，那么学生自然会渐渐喜欢上数学. 我在教学中时常结合教学内容融入相关数学历史素材，帮助学生理解数学知识，增强他们对数学的兴趣. 进入初中后的第一篇数学写作是关于对数学的认识. 学生回顾自己进入初中一个星期的数学学习过程，字里行间流露出一周的数学学习让他对数学的兴趣大增，对学好数学也充满信心. 数学写作可以让学生的这种积极情感得以流露.

（二）数学写作增强学生对数学的情感

案例7　从平方根符号的历史谈谈对数学认识的转变

我一直觉得数学只是由一堆符号和一些数字组成的，对于这些符号是怎么来的从不放在心上.近来在学习平方根时，老师给我们讲了根号的历史，这使我改变了对数学的看法.

课堂小结时老师问我们："你们知道根号的历史吗?"很少有人注意过这个问题，我们对此自然是一无所知.课后老师布置了一项数学写作作业，让我们查阅根号的相关资料，撰写一篇关于平方根符号演变的随笔.

课后我查阅资料，发现了根号的许多不为人知的秘密.最古老的根号是古埃及人发明的，在古埃及纸草书中就出现了根号.更多古算书中是用更加复杂的"radix"表示平方根.现在的数学在我心中不仅仅是一些符号和数字，而且是一个个鲜活的人和故事.中世纪印度数学家用"kapaha"一词中的"ka"来表示正平方根，也称算术平方根，但不能用来表示负平方根.到了7世纪，印度数学家婆罗摩笈多用carani的第一个字母"c"来表示平方根，15世纪西班牙盖拉萨迪提出用一个奇怪的符号表示平方根，公元2世纪罗马数学家尼普萨斯提出用拉丁语latus(正方形的边)的首字母"l"表示平方根.在1480年德累斯顿的手稿中，使用一个"·"表示平方根.最像现在的根号是德国数学家路多尔夫和荷兰数学家斯蒂文所用的符号，他们不谋而合地想到用"$\surd$"来表示平方根.在1637年，现在通用的根号终于出现了，法国数学家笛卡尔在《几何学》一书中用"$\sqrt{}$"表示平方根.

研究完根号的历史，我的心情异常澎湃，一个小小的平方根符号，全世界的数学家努力了十几个世纪才将它最终定型，这耗费了多少数学家的心血啊!我对数学的认识也发生了彻底的转变.数学是人类智慧的结晶，我们应当努力学好数学，否则就愧对那些为了数学进步而呕心沥血的数学家啊!我的心平静下来，立誓要学好数学!

点评：数学在多数学生的心目中是一堆符号的计算与推理，但是这堆符号的历史与文化却很少有学生了解，因此他们认为数学是"冰冷的美丽"，对数学的认识逐渐变得消极.其实数学还有丰厚的人文故事，每一个数学符号都不是凭空而来的，它们背后的历史是丰富多彩的.这些历史可以转变学生对数学的态度.作者以数学写作为契机，对根号的历史进行了专题研究，最后发现一个小小的数学符号竟然蕴藏着这么多故事，也体会到数学是不断发展演进的，是前辈们共同努力的结果，因此对数学的情感加深，立誓要学好数学，这也许就是数学教育希望得到的结果.

（三）数学写作促使学生形成正确的数学价值观念

案例8 写随笔，添益处

仍记得初一第一次写随笔时那抓耳挠腮、思索半天也一字未动的情景.当时我认为写随笔是一件痛苦的事，但现在看来，却感触颇深.三年的随笔带给我的影响很大，它教会了我很多东西.

写随笔需要我们对每周学习的知识进行巩固、整理，所以我每次写随笔前都会认真回忆一下这周所学的知识，对于一些不太了解的内容也会去网上查阅相关的资料.所以写完随笔后，我便更牢固地掌握了所学知识，并拓宽了知识面，对于数学也有了更深入的了解.与此同时，写随笔也帮助我养成了思考问题的习惯：遇到问题先全面分析，寻找解决问题的有效途径，然后依次由小到大、先易后难地逐个解决，而不是一股脑地想到什么就干什么，毫无章序，最后就糊里糊涂地结束.

写随笔也需要有一定的语言组织能力，这样才能把内容写通顺、写透彻.经过这三年的练习，我的文字功底有了一定的提升，也积累了很多素材和写作经验，所以当老师要求我们写一些数学小论文时，我也不会像刚开始那样写一句话都要抓耳挠腮，而是镇定自若，下笔如有神，轻松并准确地将自己想表达的内容表达出来.

写随笔不仅可以提高自己的总结归纳和逻辑推理能力，也可以让心浮气躁的我平静下来.通过把文字与数学结合在一起，我体会到数学的奇妙.所以现在写随笔对于我来说不是一个烦琐的任务，而是一种良好的习惯.

坚持写数学随笔使我改变了对数学的看法.起初，我带着抱怨的态度完成随笔，后来某篇随笔被评为优秀等次.此后，我用心写好每一篇数学随笔，我的随笔也越写越好，初二和初三时我分别在《中学生数学》和《中学数学月刊》上发表了两篇数学论文.

写数学随笔让我的逻辑思维更清晰，让我学会了写作，也让我懂得了坚持的力量.

点评：在初三寒假我布置学生完成一篇写作作业，谈谈自己对数学的认识.学生通过对自己初中两年半以来的数学学习加以回顾和反思，完成了这项作业.作者以时间为序，介绍了自己对数学的认识逐步加深的过程，以及数学价值观念逐步形成的过程.数学写作给作者提供了思考的方向,使作者加深对数学的认识,形成数学价值观.

第二节　数学写作促进学科德育的达成

立德树人是新时代教育的根本任务.各学科都应当在对学生进行智育的同时融入德育.换言之,各学科都应当承担德育的责任.数学作为基础教育中的一门学科也应当承担德育的重任.不同学者对数学德育的理解不同,汪晓勤老师提出的基于数学史的数学学科德育包括四个维度,分别是理性、情感、信念、品质.①数学写作对数学学科德育的这四个维度都产生了积极的影响.

一、数学写作促进理性精神的形成

理性是基于现有理论,通过符合逻辑的推理得到确定的结论,而非依靠经验、表象进行判断、分析.数学写作促进学生对数学问题加以分析判断,获得结论,形成理性精神.

(一)培养批判性思维

案例9　轴对称与轴对称图形之辨析

开学一周了,在这一周里我们学习了轴对称和轴对称图形.

在学习轴对称与轴对称图形的时候,我体会到了数学的严谨性,仅两字之差,却是完全不一样的定义.轴对称是讲两个图形之间的关系,轴对称图形是一个特殊的图形,可见两个概念有着明显的区别.对这两个概念的辨析让我对数学产生了新的看法:数学是严谨的,需要我们深入细致地思考和分析,才能区分一些相似的概念,这样才能打好数学基础,为后续学习奠基.

点评:对概念的辨析可以培养学生的批判性思维,这是理性精神的重要组成部分.作者通过对轴对称和轴对称图形两个概念的辨析,体会到了数学的严谨性.

---

① 汪晓勤,邹佳晨.基于数学史的数学学科德育内涵课例分析[J].数学通报,2020,59(3):7-12.

(二)体悟数学公理化思想

案例10　严谨的几何学

这个星期我们开始学习平面几何.一说到平面几何,就要提起《几何原本》这部经典著作了.《几何原本》是数学界的《圣经》,也是平面几何的基础.其中的第一卷有定义、公设、公理和题目.老师带着我们看了第一道题,发现这道题的做法和证明每一步都有依据.我还看到每一步边上都有类似[GS3][GL1]这样的符号.这些符号都代表着前面某条定义、公设和公理.我又往后翻,看到了[I·32]这样的符号.原来,这种符号是前面题目的代号.接着往后翻,我又发现:在前面的题中,不会有后面题目的代号出现,由此我们可以发现《几何原本》是多么严谨.

点评: 数学公理化思想可谓是理性的灵魂,几何是培养学生数学公理化思想的重要工具.在学习几何的初期,我向学生介绍了《几何原本》,并布置学生阅读《几何原本》,撰写阅读心得.学生在阅读中发现本书的编写特点,并以数学写作的方式将自己的发现表达出来.从中我们可以看到学生已经初步领悟公理化思想的精髓.

(三)领悟几何证明的价值

案例11　趣谈"证明"

以前,看到哥哥的数学作业中一个个奇形怪状的符号,只觉得很高深.如今通过不断的学习,我已知道那是题目的"证明".

字典中"证明"是指用可靠的材料来表明或断定人或事物的真实性.在数学中"证明"是以已确定是正确的公设、定理为基础来说明一个命题的正确性.

"证明"在数学中有重要作用.我们发现有些"定理"是数学家们偶然想到的,他们把自己的想法记录下来,并努力地给予证明,如果证明出来了,那么其猜想就成了"定理".书上有类似的表述:经过证明的真命题称为定理.有的数学题,就是先给出结论,再去证明结论.比如,一道大题中的第二题常常会问某几个角或几条线段有什么样的关系,并证明.数学学习就好比建高楼,以"公设""定理"为地基,通过不断地猜想和证明把楼一点点建高建大.

我发现在"证明"这一章之前的定理的证明过程都是以汉字为主,常常有"因为""所以"等字眼出现,而学了这一章后,证明过程都是以符号为主,最常见的就是"∵""∴",这样看上去简洁多了.至于为什么之前不用符号,我无从知晓，大概是汉字更通俗易懂吧.

总的来说，“证明”就是数学不断发展的重要途径之一，它步步有据，体现了数学的严谨性. 我们在解决问题时要注意定理的逻辑顺序，不能随便颠倒，就像“不能先穿鞋，再穿袜子”一样.

点评： 在学习“证明”一章之后，我安排学生撰写文章谈谈对证明的认识. 学生结合自己的学习体会，对证明进行了细致回顾和深入思考，体会到证明是严谨的，要步步有据，最后用“不能先穿鞋，再穿袜子”的生活经验生动形象地揭示了几何对逻辑顺序的要求.

二、数学写作增强学生对数学的情感

情感指的是个体对于数学和数学学习的倾向性，包括认同感、自信心和动机等. 数学写作为学生表达自己对数学和数学学习的情感提供了机会，让学生在数学学习过程中产生的挫折、焦虑或喜悦等情绪得以流露，并及时调整自己的不良情绪，以一种积极的态度迎接接下来的学习.

（一）数学写作提高学生对数学的认同感

案例 12　有趣的数学课

今天，我们学习了“用字母表示数”. 暑假课外辅导班的老师生硬地把新知识灌输给我，让我一时无法接受. 而胡老师在课堂上先给我们讲了一道在古埃及纸草书上记载的题，由此开始了“用字母表示数”的课程. 经过激烈的讨论后，我们终于解答出了这道题. 我开始对这一知识点产生了兴趣，听得入了迷，不知不觉中一节课竟结束了.

丢番图是第一个用字母表示数的人，他用 ζ 表示未知数，后来韦达用 A，B，C 等字母表示任意数，笛卡尔在韦达的基础上对字母表示数加以规范化，才有了我们今天的使用习惯. 我特别喜欢胡老师的课，因为他的课不只是传授知识，而且充满了历史文化趣味. 这也是我对数学感兴趣的原因.

期待下一节数学课！

点评： 在“用字母表示数”的教学中，我融入了代数的发展历史，受到学生的喜欢. 许多同学在课后的数学随笔中谈了自己对这节课的感受. 作者将自己暑假参加课外辅导班和现在正式上课所用的两种不同的授课方式加以对比，指出融入数学史的课堂让自己忘记了时间，对数学产生了深深的认同感. 作者最后表达了自己对后续数学课的期待.学生将这样的真情实感记录下来,也让教师看到了自己的教学成效,这是一场师生朝着美好未来的双向奔赴.

案例 13 有趣的一节课

在学习实数的时候,老师让同学们在数轴上画出一些与无理数对应的点,同学们几乎都完成了.但是老师要求我们用两种方法在数轴上画出表示$\sqrt{5}$的点,我思来想去,还是只想到一种方法.随后,老师请一位同学到黑板上展示另一种画法.她的方法是借助之前画过的表示$\sqrt{3}$和$\sqrt{2}$的线段来画表示$\sqrt{5}$的线段.老师又提出一个问题:在数轴上画出表示 2π 的点.我还是不会,但这次老师让我到黑板上画,我欲哭无泪.看到 2π,我想到了半径为 1 的圆的周长,于是我画了一个圆,但画出圆后我的思绪就戛然而止了.这时老师发话了,说送我一个字"滚",我一听赶紧放下粉笔冲下讲台,逃回座位.这时,老师说:"你还没有完成这道题,怎么回去了?"我说:"您不是让我滚吗?"老师和全班同学都笑得前仰后合.老师说:"我是提醒你让那个圆在数轴上滚."听到这里,我明白了这个"滚"字的含义.半径为 1 的圆的周长是 2π,从原点往后无滑动地滚动一周后对应的数字就是 2π,我一开始以为老师让我滚回座位.

这真是有趣的一节课啊!

点评: 幽默风趣是课堂教学的调节剂,不仅可以活跃课堂气氛,而且能够加深学生对知识的印象.在一堂实数的教学课上,为了让学生理解数轴上的点与实数的对应关系,我让学生在数轴上画出与无理数对应的点,这难倒了不少学生,也产生了不少乐趣.作者在数学写作中记录了自己参与画图的过程,描写得生动有趣,这样的活动让学生对数学课更加喜欢.

(二)数学写作增强学生学好数学的信心

案例 14 从"衣带渐宽"到恍然大悟

这周,我们学习了勾股定理.老师在课上讲了许多有趣的知识,对我触动较大的是老师为我们讲解王国维提出的做学问的三重境界:"昨夜西风凋碧树,独上高楼,望尽天涯路""衣带渐宽终不悔,为伊消得人憔悴""众里寻他千百度,蓦然回首,那人却在,灯火阑珊处".

偶然一天,我遇到了一道关于勾股定理的题目.已知:$\triangle ABC$ 的三边分别是 a,b,c,且$\frac{a}{a-b+c}=\frac{a+b+c}{2c}$.求证:$\triangle ABC$ 是直角三角形.

我思考了一会儿，无从下手．看了同学的证明过程，有一处我百思不得其解：为什么“$2ac=(a-b+c)(a+b+c)$”？我尝试了统一分母、平方后再约分等操作，还是得不出这个结果．于是，我再次请教同学，得到了“对角相乘积相等”的回答，我恍然大悟．通过这道题，我得到的不只是答案．我为了这道题所用的方法，如统一分母、平方后再约分等仿佛是“衣带渐宽终不悔，为伊消得人憔悴”的过程，而“对角相乘积相等”正是我寻了千百度的“他”，在蓦然回首处等待着我．

解题，得到的不只是答案．答案背后的思考、努力，以及经过他人的点拨，恍然大悟时的成就感是最可贵的．这次成功的体验让我对学好数学增添了许多信心．

点评：最高级别的成功享受是经过自己的努力攻克与解决一道难题，这不仅能让自己心情愉悦，而且能提高对研究对象的兴趣．我在课堂上向学生介绍了王国维做学问的三重境界，引起了本文作者的情感共鸣．在数学问题的解决过程中，作者体会到了三重境界的哲理和美妙之处，并增强了学好数学的信心，体会到了解决问题的过程比获得结果更可贵．

（三）数学写作激发学生研究数学的动机

案例 15　有趣的图形

这个星期，我们在数学课上学习了有关图形的内容，我对此很感兴趣，因为这些图形都是实实在在的，而不是一串串的数字．这许许多多的图形就在我们的生活中，学好这些图形可以帮助我们更好地了解世界．

第一节课，老师讲了点、线、面，这是构成图形的三要素，面与面相交能得到线，线与线相交就能得到点．了解了点、线、面之间的关系后，我立马望向了教室的一处墙角，果然和老师说的一样，三个墙面拼在一起形成了三条直线，这三条直线又相交于一个点．后来，老师又讲到了平面图形和立体图形．他告诉我们一维是线，二维是面，三维是体．老师说，有一本叫《三体》的小说中说：要消灭一个敌人，可以使用降维打击的办法，比如只需把敌人从三维降到二维就可以轻松打败他．我想了想，的确是这样，如果敌人成为一张纸片，他就失去了攻击力．如果再降维，他就成为线、成为点，甚至变成尘埃．这时，我脑海中冒出一个疑问：四维世界是什么样的呢？更多维的世界呢？

点评：学习动机可以决定一个人的学习情感、学习体验、学习持久力等诸多方面．在教学图形世界之后，我让学生撰写随笔，不少学生在作品中流露出学习图形的动机是为了更好地了解世界.本文作者认为图形有用,学好图形可以更好地了解世界,这样的动机促使他不断思考和研究图形,冒出一个又一个念头,激励自己不断前进.

三、数学写作促进学生形成正确的数学信念

数学信念指的是个体对于数学的主观认识,包括对数学的信念和对数学学习的信念.

(一)数学写作增强学生对数学的信念

案例16　有用的锐角三角函数

这个星期,我们把锐角三角函数的内容学完了.说实话,刚学习锐角三角函数的时候,我不理解学习锐角三角函数的用处.但是,后来在学到应用三角函数算楼房高度、大坝宽度、航海时船只是否触礁等内容时,我深切体会到三角函数的应用有多么广泛.

周末,我在家里心血来潮地想运用所学的知识测量某物体的高度,想着测量楼房不太方便,就把目光投向一旁的置物架.我先在地上竖直立了一把尺子,再量出尺子顶端和置物架顶端所在直线与水平面的夹角,最后根据在网上搜到的正切函数表算出置物架的高度为1.43 m.我又测量了一下置物架,发现仅有0.03 m的误差.我想可能是在量角度的时候出现了误差,但这不妨碍我惊叹于三角函数的神奇用途.

点评: 数学知识有着广泛的用途,学生能够体会到这一点是非常重要的,能增强他们的数学信念.在学习锐角三角函数的内容之后,我布置了一项写作任务:选择生活中的一个物体,运用三角函数的知识测量物体的高度并完成一篇测量报告.本文作者介绍了自己一开始学习锐角三角函数,不知其有何用,到后来通过实际测量发现三角函数的应用价值,对数学的认识发生了变化,对数学的信念逐步增强.

(二)数学写作增强学生对数学学习的信念

案例17　只要留心,处处是学问

这个星期,我们学习了一次函数的相关知识.一开始遇到比较复杂的问题,我不知从何下手,但做着做着就渐渐有了感觉,看到问题就知道怎么做了.在解决有关一次函数的问题时,一定要认真读题,明确 y,x 的实际含义,也可

以通过画线段图来帮助我们理解题意.

在 $y=kx+b$ 这个一次函数表达式中,如果 k 是正数,那么一次函数的图像呈上升趋势;如果 k 为负数,那么一次函数的图像呈下降趋势.学习也是如此,如果我们每天都认认真真地学习,那么我们的成绩就会呈上升趋势,越认真,成绩就越好;反之,如果我们每天都松懈,成绩就会下降,越松懈,成绩就下降得越快.我要选择前者,让自己的"k"是一个正数,并且值要尽量大.

点评: 在学完一章之后,我会要求学生对这一章加以回顾和反思,完成一篇数学写作.本文作者讲述了自己学习一次函数知识的相关感悟,并将函数图像与 k 的关系和自己的学习结合起来,从中领悟到了学习的真谛.

四、数学写作帮助学生形成优秀的品质

品质指个体的人格、意志、修养和精神境界,优秀品质包括坚持不懈、从容淡定、胸怀理想、实事求是、志存高远等.学生在数学写作中经常会结合自身情况表达出对优秀品质的追求.

(一)钻研精神

案例 18　不用全等如何证明相等?

在做证明题时,我们常常会用到"全等"来证明角、线段间的相等关系,但"全等"比较麻烦.你是否考虑过不用全等如何证明相等呢?我对此进行了研究,通过阅读《几何原本》了解到,还可以用"假设法".例如下题(此题摘自《几何原本》第一卷命题八):如图 9-1,已知 $\triangle ABC$ 与 $\triangle DEF$ 三边对应相等,求证 $\angle BAC=\angle EDF$.

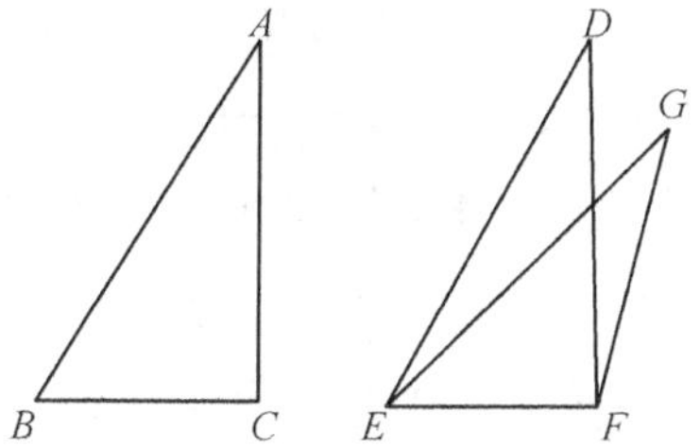

图 9-1

在用"假设法"之前,欧几里得还用到了"叠合法",即移动 $\triangle ABC$ 至 $\triangle DEF$,使 BC 与 EF 重合.假设叠合后的点 A 为点 G,且与点 D 不重合,EG,FG 也不与 ED,FD 重合.因为 $GE=DE$,所以此时点 G 与点 D 一定不在与

EF 平行的一条直线上(见第一卷命题七). 所以 $GF \neq DF$,但这与 $GF = DF$ 矛盾,所以点 G 一定与点 D 重合,所以 $\triangle ABC$ 与 $\triangle DEF$ 完全重合,即 $\angle BAC = \angle EDF$.

以上是我在《几何原本》中论证的基础上进行简化后的论证过程,可见全等并不是证相等的唯一方法,“假设法”同样也是可行的. 虽然这涉及更多的逻辑思考,但可以锻炼我们的思维,这种钻研过程让我很受用.

点评: 对于初一学生来说,阅读《几何原本》原著是有一定困难的,特别是其中的一些叠合法、同一法、反证法更是不容易理解. 但兴趣是最好的老师,本文作者迎难而上,主动钻研其中的方法,最后表示自己很享受这种钻研的过程.

(二)胸怀理想

案例 19　学好数学需要胸怀远大理想

数学的魅力远远超出想象,但学好数学并不是一件容易的事情,因为学习数学的路上有着无数的困难和障碍. 如果我们将学好数学和国家的命运联系在一起,胸怀远大理想,那么我们的数学学习就会获得无穷的动力.

我国著名数学家苏步青在读初三时,仍是一个毫无闪光点的初中生. 有一日,班级调来了一个留学东京的老师杨先生. 杨先生不同于其他教师,第一节课他并没有抓进度讲数学,而是讲了一串“无关紧要”的事情:“当今世界,弱肉强食,世界列强依仗船坚炮利,都想蚕食瓜分中国,中华民族亡国灭种的危险迫在眉睫,振兴科学、发展实业、救亡图存在此一举,同学们‘天下兴亡,匹夫有责’!”为了救亡图存,必须振兴科学. 数学正是科学的开路先锋! 苏步青听过无数堂课,但令他终生不忘的便是这一堂启蒙课. 这节课引领他走上了正确的道路,并给了他十足的学习动力. 此后,苏步青勤奋努力,不断进步,最终成为一名大数学家,为国家振兴贡献出自己的力量.

是的,我们要有足够的动力,才能在事业上投入十足的精力,获得巨大的成就.

点评: 一个人的格局和眼界决定了他的努力程度,也决定了他的前途和未来. 只有将自己的发展和国家的前途命运联系起来,才能获得无穷的前进动力. 作者在数学写作中借助苏步青的故事阐述了自己的观点,将自己的命运和国家的振兴联系在一起,胸怀远大理想就能够获得足够的动力,进而获得巨大的成就.

（三）实事求是

案例 20　做学问需要实事求是

在学习正切函数时，有一部分内容令我印象深刻，那就是我们一起讨论唐代天文学家一行的正切函数表. 关于一行的这张表，老师提出了两个问题：他是怎么研究出这张表的？与我们现在学的一样吗？这的确很值得思考. 我们大胆猜测，是否是通过计算影长，一步步推算出来的呢？显然不是，因为我们知道 $\tan 45°=1$，可是在一行的表中 $\tan 45°$约为 0.977 67，这足以解释他与我们所想的不同. 我们围绕一行的正切表中 $\tan 45°$的值为什么不为 1 展开讨论，多数同学认为是由于一行的测量有误差. 后来通过老师提供的资料，我们知道了是因为角度单位不同造成的，一行用的角度是“古度”，1 古度约为 0.985 6 度. 这时老师追问我们对此有何感想？我们深刻明白了一个道理：做学问要实事求是，不能虚推古人.

点评：做学问要实事求是，这几乎是一个常识，但是如何才能让这一常识给学生留下深刻的印象？我在教学正切这一课时，引入唐代天文学家一行的正切函数表，这里的角度单位是古度，我国古人根据四年一闰的自然规律，将一个圆周等分为 365.25 份，其中的 1 份定义为 1 古度，1 古度约为现在的 0.985 6 度. 我并没有直接将这一历史素材传授给学生，而是设计问题让学生思考为什么一行的正切表中 $\tan 45°$的值不为 1，并对此展开讨论. 学生不了解相关历史，给出的解释多数是因为测量误差造成的. 这时我再给出古度的相关材料，让学生谈一谈自己的感想，学生能深刻认识到刚才给出的判断过于草率，没有经过考证，于是明白了做学问除了需要大胆猜想外，还要小心求证，实事求是，不能刚愎自用，虚推古人.

（四）诚实守信

案例 21　历史上数学家的诚信故事

在初中三年的数学学习生活中，我了解到了许许多多的数学史、数学家的故事与定理史料，如贾宪三角、《几何原本》的诞生、笛卡尔坐标系和一行的正切函数表等. 其中令我印象最深刻的就是贾宪三角. 贾宪是北宋数学家，他通过研究发现了一组数据的规律，将其制作成三角形表格，这就是我们说的杨辉三角. 为什么贾宪三角变成了杨辉三角呢？这是由于历史原因造成的. 贾宪的书现在都已经丢失了，但是南宋数学家杨辉看过贾宪的书，他将贾宪三角引入自己的书中.杨辉并没有盗取别人的劳动成果,而是在引文处备注:这是贾宪发现的.

从这段数学史中,我体会到我国古代劳动人民的智慧,他们拥有刻苦钻研、勇于探索的精神品质.而且我还从杨辉身上体会到诚信的品质,不把他人成果占为己有.这些都是我需要学习的.

点评:诚实守信是做人的基本要求,但是空洞的说教所取得的效果肯定不如让学生通过故事自己体悟.我在教学整式乘法时补充了贾宪三角的历史故事,并让学生围绕这一内容完成一篇数学习作.本文作者从这个故事中体会到做学问需要拥有诚实守信的品质,相信这是作者从心底发出的声音,一定会陪伴其一生.

第三节 数学写作促进师生交流

古人云:教学相长.师生交流既是提高学生学业水平的重要举措,也是促进教师专业发展的重要方式.那么如何才能做到高质量的师生交流呢?交流什么?如何交流?交流的结果如何?这些问题自然需要我们深入思考.数学写作是实现高质量师生交流的一条重要渠道.学生会将自己的想法、困惑、创新在数学习作中呈现,教师可以第一时间获取相关信息,并对其加以批注,甚至可以和学生单独交流.这样的交流可以进行多次,并逐步深入,最终促进师生共同成长.

一、学生问,老师答

案例22 对“∵”“∴”的提问与解答

1. 提问

从学习证明开始,我便有一个疑问,为什么“又∵”不能在“∴”后面?

事情得从那一节数学课说起,胡老师让我们证明“同旁内角互补,两直线平行”.谁先写好,就给大家展示他的过程.我信心十足地向全班同学展示我的证明过程.

已知:如图9-2,$\angle 1+\angle 2=180°$.

求证:$a/\!/b$.

证明：$\because \angle 2=180^{\circ}-\angle 1$，$\angle 3=180^{\circ}-\angle 1$，

$\therefore \angle 2=\angle 3$.

又$\because \angle 2$与$\angle 3$为直线a与直线b被直线c所截的同位角，

$\therefore a /\!/ b$.

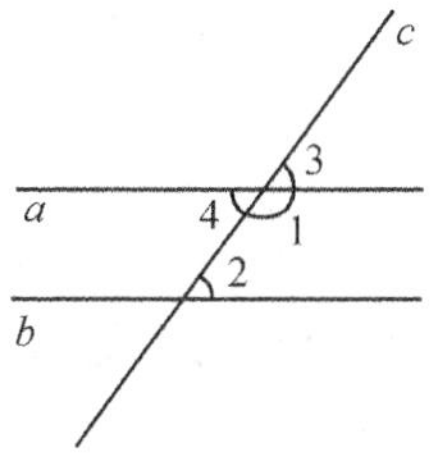

图 9-2

胡老师看了我的过程后指出："$\therefore$"后应该是"$\because$"，而不是"又$\because$". 对此，我只好认同.

有一天，我翻看《几何原本》，发现第一卷第 18 题，欧几里得的过程中在"$\therefore$"后用了"又$\because$"，对此我十分疑惑，"$\therefore$"后到底能不能用"又$\because$"呢？

2. 解答

胡老师知道我的问题后，特地给我讲解了在什么情况下"又$\because$"（或"又"）可加在"$\therefore$"后面.

假如要用a与b证明c，a须额外证明，而b已知，则$\because$……，$\therefore a$. 又$\because b$，$\therefore c$. 如果是用a，b证明c，a，b都要额外证明，则"又$\because$"不能写在"$\therefore$"后面. $\because$……，$\therefore a$. $\because$……，$\therefore b$. $\because$……，$\therefore c$.

这件事让我明白了数学解题过程的严谨性.

点评：数学写作为师生交流开辟了新路径. 学生将自己的疑惑在习作中提出，教师发现后可以及时与学生交流. 如果是共性问题，可以在全班交流；如果是个别问题，可以安排单独交流. 本文作者在上一篇习作中对几何证明中的一个小问题提出疑问，我发现后及时将这名同学叫到办公室沟通交流，在这篇习作中作者介绍了交流过程. 这其实是数学教育中一种十分美好的场景，多亏了数学写作，作者的疑惑才得以解开.

二、学生问，师生一起探讨

案例 23　我的疑问

这周学习了"数据的集中趋势和离散程度"，我感受到统计学的神奇，但同时也产生了一个疑问. "平均数"有"算术平均数"和"加权平均数"两种，而它们都用"$\overline{x}$"表示，那怎么区分两者呢？书上给的信息是可以用$\overline{x}$表示这种平均数（在算术平均数那一部分中），而在讲加权平均数时则直接用"$\overline{x}=\cdots\cdots$"来计算. 所以当一道题同时出现"算术平均数"和"加权平均数"时都用$\overline{x}$表示吗？那怎么区分哪个是算术平均数，哪个是加权平均数呢？我翻阅了一些参考资

料也没有找到答案，对此我已经无从探究，在此提出疑问，希望老师能帮我解答这个疑问.

点评：本文作者在数学写作中介绍了自己对两种平均数的符号表示产生了疑问，自己查阅了一些资料，但未能解决，于是便在数学写作中提出自己的疑问，向老师求助. 这个问题我也没有思考过，便和作者一起探讨. 后来我们对这个问题给出的解释是建议教材编写者将“用 $\overline{x}$ 表示平均数”写在算术平均数之前，这样两种平均数就可以共用这一个符号了. 对此，作者表示勉强接受.

第四节　数学写作对教师教学风格的影响

我在教学中注重引导学生思考数学知识发生发展的历史脉络，讲清楚每一个知识的来龙去脉，并且将相关历史材料融入课堂教学. 这样的教学风格对学生产生了哪些影响？我需要对自己的教学做出哪些调整与优化？这是我一直在思考的问题. 我通过学生的数学写作了解到教学中哪些内容受到学生的欢迎，哪些内容能促进学生深入理解数学知识，而哪些方面又存在问题，这样我就可以及时对自己的教学方案做出相应的优化与调整. 在我带了近三年的学生快要毕业之际，我给他们布置了一项数学写作任务，让他们谈一谈数学史对自己学习数学的影响，许多学生敞开心扉，畅所欲言，写得情真意切，让我很受感动.

案例 24　我思故我在

“我思故我在”，这是著名数学家笛卡尔的名言. 他认为自己存在的意义就是一个“思”字. 而“思”的内涵究竟是什么？结合对数学史的学习，我对此有了深刻的认识.

胡老师在讲“代数式”时，谈到了字母与未知数的历史及其从公元前到近代的演变. 在刚刚学习几何证明时，胡老师也详细讲解了数学公理化体系的历史；后来讲到二元一次方程组的历史，我们又了解了《九章算术》中“方程”这一章；在学习勾股定理时，运用从古至今多种证法生动地讲解了它的历史；在实数的学习中，讲解了“数”这一概念从古至今的演变与拓展.

然而直到学习“平面直角坐标系”的历史，我才真正领悟到“思”的内涵.

平面直角坐标系原名笛卡尔坐标系. 由此可见，它的创始人就是笛卡尔.

相传,笛卡尔年轻时体弱多病,有一日他躺在病榻上,望着天花板,突然,他看到了天花板上有一个小黑点——那是一只蜘蛛.蜘蛛在天花板上爬,笛卡尔就想表示出蜘蛛的位置.这时他发现天花板有两条互相垂直的边,两条边在笛卡尔的脑海中幻化为两条没有端点的直线,抽象为两根数轴.而蜘蛛则是其中的一个点.从这个点向每根数轴作垂线,垂线与数轴有两个交点.将水平方向数轴上的交点表示的数记作这个点的横坐标,将竖直方向数轴上的交点表示的数记作这个点的纵坐标.横坐标在前,纵坐标在后,可以组成一个数对.这个数对就是这个点的"坐标"了."平面直角坐标系"就这样诞生了.

了解了这个故事后,我很受触动.同时,我联想到他的"我思故我在",如醍醐灌顶——也许这"思"的内涵,便是好奇心与想象力.好奇心驱使人类探索世间奥秘,想象力有助于人们发现真理.如果没有好奇心与想象力,那么也许仍会有杰出的工程师,但不可能有出色的数学家.就像笛卡尔,他拥有如何表示位置的好奇心与构建数轴的想象力,才能成为伟大的数学家,数学史上才多了一颗耀眼的明珠.

纵观整个数学史,最开始用字母表示未知数,最开始创立公理化体系,最开始尝试用方程解题,最开始提出无理数的人,无不需要好奇心与想象力.

以上便是我对数学史学习的一点感悟,这让我获益匪浅.

案例 25　数学史的探索之旅

胡老师的课总是令我们惊奇,因为他讲着讲着就"跑题"了.就拿第一节课来说,那时他正在讲有理数和无理数的关系,忽然就饶有兴致地讲起了无理数的发展史,从笛卡尔到徐光启,再到日本,我们听得一愣一愣的.从那时起,我就了解到一个新的领域:一个以往数学老师从不提及的数学内容——数学史.

数学史的探索之旅是艰辛的,我和几位朋友在受到胡老师的启发后,一起买了《这才是好读的数学史》共同研究.说实话,这本书并不好读,在遇到困难时,我们就只能硬着头皮再读一遍,然后每个人说出自己的观点,大家一起讨论分析.在克服困难后,一种骄傲和自豪感油然而生,这也许就是数学的魅力吧.其实,要学好一门学科,兴趣很重要,而数学史又何尝不是兴趣的催化剂呢?

最令我记忆犹新的是一次数学课中,胡老师向我们讲解了杨辉三角后,突然说了一件我们意料之外的事:"你们知道吗?其实这个三角最早不是杨辉发现的!""啊?""什么?"……与往常一样,全班又爆发出了这种惊讶声.于是,胡老师就讲起了杨辉与贾宪的故事.原来,贾宪最早创作了这种三角,可惜他的书稿最后遗失了.所幸有一部分被杨辉所抄录,包括这个三角.名誉、功利一齐抛向了杨辉,而他没有被冲昏头脑,他在引文处备注"引自贾宪"字样.胡老师用敬畏的语气讲完这段故事.杨辉能成为一名伟大的数学家,不仅是因为他的数学才能,还在于他那诚实守信的品质.我现在才明白,原来数学史并不仅仅是一个个普通的小故事,当你对数学学习感到迷茫时还能给你指引方向.数学史探索这条路,我还会一直坚持走下去.

胡老师一直对数学史情有独钟,还开设了"数学史与数学文化社团".如果在以前,我肯定会有疑问:学习数学,知道结论不就行了吗?为什么要了解那么多的数学史?不过现在我心中的这个疑惑早已有了完善的答案.

首先,我们在解题时常用的公式、定理都是前人的研究成果.多读数学史,不但可以了解这些数学理论背后的故事,而且可以使我们更深刻地理解这些理论.

其次,看书是为了获取知识,看数学史也一样.数学史中知识丰富,内容一样精彩,更加引人入胜.而且,数学史中有关数学家的故事,多是一些励志的故事.当你遇到困难时,也许就会想到曾经看过的一位数学家的励志故事,被他身上那种潜心研究、百折不挠、不向困难低头的精神感动和激励,从而获得克服困难的勇气.

数学史是数学文化的结晶,它能让数学学习走得更远.

点评:透过学生的作品我们可以发现,数学史促使学生加深对数学知识的理解,帮助学生体会到古人的方法之美,重新经历知识的发现与创造过程,体会到探究的乐趣,提升数学学习与研究能力.几乎所有学生都很喜爱数学史,许多学生课后会主动查阅与课堂上融入的数学史相关的内容,进行拓展学习,将数学学习与研究从课内延伸到课外.同时,数学史还给学生提供了与古人对话的机会,让学生学会倾听与理解他人.数学史为学生提供了研究数学、挑战困难的无穷力量.学生在数学写作中流露出对数学史的认可、喜爱和期待,这也为我今后的数学教学指明了方向.我将不断学习数学史料及其融入方式,让数学史更好地服务于学生的数学学习.

以上我们看到,数学写作对促进学生的数学学习、数学学科德育、师生交流、教师教学风格的坚守与优化都产生了重要的影响.或许,我们现在看到的影响是短时间内的数据,我相信随着时间的推移,这些认真参与数学写作的学生将会在未来的学习、生活、工作中获得更好的发展,让我们一起期待美好未来!

后 记

数学写作这一新的数学学习方式的探索和实践永远在路上.本书的写作和出版得到许多老师的大力支持与帮助,在此表示衷心感谢.特别是华东师范大学汪晓勤教授直接促成本研究的开展与本书的撰写,江苏第二师范学院章飞教授在三年实践中多次给予指导和帮助,浙江师范大学李润洲教授、苏州大学沈中宇老师、山东师范大学孙丹丹老师和华东师范大学秦语臻博士多次和我一起探讨如何更好地开展数学写作活动.苏州大学出版社的肖荣编辑为本书付出许多辛勤的汗水,在此表示最真诚的谢意.我的2020级2班学生和我一起进行了三年的数学写作实践活动,本书中的绝大多数案例均来自这个班级的学生,我要向这些学生说一声:孩子们,你们将一件有意义的事情认真坚持做了三年,你们是最棒的!

此外,还有许多老师在我的专业发展道路上给予指导和帮助.张必华老师带领我进入数学教学研究领域,手把手地教我如何开展课堂教学研究;王华新校长对我的研究给予大力支持与鼓励;刘志昂老师经常与我交流数学教育的相关话题,多次督促我尽快完成此项研究并整理出版,与同行分享;张华中教授、刘玉勇老师对书稿提出许多宝贵建议;我的爱人全力支持我的写作,包揽了家中一切事务,为我提供了舒适的生活,节约出许多时间进行写作;我的同事孙凯、赵小花、李欣欣、史益婷、张娜、刘庄慧、叶兰帮助我校对书稿.在此,一并表示衷心感谢.

在本书付梓之际,华东师范大学汪晓勤教授和中国教育学会中学数学专业委员会理事长章建跃博士对本研究给予高度评价并欣然为本书作序.

江苏省特级教师、中小学正高级教师孙朝仁老师和冯卫东老师，天津师范大学博士生导师吴立宝教授，山东师范大学孙丹丹老师对本书给予较高的评价并撰写推荐语. 在此对诸位老师的厚爱致以最诚挚的谢意.

最后，江苏第二师范学院对本书的出版给予资助，在此表示最衷心的感谢！

胡永强

2024 年 3 月